U0516045

兰州大学人文社会科学类高水平著作出版经费资助
国家自然科学基金青年项目（72302110）资助
甘肃省科技计划项目（23JRZA395）资助
甘肃省哲学社会科学规划项目（2022QN001）资助
中央高校定向探索项目（2023lzujbkydx023）资助

THE STRATEGIC
ORIENTATIONS OF
CHINESE
MANUFACTURING
FIRMS
AND
THEIR NEW PRODUCT
DEVELOPMENT
PERFORMANCE

中国制造业企业的
战略导向
与新产品开发绩效

吕冲冲 ——— 著

社会科学文献出版社
SOCIAL SCIENCES ACADEMIC PRESS (CHINA)

摘　要

　　新产品开发是企业在日益复杂的市场环境下实现生存和发展的有效手段。越来越多的企业试图通过加快新产品开发速度或提升新产品创造性来增强自身在产品市场上的竞争优势。可见，新产品开发已成为企业的一项重要战略活动，企业需要结合自身的战略导向对其进行整体考虑。战略导向反映了公司的战略定位，体现为企业的一种潜在资源。在新产品开发过程中，企业的战略导向促进新产品开发绩效的提升需要通过具体的组织行为予以实现。作为一个投入知识与获得产出的过程，企业的新产品开发体现为知识综合运用的结果。通过开展组织学习，企业能获得外部新知识、挖掘已有知识的新用途或者摒弃过时的知识以实现知识的快速更新，从而为新产品开发奠定良好的知识基础。然而，组织学习是一个复杂的决策和行为过程，选择何种学习行为需要结合企业的整体战略进行分析。遗憾的是，现有研究对于不同的战略导向在提升新产品开发绩效中扮演何种角色、战略导向怎样影响具体学习行为的选择或实施以及不同的战略导向如何促进新产品开发绩效的提升等问题缺乏深入探讨。

　　基于此，本书结合企业在新产品开发过程中面临的"市场拉动"和"技术推动"的现实状况以及已有相关研究，将战略导向分为市场导向和技术导向。结合资源基础观，探讨了它们在提升新产品开发绩效中所扮演的差异化角色。为揭示战略导向影响新产品开发绩效的作用机理，本书还引入组织学习理论，探讨了知识整合和组织忘却在战略导向与新产品开发绩效之间所发挥的中介作用。最后，结合战略匹配理论将外部环境动荡性作为情境要素纳入考虑，探讨了市场环境动荡性和技术环境动荡性对市场导向和技术导向作用路径的调节效应。通过调查国内 254 家企业的数据，综合运用分层回归、对比检验等分析方法对所提出的 24 个假设进行检验，其中 19 个通过验证。

　　通过对比现有相关文献，本书的创新点主要体现在如下四个方面。第一，揭示了市场导向和技术导向在提升新产品开发速度和创造性中所扮演的差异化角色，加深了对战略导向与新产品开发绩效间复杂关系的理解。第二，将组织学习细分为知识整合和组织忘却两种行为，辨析了它们对新产品开发速度和新产品创造性的差异化影响，不仅深化了对组织学习理论视角下不同学习行为给企业带来异质性新产品开发绩效的认识，而且还突破了原有研究仅从知识摄入的角度对组织学习进行划分的局限。第三，融合资源基础观和组织学习理论，发现和阐明了战略导向影响新产品开发绩效的路径选择：市场导向通过促进知识整合提升新产品开发速度，技术导向通过促进组织忘却增强新产品的创造性。第四，结合战略匹配理论，引入外部环境动荡性作为情境要素，明确了技术环境动荡性和市场环境动荡性对战略导向影响新产品开发绩效的直接路径和中介路径的正向调节效应，进一步深化了对战略导向影响新产品开发绩效作用边界的认识。

目　录

第一章 绪论

第一节 研究中国制造业企业战略导向
与新产品开发绩效的缘起

一 实践缘起

（一）新产品开发已成为企业在当今环境下实现生存和发展的重要手段

"超竞争"时代的到来，严重冲击了原有的竞争格局。技术快速更新、产品生命周期不断缩短、消费者需求日益多样，使得企业的生存压力与日俱增。为了有效地应对这些冲击与挑战，新产品开发成为多数企业的战略选择。此外，面对全球经济快速发展和产品市场竞争加剧的宏观环境，企业客观上也需要不断开发新的产品以维护自身的竞争优势和市场地位。成功开发新产品能够使企业更好地满足当前及潜在顾客的需求，实现自身资源向市场价值的转化，进而确保自身的可持续发展。就具体的企业实践而言，通过开发新产品以实现自身生存和发展的理念被不断践行。以电子产品行业为例，为了拓展业务领域、提高市场占有量，小米公司在深入调查市场需求后根据自身的技术积累在多个电子产品行业发力。无论是小米手机、叮零智能视频门铃，还是小米插排、小米电视、小米路由器，它们被成功研发并推向市场都进一步巩固了小米在电子产品行业的地位，使得小米几乎在所有的智能领域都形成了独有的影响力。为了打破安卓和iOS对手机操作系统的垄断，同时也为了使自身的发展不再受制于人，华为自主研发了鸿蒙操作系统。华为鸿蒙操作系统将彻底打通手机、平板、电脑、电视、智能穿戴等，这为华为在未来的发展中实现新的突破创造了有利条件。在汽车行业，本田雅阁的销量在目前竞争激烈的国内汽车市场中始终领先，2019 年更是夺得 B 级车市场的销量冠军。之所以能取得如此傲人的成绩，主要是因为广汽本田能较快地对产品进行升级换代，从而获得市场优势。比亚迪从最初的逆向研发到新能源汽车开发，再到如今王朝系列车型推向市场，也在国内汽车市场取得了不俗的成绩。比亚迪的发展，证明了通过不断开发具有创造性的新产品能帮助企业获得良好的竞争优势。在医药行业，为了应对医药行业技术迭代升级对自身造成的不利影响，泽璟制药通过加大研发投入力度促进了多纳非尼、杰克替尼和奥卡替尼等药物的研发和上市，这些新药的研发不仅丰富了其自身的产品储备，也提高了公司在经济全球化大环境下的核心竞争力。上海医药在药品布局方面坚持新药研发和新产品引进并举，常年保持年生产约 700 个药品品种，有效地增强了企业的市场影响力。上述行业的企业经营实践表明，新产品开发对企业的生存和发展有着重要意义，提升企业的新产品开发绩效是企业家重点关注的问题。

（二）基于企业的战略导向进行新产品开发已逐渐普及

新产品开发的重要性使得企业在开发新产品的过程中会基于自身的整体战略进行分析和考虑。作为企业战略的重要组成部分，战略导向决定了企业资源配置的方向，对企业的战略行为和创新绩效有着重要影响。作为企业创新绩效的具体表现形式，新产品开发绩效不可避免地会受到企业战略导向的影响。明确的战略导向能帮助企业更好地理解未来的产品发展方向，从而提升新产品开发的效率和效果。事实上，结合企业的战略导向进行新产品开发在企业的实践中已逐渐普及。作为推动企业新产品开发的关键要素，"市场拉动"和"技术推动"成为多数企业在新产品开发过程中所面临的重要选择。因此，市场导向和技术导向也成为企业在新产品开发过程中所坚持的两种较为常见且有效的战略导向。

在市场导向战略的指导下，企业以提升顾客满意度为目标，并致力于提供高质量的产品以获取长期利润。基于该战略导向，小米通过建立小米社区及时听取用户意见，在获得用户对自身产品反馈的基础上，努力提升产品质量以更好地满足当前及潜在用户的需求。除了通过小米社区获取用户意见外，小米还积极地关注竞争对手在产品市场上的情况，并根据竞争对手的行为采取有针对性的措施。华为推出荣耀 8X 系列的手机，小米紧随其后推出了小米 8 系列的手机。此后，在荣耀发布新的运动手环后，小米也对其开始了新一轮的"叫阵"。对竞争对手的密切关注，客观上也激发了小米的产品开发。面对持续低迷的消费者信心和严峻的行业环境，上汽大众始终坚持市场导向，通过完善产品矩阵为消费者带来更高品质的产品和更加多样的用车选择。具体而言，针对消费市场年轻化的趋势，上汽大众推出了 R-Line 和 GT 系列产品；为适应消费需求升级的市场环境，上汽大众进一步推出了全新朗逸、全新凌渡和新一代帕萨特等多款车型。基于自身的战略导向进行新产品开发，在上汽大众的实践中被完美诠释。

在技术导向战略的指导下，企业在研发上会投入更多的精力以不断开发新的技术，并以此来提升新产品开发绩效。基于该战略导向，华为通过研发麒麟系列的处理器使得自身从高端处理器的桎梏中解放出来，不再受制于高通对处理器出售量的管控。正是因为坚持技术导向战略，华为在形成自身的核心技术体系后才能按照自己的意愿进行高端旗舰机的研发和生产。此外，随着云计算市场的进一步发展，头部云计算厂商对垂直行业的渗透持续加快。在技术导向战略的指引下，阿里云 ET 城市大脑成功推出了大规模视觉计算平台"天擎"，并将其应用于广东的高速公路系统，成为全国首个高速不停车收费 AI 稽核项目。结合上述企业的实践可以发现，新产品开发已成为企业战略议题下的一个常规项目。

（三）企业在新产品开发过程中的战略执行效果有待提高

目前，国内外不少企业已意识到结合自身的战略导向有针对性地进行新产品开发能更好地促进创新绩效的提升。然而，就具体的经营实践而言，企业在新产品开发过程中的战略执行效果有待提高。从本质上来讲，战略导向作为一种指导企业发展的经营理念或价值观，更多地体现为一种潜在的资源，转化为企业价值还需要通过具体的行为来实现。如果对于战略导向如何转化为企业的创新绩效认识不清或者未能基于自身的战略导向选择与之相适应的组织行为，就会影响战略导向作用的发挥，进而抑制新产品开发绩效的提升。

诺基亚帝国的衰落便是对该论断的有效诠释。具体而言，在技术导向战略的指引下，诺基亚基于自主研发的塞班系统在曾经的手机市场处于绝对领先地位，但在面对新操作系统的崛起时，诺基亚依然固守塞班系统而对其他操作系统未给予足够的关注。2011 年，在被苹果手机和安卓系统手机超越而错失手机市场世界第一的宝座后，诺基亚拒绝谷歌的邀请而选择与微软合作，试图通过开发全新的操作系统来摆脱自身的困境，但最终未能扭转颓势。尽管诺基亚坚持技术导向，通过对研发投入的重视而曾风光无限，但其过于满足自己的操作系统而忽视了安卓和 iOS 系统的崛起对自身在手机市场上地位造成的挑战，在后续的手机研发中依然固执己见，生产原操作系统的手机，导致推出的新型手机在与苹果、三星等手机较量时处于下风，最终使自身在手机市场上的地位急速下滑。

与诺基亚一样，IBM 曾经也是风光无限，但随着微软和英特尔的快速崛起，IBM 的光环逐渐褪去并一度面临破产的窘境。与诺基亚不同的是，IBM 坚持"以市场为导向，以顾客为中心"。在此战略导向的指引下，IBM 实现了技术与市场的有效结合，采取了一系列有效措施，如按顾客类型重组公司结构、与整个产业建立良好的合作关系、基于先进的技术对业务流程进行重组、助力企业的数字化转型等。此外，在从以公司内部为导向转变为以市场为导向后，IBM 强调要加强横向合作，谋求双赢局面，与戴尔的合作实现了彼此间新技术的学习与共享，有效保证了 IBM 在技术和产品上的领先。

综合上述分析，企业应在充分了解战略导向重要性的基础上进一步形成对战略导向价值转化的认识，提升战略执行效果以促进新产品开发绩效的提升。然而，国内不少企业仍然缺乏对战略导向价值转化的认识，进而限制了自身新产品的开发。

（四）动荡的外部环境给企业的新产品开发带来机遇和挑战

在新产品开发过程中，动荡的外部环境是企业家必须考虑的要素之一。综合而言，外部环境的动荡性主要源于两个方面，即技术环境动荡性和市场环境动荡性。随着科技发展的持续加快，新一轮科技革命和产业变革加速演进，给企业的新产品开发带来了新的机遇和挑战。例如，以支付宝为代表的互联网金融的发展彻底颠覆了传统的支付方式，其所具有的结算、支付、转账、理财等功能还对商业银行造成了一定的冲击。为了更好地迎合当前的市场需求，商业银行纷纷推出相关的移动支付功能。从某种意义上讲，技术倒逼商业银行对其产品进行了创新。大数据技术的兴起和发展也为企业的新产品开发带来了新的机遇。在大数据时代，用户成为推动产品创新的重要力量，深度参与到企业的新产品开发过程中，从而有效地提升了所开发产品的市场接受度。此外，市场环境的动荡也对企业的新产品开发产生了不可忽视的影响。随着我国市场经济的持续发展，市场环境日益动荡。这种动荡的市场环境在给企业新产品开发带来挑战的同时，也带来了一定的机遇。例如，共享汽车作为共享经济的时代产物，填补了快车、顺风车所占据的中低端市场，同时也满足了用户自驾的需求。共享汽车之所以能出现并获得快速发展，很大程度上是因为当前消费者的消费观念由"我拥有"转变为"我使用"。企业是市场活动的主体，激烈的竞争环境无疑会对其新产品开发造成影响。以我国汽车消费市场为例，当前无论是进口车、合资车还是国产车，都在不断对原有车型进行升级换代或者开发全新系列的车型，竞争激烈的汽车市场迫使车企围绕客户需求不断进行创新，否则将面临被淘汰的窘境。综合来看，动荡的外部环境给企业的新产品开发带来了机遇与挑战，只有根据所处的外部环境，选择有效的战略才能实现预期的新产品开发绩效。

二　理论缘起

在产品生命周期不断缩短、顾客偏好快速变化的背景下，成功开发新产品对于企业在竞争愈加激烈的市场环境下获得良好的经济效益和实现自身的快速发展具有极其重要的意义（Wu，2023）。特别是对于中国这种新兴经济体中的企业而言，加快新产品开发速度或者提升产品的创造性，是它们建立和维持竞争优势的关键手段（Cheng and Yang，2019；Xiao and Bharadwaj，2023）。因此，有效地提升企业的新产品开发绩效也就变得尤为重要。新产品开发是一个相对复杂的过程，跨学科、跨领域的特征日益明显。现有研究从多个视角对新产品开发绩效的驱动要素进行了探讨，例如，学者们分析了企业的知识管理（Idrees et al.，2023）、社交媒体技术

（Benitez et al.，2023）、决策逻辑（Wu et al.，2020）、战略柔性（Budiati et al.，2022）等要素对新产品开发绩效的影响。在诸多影响因素中，企业的战略导向受到了越来越多的关注（Aloulou，2019；Khizar et al.，2022；Moreno et al.，2023）。作为引导企业资源配置和战略行动的重要理念，战略导向对企业的创新活动有着不可忽视的影响（Zhou et al.，2005b）。事实上，新产品开发作为企业战略层面的关键性创新活动，客观上也要求企业结合自身的整体战略导向进行分析和考虑（Chen and Arnold，2022；Taghvaee and Talebi，2023）。现有研究虽然也探讨了战略导向对企业新产品开发的影响，但这些研究更多的是单纯分析战略导向对新产品开发的促进或抑制作用（Aloulou，2019；Jeong et al.，2006；Nakata et al.，2018）。不同的战略导向，如市场导向和技术导向在对竞争优势来源的认识、内部焦点等方面存在较大差异（彭伟等，2017），从而使得企业在新产品开发过程中所关注的重点有所不同，最终导致它们在提升新产品开发绩效上所发挥的作用存在一定的差异。然而，目前鲜有研究对不同的战略导向在提升企业新产品开发绩效的具体方面扮演着何种角色进行深入探讨，从而使得我们未能深入理解二者间的复杂关系。因此，企业如何根据自身的战略导向有针对性地选择新产品开发策略，进而实现预期的开发绩效有待进一步探讨。

值得注意的是，企业的战略导向更多地体现为企业的一种潜在资源（Cheng and Krumwiede，2012），其价值往往需要通过具体的组织行为来实现。组织学习理论强调，组织学习是企业对创新资源（如知识）进行获取、整合并重新创造的重要途径（Akgün et al.，2003）。因此，组织学习能很好地实现组织资源到创新产出（如新产品开发）的转化（Chuang et al.，2015）。尤其是在知识经济时代背景下，企业的新产品开发更多地体现为知识综合运用的结果（Akgün et al.，2008）。在新产品开发过程中，企业需将知识的识别、整合、运用、忘却作为核心环节（Akgün et al.，2007a；Chuang et al.，2015；Haug，2023），而这些过程离不开组织学习作用的发挥。一方面，企业在日常经营过程中会形成固有的知识基础以保证对常规工作的高效处理，但快速变化的市场和技术环境使得企业原有的相关知识变得低效甚至不再适用。为了降低这些过时知识对新产品开发的负面影响，企业需要通过实施忘却行为主动摒弃这类知识，否则将会陷入"能力陷阱"（Klammer et al.，2023；Lyu et al.，2020）。通过舍弃那些过时的知识，企业可以摆脱对原有知识的路径依赖，为更好地接收新知识创造条件（Zhao et al.，2013），进而促进新产品开发绩效的提升。另一方面，对分散在组织内的各个部门以及所获取的外部知识进行快速整合，在企业的新产品开发过程中也非常重要。企业只有对那些原本零散、无序、异质的知识进行重新整合和加工，才能将既有的知识基础转化为新产品开发所需要的资源，从而为新产品开发提供知识保障（Caridi-Zahavi et al.，2016；Tsai and Hsu，2014；Wang et al.，2018）。Grant（1996）综合分析早期的知识管理研究，认为企业的首要任务及其能力的本质是知识整合。整合企业内部的知识或跨组织边界获取的外部知识，可促进新产品的开发。相关研究也证实，企业通过新产品开发来获取可持续的竞争优势，这很大程度上取决于它们整合内外部知识的能力（Lyu et al.，2022）。因此，知识整合在企业创新系统中始终处于重要位置，是企业产品创新的基础。

考虑到组织学习过程的动态性以及知识流动的平衡性，学者们认为组织学习主要包括四种活动：知识获取、知识共享、知识运用、组织忘却（Huber，1991；Nevis et al.，1995；Sinkula，1994）。在已有研究中，知识整合又被认为与知识的获取、共享、运用三个过程存在重叠（Acharya et al.，2022；Caccamo et al.，2023；Eslami et al.，2018；Mell et al.，2022），有文献甚至指出知识整合包括上述三个过程（Prieto-Pastor et al.，2018）。因此，可将知识整合和组织忘却视为两种重要的组织学习行为。其中，组织忘却主要强调对已有过时知识等的摒弃，而知识整合更多的是对知识进行获取、共享和运用。因此，坚持不同战略导向的企业通过采取这两种学习行为，能有效实现战略导向价值的转化，进而提升新产品开发绩效。由此可见，如何根据具体的战略导向选择合适的组织学习行为，进而促进新产品开发绩效的提升，是一个具有理论意义的研究问题。

本书基于对资源基础观、组织学习理论、新产品开发理论等相关文献的梳理发现，现有研究还存在如下几方面的不足，值得进一步探讨。

第一，现有聚焦于战略导向与新产品开发绩效关系的多数研究中，新产品开发绩效被视为一个整体构念进行分析，缺乏深入探讨不同的战略导向对新产品开发绩效不同维度影响的研究。作为企业在竞争日益激烈的市场环境下实现生存和发展的有效手段，新产品开发受到了学者们的广泛关注（Bendig et al.，2018；Jang and von Zedtwitz，2023；Tao et al.，2023）。因此，如何促进新产品开发绩效的提升也就成为学者和企业家所重点关注的问题。在影响新产品开发绩效的诸多要素中，战略导向日益受到学者们的重视（Aloulou，2019；Khizar et al.，2022；Moreno et al.，2023）。基于企业的资源基础观，战略导向可被视为企业的一种重要而复杂的资源（Hunt and Morgan，1995），在新产品开发过程中扮演着重要角色（Liu and Su，2014）。基于此，学者们从战略导向的视角对新产品开发的驱动要素进行了研究。

相关文献在深化我们对战略导向与新产品开发绩效间关系认识的同时也暴露出研究中所存在的局限，即已有多数关于战略导向与新产品开发绩效的研究更多的只是笼统地将新产品开发绩效视为一个整体构念进行分析（Aloulou，2019；Morgan et al.，2019b；Taghvaee and Talebi，2023），缺乏将企业的新产品开发绩效进行细分以揭示不同的战略导向对新产品开发绩效不同维度影响的研究，从而导致战略导向和新产品开发绩效间的关系"悖论"。如以 Berthon 等（1999）和 Frosch（1996）为代表的学者强调市场导向会抑制企业新产品开发绩效的提升，而以 Augusto 和 Coelho（2009）、Gatignon 和 Xuereb（1997）为代表的学者则认为市场导向能提升企业的新产品开发绩效。事实上，为了实现不同的战略目标，企业会采取不同的新产品开发策略从而导致差异化的新产品开发绩效（Cankurtaran et al.，2013；Nakata et al.，2018）。作为指导企业经营活动的基本原则，不同的战略导向如市场导向和技术导向在对竞争优势来源的认识以及内部焦点等方面存在差异（彭伟等，2017），使得坚持不同战略导向的企业在新产品开发中所能实现的绩效也会有所不同。因此，根据企业的战略导向有针对性地进行新产品开发，进而实现预期的新产品开发绩效便显得尤为重要。遗憾的是，现有研究对于不同的战略导向在提升不同维度的企业新产品开发绩效中扮演着何种角色仍缺乏深入探讨。

第二，缺乏从知识流动的视角对组织学习行为进行细分，并探讨不同的学习行为对新产品开发绩效产生的差异化影响。学习过程的复杂性使学者们意识到，在分析组织学习对新产品开发绩效的影响时，应将组织学习行为进行细分，并探讨它们可能产生的影响。基于此，学者们将组织学习分为探索式学习与应用式学习，适应性学习与行动性学习，维持型学习与变革型学习，内部学习与外部学习等多种不同的类型（Gromark，2019；Heshmati and Csaszar，2023；Zahoor et al.，2023；Zhao et al.，2011）。尽管这些分类在一定程度上解释了组织学习行为及其过程的复杂性，但多数研究更多的还是在强调知识的摄入。事实上，随着企业所处环境的变化以及更多新知识的摄入，企业原有的相关知识会过时（Lyu et al.，2020；Zhao et al.，2013）。为了减小这些传统知识对新产品开发的不利影响，企业应当通过实施组织忘却来实现这类知识的流出。此外，为了将碎片化的知识转变成新产品开发所需的系统化知识或者为了挖掘现有知识的新用途，企业应当对内外部知识进行整合以实现新知识的流入，从而为新产品开发提供必要的知识资源（Tiwana，2008）。因此，在研究组织学习对新产品开发绩效的影响时，不仅要从知识流入的角度分析具体学习行为的作用效果，而且不能忽视对过时知识的管理，以实现传统知识流出所能发挥的效应。然而，目前少有研究从知识流动的视角对组织学习进行细分并系统地探讨它们对新产品开发绩效的影响，同时也缺乏探讨不同的学习行为在提升新产品开发绩效中所发挥的比较优势的研究。

第三，现有研究对战略导向影响企业新产品开发绩效中介机制的探讨有待完善。战略导向对新产品开发绩效的影响既可以是直接影响，也可以是间接影响。学者们在早期研究中揭示了战略导向与新产品开发绩效间的直接关系（Jeong et al.，2006；Nassani et al.，2023）。随着研究的持续推进，越来越多的实证结果表明战略导向与新产品开发绩效间的关系仍存在争论（Berthon et al.，1999；Nakata et al.，2018；Spanjol et al.，2012），这就意味着我们尚未完全理解二者间的关系。此外，战略导向的多样性和新产品开发结果的复杂性使得二者间的作用路径较长，可能需要通过其他变量的引入来更好地解释战略导向对新产品开发绩效的作用机制。组织学习理论强调，通过选择合适的学习行为，企业能更好地为创新活动的开展提供保障，从而实现资源到创新绩效的有效转化（Li et al.，2017；Balasu-bramanian et al.，2022）。新产品开发是一种具体的战略行为，企业在新产品开发过程中选择何种学习行为需要结合自身的战略导向进行考虑（刘新梅等，2013）。因而，战略导向对企业的新产品开发绩效的作用效果可以通过组织学习进行传递。对企业"战略导向—学习行为—新产品开发绩效"这一路径进行研究，不仅可以加深对组织学习提升企业新产品开发绩效的理解，还有助于更好地揭示企业战略导向作用于新产品开发绩效的潜在路径以及二者间的复杂关系。基于此，有必要从组织学习的视角，探讨企业的学习行为在战略导向与新产品开发绩效间的中介效应。

第四，现有研究对战略导向影响新产品开发绩效的边界条件认识不充分。战略导向影响学习行为的过程遵循着这样一种潜在逻辑，即企业具体的行为方式或行为选择应服务于企业的整体战略，战略导向与具体行为之间的有效结合能更好地促进企业绩效的提升。作为企业战略的关键要素，战略导向反映了企业的战略定位（Gatignon and Xuereb，1997）。由于企业的日常经营活动嵌于特定的外部环境中，企业根据自身的战略导向进行有效的学习行为选择以提升新产品开发绩效时，应该将外部环境的特征纳入考虑。战略匹配理论也强调，企业的战略制定应与外部环境相匹配或协调（Daft et al.，1988；Riikkinen and Pihlajamaa，2022）。然而，目前战略管理的相关研究很少基于战略匹配的视角考虑企业所处外部环境的动荡性对不同的战略导向在新产品开发中发挥的作用及其过程的影响。对于该问题的忽视，进一步制约了相关研究的发展。因此，为了深化对战略导向影响新产品开发绩效边界条件的认识，同时也为了更好地理解在当前经济转型的大环境下，中国企业在面临动荡的外部环境时如何根据自身的战略导向进行有效的行为选择以更好地促进新产品开发绩效的提升，有必要将外部环境要素纳入考虑，探讨战略导向影响新产品开发绩效的边界条件。

第二节　研究问题的提出与细化

尽管企业已经意识到新产品开发在维护自身竞争优势、提升创新绩效等方面发挥着重要作用，但对于如何根据自身战略导向有针对性地进行新产品开发策略的选择，进而提升新产品开发绩效这类问题依然缺乏清晰认识。作为企业战略的重要组成部分，战略导向决定了企业的资源配置方向，对企业的行为结果如新产品开发绩效有着重要影响。为了促进新产品开发绩效的提升，企业应结合自身的战略导向进行整体考虑。在此基础上，开展相应的组织活动可以更好地提升新产品开发绩效。在当前知识经济的时代背景下，知识对于企业成功开发新产品尤为重要。组织学习理论也强调，通过采取不同的学习行为，企业能对知识进行有效的管理，从而成功实现新产品开发。而企业采取何种学习行为很大程度上会受到自身战略导向的影响，所以根据企业的战略导向选择与之相适应的学习行为能有效提升新产品开发绩效。值得注意的是，任何企业的行为都是嵌于具体环境之中的，动荡的外部环境不可避免地会对企业的战略制定、行为选择以及最终的绩效等产生影响。因此，在企业新产品开发过程中，一个重要的问题即"企业如何在动荡的外部环境下根据自身的战略导向有针对性地进行学习行为的选择，进而提升新产品开发绩效？"亟待解决。以下将从四个方面对该问题进行分解。

一　市场/技术导向会对企业的新产品开发速度和新产品创造性产生怎样的影响？

新产品开发作为企业在当今竞争日益激烈的环境下实现生存和发展的有效手段，在已有的理论和实践中被广泛证实。然而，如何进行新产品开发、采取何种开发策略、新产品开发所期望达到的目标是什么等相关问题都需要基于企业的整体战略进行分析和考虑。战略导向作为影响企业活动并产生预期行为以确保其生存能力和绩效的重要因素（Hakala，2011），是企业关于如何获取竞争优势的认知，反映了企业为建立或维持竞争优势而采取相应行动的战略方向（Slater and Narver，1995）。资源基础观也指出，战略导向可被视为企业发展过程中的一种重要而复杂的资源（Hunt and Morgan，1995），其所具备的稀缺性、不可模仿性、价值性和不可替代性使其在企业的新产品开发过程中扮演着非常重要的角色（Liu and Su，2014）。总结前期相关研究发现，市场导向和技术导向是战略、创新以及营销领域关注的核心战略要素，也是企业在成长过程中至关重要的两种战略导向。同时，考虑到技术和市场是企业创新价值实现以及新产品成功开发的两个关键推动因素，本书将战略导向细分为市场导向和技术导向两种不同的类型。

技术导向和市场导向在诸多方面存在差异，那么在企业新产品开发过程中，两种不同的战略导向会对新产品开发绩效的具体维度产生什么样的影响？企业如何基于自身的战略导向选择与之相适应的新产品开发策略？为了回答这类问题，本书通过构建"战略导向—新产品开发"的逻辑链条，深刻回答"市场/技术导向会对企业的新产品开发速度和新产品创造性产生怎样的影响"这一重要问题。

二 知识整合和组织忘却在提升企业新产品开发速度和新产品创造性中扮演着何种角色？

组织学习作为能力重构的关键纽带，在提升企业新产品开发绩效、增强竞争优势等方面扮演着重要角色（Klammer et al.，2023；Leal-Rodríguez et al.，2015；Tsai and Hsu，2014）。基于知识流动的视角和相关文献，本书将组织学习行为分为知识整合和组织忘却两种（Bontis et al.，2002；Caccamo et al.，2023；Prieto-Pastor et al.，2018；Zhao et al.，2013）。其中，知识整合主要强调对知识价值的重新思考（Lyu et al.，2022）；组织忘却则更多的是通过摒弃与企业当前发展不相适应的知识来实现旧知识的流出，进而降低组织惰性发生的可能性（Lyu et al.，2020）。通过对内外部知识进行有效整合，企业能准确了解市场趋势、快速识别和把握市场上的机会、协调内部各部门对新产品开发的认知和态度（Malik and Nilakant，2016；孔凡柱，2014），从而加快新产品开发速度。组织忘却通过突破现有的组织认知来打破锁定状态，使企业摆脱传统知识、观念的束缚（Akgün et al.，2007b），从新的视角对新产品开发进行思考，进而有助于企业开发更具创造性的产品。

组织忘却和知识整合作用机理和作用效果不同，对新产品开发速度和新产品创造性可能会产生差异化的影响。因此，不同的组织学习行为在提升企业新产品开发绩效中扮演着何种角色，或者企业在新产品开发过程中如何选择恰当的学习行为以提升新产品开发速度和新产品创造性，也是本书拟分析的问题。

三　市场/技术导向实现新产品开发速度和新产品创造性提升的作用机理是什么？

尽管资源基础观为揭示战略导向与新产品开发绩效间的关系提供了良好的理论基础（Gatignon and Xuereb，1997；Hult and Ketchen，2001；Hunt and Morgan，1995），但该理论主要以组织内部资源为出发点，强调异质性资源对于企业获取竞争优势和绩效的重要作用，缺乏对资源如何转化为竞争优势或组织绩效的探讨（Chirico et al.，2011；张璐等，2019）。此外，战略导向更多地体现为企业的一种潜在资源（Cheng and Krumwiede，2012），其价值的实现需要基于具体的组织行为。组织学习理论指出，组织学习是企业对创新资源（如知识）进行获取、整合并重新创造的重要途径（Akgün et al.，2003）。因此，组织学习能很好地实现资源到创新产出（如新产品开发）的转化（Chuang et al.，2015）。此外，在知识经济的时代背景下，企业的新产品开发也是知识运用结果的直接体现（Akgün et al.，2008）。在新产品开发过程中，企业需将知识的识别、整合、运用、忘却作为核心环节（Akgün et al.，2007a；Chuang et al.，2015），而这些过程离不开组织学习作用的发挥。结合资源基础观和组织学习理论可以发现，企业的战略导向能通过影响企业的学习行为选择进而作用于新产品开发绩效。基于上述分析，组织学习理论为揭示企业的战略导向如何影响新产品开发绩效提供了良好的理论基础。此外，资源基础观和组织学习理论的结合也能弥补单一理论在对复杂问题解释上的不足。

组织学习包括知识整合和组织忘却，新产品开发绩效包括开发速度和创造性，企业根据自身的战略导向进行新产品开发时，应该如何进行恰当的学习行为的选择以提升所期望的新产品开发绩效也是本书重点探讨的问题之一。

四 外部环境动荡性如何影响市场/技术导向提升新产品开发绩效的作用过程?

企业的经营活动嵌于具体的环境之中,其战略制定和行为选择会受到外部环境的影响。环境动荡性作为当前企业所处外部环境的重要特征之一,难免会对企业的生存和发展产生影响。因此,在新产品开发过程中,企业战略导向作用的发挥不能忽视环境动荡性的影响。战略匹配理论也强调,企业的战略行为应与外部环境相匹配或协调 (Riikkinen and Pihla-jamaa, 2022; Venkatraman, 1989b)。基于该理论视角,分析战略导向作用效果时应考虑外部要素的调节作用。

结合上述三个子问题以及现有分析,企业要想成功实现新产品开发目标,需要在对外部环境形成清晰认知的基础上,根据具体的战略导向选择与之相适应的学习行为。基于已有相关研究,环境动荡性主要体现在两个方面:技术环境动荡性、市场环境动荡性 (Akgün et al., 2007a; Hung and Chou, 2013; Jaworski and Kohli, 1993)。其中,技术环境动荡性主要强调的是行业中技术变化或发展的速度以及不确定性程度 (Jaworski and Kohli, 1993; Tsai and Yang, 2014)。市场环境动荡性更多的是描述顾客需求及其对产品和服务偏好的不确定性 (Jaworski and Kohli, 1993; Turulja and Bajgoric, 2019)。结合实践背景的分析,外部环境动荡性会给企业的新产品开发带来机遇和挑战,那么企业的战略导向对新产品开发绩效的作用是否会受到环境动荡性的影响? 企业如何结合外部环境动荡性并基于自身的战略导向选择合适的学习行为,以及战略导向通过学习行为影响新产品开发的作用效果是否会受到环境动荡性的影响? 这些问题也是本书拟解决的子问题。

第三节 研究思路、方法与框架

一 研究思路

本书的研究思路主要基于上述子问题而形成。首先,从资源基础观的视角分析市场导向和技术导向对新产品开发速度和新产品创造性的影响，并比较两种不同战略导向的作用效果的差异；其次，在组织学习理论的基础上分析知识整合和组织忘却对新产品开发速度和新产品创造性的影响；再次，结合资源基础观和组织学习理论，探讨战略导向通过组织学习影响新产品开发绩效的中介路径；最后，基于战略匹配的视角，引入技术环境动荡性和市场环境动荡性作为情境变量，探讨它们对战略导向影响新产品开发绩效作用路径的调节效应。

在实证检验上，利用匹配的研究方法对本书所涉及的四种影响效应（包括直接效应、中介效应、调节效应、有调节的中介效应）进行验证。其中，直接效应包括战略导向对新产品开发绩效和组织学习的影响以及组织学习对新产品开发绩效的影响，主要采用分层回归的方法进行验证。中介效应包括两种不同的战略导向通过知识整合和组织忘却对新产品开发速度和创造性的影响，主要采用 Bootstrap 中介效应检验方法进行验证。调节效应包括市场环境动荡性和技术环境动荡性对战略导向与新产品开发绩效间关系的调节，主要采用分层回归的方法进行验证。有调节的中介效应包括市场环境动荡性和技术环境动荡性对战略导向通过组织学习影响新产品开发绩效的中介效应的调节，主要采用 Hayes 等人开发的 Process 程序进行检验。最后，针对本书所得出的研究结果进行讨论，在此基础上分析研究的理论贡献和实践启示，并提出研究的创新点和对未来研究进行展望。

二　研究方法

基于上述研究思路以及具体研究的需要，本书将综合采用文献研究、理论推演、问卷调查、实证分析等方法解决所提出的研究问题。

（一）文献研究

文献研究主要强调对与所研究话题相关的文献进行收集、鉴别和整理，从而形成对研究问题的科学认识。第一，基于市场导向、技术导向、组织忘却、知识整合、新产品开发速度、新产品创造性等话题，从 Web of Science、EBSCO、ProQuest、Inform、CNKI 等数据库中获取大量相关文献。对所获取的文献进行整理，在阅读上述相关文献的基础上挖掘已有研究的不足，从而确定本书研究的切入口和具体的研究内容。第二，在第二章的文献综述部分对与本书研究密切相关的话题进行梳理和总结，明确当前的研究进展并对其进行评述。第三，基于文献综述，构建本书的理论框架。第四，在梳理相关文献的基础上，提炼本书所涉及变量的主要测量题项。第五，在第六章的实证结果讨论部分，将本书研究所得出的结论与已有研究进行对比并进行讨论。

（二）理论推演

理论推演建立在文献研究的基础上，主要在第三章的概念模型与研究假设部分予以体现。在对已有研究进行梳理的基础上，对本书的相关问题进行分析和讨论。通过对所提出研究问题的合理性进行理论推导，构建整体的理论框架。在文献梳理的基础上，明确并推导各变量间的逻辑关系，最终提出相关的研究假设。

（三）问卷调查

作为管理学中最为普遍的一种研究方法，问卷调查是获取研究数据的一种有效手段。在确定概念模型以及提出研究假设后，需要编制具有高信度和效度的问卷用于获取研究所需的样本。因此，问卷调查法主要在第五章的实证分析与检验结果部分予以体现。在问卷设计过程中，本书主要参考国内外成熟的量表，并根据中国企业的实际情况予以适当调整和修正。在完成初步的问卷设计之后，邀请校内该领域的学者就所涉及的题项能否有效反映变量以及调研方式是否合理等问题进行商讨。根据讨论的结果，对问卷进行修改和完善。如此不断反复，直至参与讨论的成员对最终的问卷没有任何异议。此后，拟选取当地20家企业进行预调研，根据预调研反馈的结果对问卷的内容、表述、结构等进行适当调整，以尽可能反映企业经营的实际情况。利用最终形成的问卷，通过线上和线下等方式进行大规模的问卷调查。

（四）实证分析

与问卷调查类似，该方法主要在第五章的实证分析与检验结果部分予以体现。所涉及的分析方法主要包括描述性统计分析、因子分析、对比检验、多元线性回归、结构方程法等。所使用的统计分析工具有：Excel、SPSS、AMOS。

三 研究框架

本书以资源基础观、组织学习理论和战略匹配理论为理论基础，针对战略导向、组织学习、新产品开发以及环境动荡性等核心概念间的关系展开研究。具体研究内容和章节安排如下。

第一章 绪论。首先从现实背景出发，分析当前我国企业在新产品开发过程中存在的问题，从现实的角度引出所要研究的话题，并以此凸显研究的必要性和重要性。然后从理论的角度，梳理并总结当前新产品开发研究存在的不足，为相关研究提供理论基础。最后给出本书研究的主要内容，并介绍研究的思路、方法和框架。

第二章 理论基础与相关文献评述。针对绪论部分所提出的研究问题，分别对企业战略导向、组织学习、环境动荡性以及新产品开发绩效等相关理论与研究进行梳理与总结。在此基础上，对相关研究进行评述，为后续的概念模型构建和研究假设提出奠定基础。

第三章 中国制造业企业战略导向与新产品开发绩效的概念模型与研究假设。首先，清晰界定本书所涉及的主要概念。其次，结合上一章的理论基础和文献回顾，通过理论推演和逻辑分析等方法，提出本书的概念模型。最后，探讨战略导向、组织学习、新产品开发绩效等关键变量间的逻辑关系，并以此为基础提出若干研究假设。

第四章 中国制造业企业战略导向与新产品开发绩效的研究设计。该部分详细介绍了调研背景、问卷设计、样本选择、数据收集过程，同时也对所收集的样本进行了相关的描述性统计分析和可靠性分析。此外，还介绍了本书所使用变量的测量题项以及相关的统计分析方法。

第五章 研究假设的实证分析与检验结果。该部分首先进行了信度和效度检验、共同方法偏差检验以及描述性统计分析，接着综合运用因子分析、对比检验、多元线性回归、结构方程模型、多重中介检验等方法对所提出的假设进行验证。

第六章 中国制造业企业战略导向与新产品开发绩效的研究结果讨论。针对实证结果对假设的验证情况进行分析和讨论，深入挖掘实证结果中所蕴藏的重要发现。之后，从理论和实践两方面揭示本书研究的贡献。

第七章 结论与展望。首先，总结所得出的结论。其次，从四个角度分别阐述主要的创新点。最后，在指出现有研究局限的基础上提出未来的研究思路和方向。

基于上述分析，本书构建了如图 1-1 所示的研究框架。

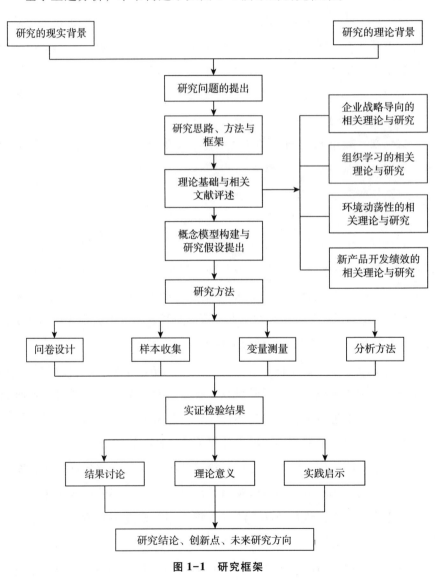

图 1-1 研究框架

第二章　理论基础与相关文献评述

第一节　企业战略导向的相关理论与研究

一　资源基础观

资源基础观起源于新古典经济学，在熊彼特创新理论、产业组织理论、企业理论的基础上发展而来，是解释竞争优势来源的战略管理理论之一。作为资源基础观的奠基者，Penrose（1959）在其研究中率先提出了企业是生产性资源的集合；资源在构建企业竞争优势中扮演着重要角色；资源使用的过程伴随着企业的成长。作为补充，Penrose（1959）还指出，在不确定性的环境下企业可通过产品创新来创造竞争优势。这些观点得到了学者们的认可和完善（Barney，1991；Peteraf，1993），后来形成完整的理论体系——企业资源基础观。

基于资源基础观，Wernerfelt（1984）构建了资源基础观的经济分析工具，并认为资源和产品是同一事物的不同方面。他提出了资源位势壁垒和动态资源管理，指出企业可以通过两种方式获得较高的利润：①获得构建资源位势壁垒的资源；②实现对现有和新资源的开发与利用的平衡。此外，Wernerfelt（1984）还强调在给定的时间范围内可将企业的资源分为有形和无形两种不同类型。其中，有形资源包括金融资产、物质资产等，无形资源包括技术、商誉等。然而，由于 Wernerfelt 理论的抽象性，其在当时并未得到学者们的广泛认可。与之不同的是，Barney（1991）较为完整地构建了资源基础观模型，提出了著名的 VRIN 框架，即那些能给企业带来持续竞争优势的资源必须满足四个条件：有价值的（Valuable）、稀缺的

（Rare）、不可模仿的（Inimitable）、难以替代的（non-substitutable）。根据 Barney（1991）的观点，VRIN框架可用于战略计划与持续竞争优势、信息处理系统与持续竞争优势、良好声誉与持续竞争优势等相关问题的分析。值得注意的是，VRIN框架是建立在两个基本假设之上的：企业所控制的资源是异质的；这些资源在企业间是不可流动的。这两个基本假设意味着企业间可以存在资源禀赋上的差异，且这种差异能长时间存在。Peteraf（1993）在其研究中阐明了资源基础观的经济基础，并提出了形成持续竞争优势必须同时满足的四个条件：资源异质性、事后竞争限制、资源流动受限以及事前竞争限制。Peteraf（1993）还强调，拥有异质性资源的企业能在市场上参与竞争，进而获得租金。

作为企业战略的关键要素，战略导向反映了公司的战略定位，很大程度上决定了企业为获得持续竞争优势和实现卓越绩效所采取的措施（Gatignon and Xuereb，1997）。基于企业的资源基础观，战略导向可被视为企业发展过程中的一种重要而复杂的资源（Hunt and Morgan，1995），其所具备的稀缺性、不可模仿性、价值性和不可替代性使其在创造企业竞争优势方面扮演着重要角色（Hult and Ketchen，2001）。Zhou和Li（2012）的研究也强调，战略导向聚焦于企业战略选择与环境之间的匹配，明确的战略导向有助于指导企业更好地获取、分配和利用资源，进而帮助企业在动荡的环境中建立竞争优势。由此可见，企业的市场导向和技术导向作为战略导向的具体体现都可以被视为企业的重要资源，是企业行为选择和最终绩效获取的重要前置因素。基于此，本书将结合资源基础观对企业战略导向所产生的效应进行分析。

二　战略导向的相关研究

根据Gatignon和Xuereb（1997）的观点，战略导向指的是指导和影响企业活动，并旨在确保企业生存能力和行为的原则。自20世纪90年代以来，关于战略导向的研究日益增多。战略导向是一个整体性的概念，可对其进行不同程度的细分。目前，关于战略导向的划分主要集中在两种不同的流派中——战略管理流派和战略营销流派。

战略管理流派的学者根据组织对外部环境的适应性，将战略导向细分为四种不同的类型：防御者、探索者、反应者和分析者（Miles et al.，1978）。其中，防御者将他们的组织问题定义为如何封闭整个市场的一部分以创建稳定的领域，并且他们仅通过生产针对具体细分市场的产品来实现这一目的。同防御者相比，探索者往往会采取与其相反的方式应对外部环境。一般而言，探索者所制定的策略比同行业中其他类型的组织更具活力，其主要目的是更快地发现和利用市场机会。与防御者和探索者处于连续调整策略的两端不同，分析者是二者的有效组合。具体而言，分析者是一个试图将风险最小化而又将获利机会最大化的组织，经验丰富的分析者将防御者和探索者的优势结合在一个系统中。分析者将他们的组织问题定义为如何找到并利用市场机会，同时保持传统产品生产和客户核心地位。不同于另外三种策略，反应者策略往往被视为一种"残余"策略，是在未能正确地采用其他三种策略之一时产生的。此后，Porter（1980）又提出了低成本、差异化、专一化三种战略导向。在 Miles 等（1978）的基础上，Venkatraman（1989a）提出了六种战略导向：进取型、分析型、防御型、探索型、积极型和风险型。尽管战略管理流派的学者对战略导向进行了不同的划分，但划分的依据大体一致，即组织对外部环境的反应态势。

与战略管理流派不同的是，战略营销流派的学者清晰地界定了企业战略导向关注的焦点。该流派的学者从资源基础、行为理论、价值理念等不同的视角，将战略导向细分为市场导向、创业导向、创新导向、技术导向、竞争者导向、学习导向等不同类型（Adams et al.，2019；Baker and Sinkula，1999；Berthon et al.，1999；Deutscher et al.，2016；Noble et al.，2002；Zhou et al.，2005a）。

虽然战略管理流派和战略营销流派的学者都从各自的角度对企业的战略导向进行了不同的划分，但所遵循的原则大体一致，即战略导向为企业的发展明确战略方向，指导企业采取有效措施以实现更好的生存与发展。有研究指出，即使处于相同的行业环境，面对相同的外部挑战，不同的企业在应对这些挑战时采取的策略也存在差异。之所以会出现这种差异，很大程度上是因为受企业战略导向的影响（Guo et al.，2019）。因此，企业在制定战略或者采取某种战略行为时首先要明确自身的战略态势。表 2-1 整理了两种不同流派的学者关于战略导向类别的划分。

表 2-1　不同流派下战略导向类别的划分

流派	典型学者	具体的战略导向类型
战略管理流派	Miles 等（1978）	防御者、探索者、反应者和分析者
	Porter（1980）	低成本、差异化、专一化
	Venkatraman（1989a）	进取型、分析型、防御型、探索型、积极型、风险型
战略营销流派	Gatignon 和 Xuereb（1997）	顾客导向、竞争者导向、技术导向
	Berthon 等（1999）	顾客导向、创新导向
	Zhou 等（2005a）	市场导向、创业导向、技术导向

资料来源：笔者根据相关文献整理。

对不同流派战略导向概念和维度进行分析，可以发现两种流派尽管在分类方式上存在差异，但落脚点都是组织目标的实现或者实现目标的关键要素。战略导向不仅关注企业整体的战略方向，也注重为实现整体战略目标而采取的具体战略行为。因此，企业在进行战略决策或行为选择时要充分考虑自身的战略态势。值得注意的是，战略营销流派对于战略导向维度的划分比战略管理流派更加聚焦。具体而言，战略管理流派在进行企业战略导向分析时，常常会出现企业行为边界难以界定的情况，而战略营销流派则将战略导向具体划分为市场导向、技术导向、创新导向等维度，明确了战略导向的焦点和边界。此外，与战略管理流派下的战略导向研究相比，战略营销流派下的战略导向研究存在更多的争议和空白，研究的理论和实践价值也更大。

基于上述分析，本书聚焦于战略营销流派下的战略导向研究，在总结前期相关研究的基础上，发现市场导向和技术导向作为两种极具代表性的战略导向，是战略、创新以及营销领域关注的核心战略要素（Jeong et al.，2006；Sainio et al.，2012；Zhou et al.，2005a；李巍，2015）。由于二者在内部焦点、外部特征以及对竞争优势来源的认知等方面存在较大的差异，学者们常将它们置于同一研究框架下分析它们对企业经营行为和绩效的影响（彭伟等，2017）。创新过程研究中的"链接模型"理论也强调，技术和市场是促使创新实现的两个关键要素：一方面，技术为创新提供了机会，使得创新实现成为可能；另一方面，市场激励了创新，并且降低了失败的风险（Kline and Rosenberg，2010）。考虑到技术和市场是企业创新价值实现以及新产品成功开发的两个重要推动因素，同时，创新驱动要素研究的学者们也认为技术和市场是企业创新过程中的两个最为关键的要素（Adams et al.，2019；Day，1994；Guo et al.，2020），因此，基于 Zhou 等（2005a）关于战略类型的划分，并结合研究目的和当前中国多数企业在新产品开发过程中面临的"市场拉动""技术推动"战略选择的现实问题，本书将重点考虑市场导向和技术导向在企业新产品开发中的作用，以进一步探索战略导向与新产品开发领域尚存在争议的问题。

（一）市场导向的相关研究

1. 市场导向的内涵研究

作为营销领域的核心概念，市场导向自提出以来，就有学者从不同的角度对其进行了界定。对相关文献进行梳理和总结发现，目前学者们对市场导向的定义主要集中于两种不同的视角，即组织文化视角（Narver and Slater，1990；Slater and Narver，1995）和行为过程视角（Day，1994；Kohli and Jaworski，1990；Ruekert，1992）。市场导向组织文化观以 Narver 和 Slater（1990）为代表，强调市场导向是为顾客和企业持续创造卓越价值的一种企业文化。坚持该视角的学者认为，市场导向"本质上是一种组织文化并强调：①企业在考虑其他利益相关者的利益时，应将为顾客创造并维持卓越的价值放在首位；②提供有关组织发展和对市场信息的响应能力的行为规范"（Slater and Narver，1995）。在此之前，Day（1994）指出，以市场为导向的组织文化能支持企业有效地运用市场情报。在总结已有研究的基础上，Homburg 和 Pflesser（2000）提出了更为全面的市场导向文化观。Zhou 等（2005a）的研究也认同 Narver 和 Slater（1990）的观点，即市场导向强调"顾客拉动"的组织理念，将创造和维持卓越的客户价值置于企业工作的首位。行为过程视角侧重于与市场导向相关的行为的研究，主要聚焦于产生、传播和响应市场信息相关的活动。坚持行为过程观的学者将市场导向定义为一系列具体的活动过程（Kohli and Jaworski，1990）。基于此，Kohli 和 Jaworski（1990）认为，将市场导向视为一个连续的概念似乎更为合适。该定义关注特定的行为过程，而非将市场导向视为一种经营理念，使得市场导向在概念上更具操作性。与 Kohli 和 Jaworski（1990）关于市场导向的定义类似，Ruekert（1992）将市场导向定义为三方面的行为：①以顾客为主体获取和使用相关信息；②制定满足客户需求的策略；③通过响应顾客需求来实施所制定的策略。该定义的第一个方面与 Kohli 和 Jaworski（1990）、Narver 和 Slater（1990）的定义基本一致，都强调从顾客那里搜集、获取相关信息。后来，Hunt 和 Morgan（1995）将市场信息搜集范围拓展至竞争者。

尽管以 Narver 和 Slater（1990）、Kohli 和 Jaworski（1990）为代表的学者分别从不同的视角对市场导向进行了定义，但二者仍有一些共同之处。具体而言，他们都强调要加深对客户当前或潜在需求的理解，在企业内对相关市场信息进行跨部门的共享与整合，以及对出现的市场机会做出有效反应。作为奠基性的研究，上述两种不同视角下的市场导向定义都受到了学者们的广泛关注，此后关于市场导向的相关研究基本都是建立在这两种视角定义的基础之上。表 2-2 为相关学者关于市场导向概念内涵的定义。

表 2-2　市场导向概念内涵的代表性观点

学者	内涵
Kohli 和 Jaworski（1990）	在组织范围内产生和传播与当前及未来顾客需求相关的情报，并对所产生和传播的情报进行响应。该定义包含三个核心支柱：以顾客为中心、协调营销、盈利能力
Narver 和 Slater（1990）	一种能最有效地实施相关行为从而为顾客创造卓越绩效的企业文化，包括三个组成部分——顾客导向、竞争者导向、跨部门协调，以及两个决策标准——长期关注和盈利能力，并强调行为要素主要包括市场信息获取和传播以及为顾客创造价值的协同行动
Deshpandé 等（1993）	将顾客利益放在首位，兼顾其他相关者（如所有者、经理和员工）的利益，以实现企业长期获利的一整套信念

学者	内涵
Hunt 和 Morgan（1995）	①系统地收集当前和潜在客户与竞争对手的相关信息；②为开发市场知识而对信息进行系统的分析；③系统地使用此类知识来指导战略识别、理解、创建、选择、实施和修改，并强调跨部门协调不应出现在市场导向的定义中
Jaworski 和 Kohli（1996）	在组织范围内产生和传播与顾客、竞争者相关的信息，以及对这类信息进行积极响应。同时，强调市场情报可以从内部和外部产生
Sørensen（2009）	本质上是包括与顾客和竞争对手有关的情报的产生和传播，以及基于这类情报所采取的行动

资料来源：笔者根据相关文献整理。

2. 市场导向的构成维度研究

学者们从不同的研究背景或理论视角出发，对市场导向所包含的具体维度进行了分类。其中较为典型且对后续相关研究影响较大的主要有 Narver 和 Slater（1990）、Kohli 等（1993）以及 Narver 等（2004）关于市场导向维度的划分。关于市场导向构成维度的文献梳理也将围绕他们的研究展开。

Narver 和 Slater（1990）认为，市场导向作为一种组织文化，有助于企业掌握目标市场的客户需求，识别当前与潜在关键竞争者的优劣势和竞争策略之后，通过部门间的协调整合确保企业获得最大利益。因此，他们指出市场导向主要包括三个子维度，即顾客导向、竞争者导向、跨部门协调。顾客和竞争者导向主要强调企业在目标市场中获取顾客和竞争者信息，并在企业内进行传播。跨部门协调则是在所获取的目标市场信息的基础上，协调企业内部各个部门，进而为顾客创造卓越价值。总体而言，市场导向的三个子维度包含市场信息获取和传播，以及企业内各部门为顾客创造价值而协同努力的活动。

具体而言，顾客导向主要强调企业从不同渠道获得顾客的偏好和需求等相关信息，以加深对目标顾客的了解，进而不断为其创造价值。以顾客为导向要求企业不仅要了解顾客价值链的整体内容，还要了解在动荡环境下价值链整体内容所发生的变化。在顾客导向的支配下，企业主要通过两种途径来为顾客创造价值：①在顾客付出的代价不变的情况下，企业尽可能地增加其收益；②在顾客收益不变的情况下，企业减少其为获得该收益所付出的代价。因此，企业不仅要了解其直接目标顾客的成本或动态收益情况，还要掌握间接顾客的同类信息。以顾客为导向的企业有能力和意愿识别、分析、理解和响应顾客需求，并学习市场上的相关知识以对细分市场进行评估。竞争者导向主要指的是企业洞悉当前及潜在关键竞争者短期的优劣势以及长期的战略，并分析当前和潜在的主要竞争对手采取何种手段来满足顾客需求（Wu et al.，2019）。竞争者导向的企业往往有较强的意愿和能力对竞争者的行为进行识别、分析和响应，这些行为既有可能是主动的，也有可能是被动的。跨部门协调则指的是企业协调使用自身所拥有的资源，旨在为目标顾客创造更加卓越的价值。在这一过程中，企业的各个部门都是潜在的顾客价值创造者。因此，为顾客创造价值并不只是营销部门的职责，还需要企业各个部门共同努力以发挥协同效应。

Narver 和 Slater（1990）还指出，在实施上述三种市场导向时，企业应该进行长期关注（Long-term Focus）。主要原因在于，市场竞争是长期存在的，为了有效地应对竞争对手所创造的优质的顾客价值，企业应当不断发掘顾客需求并为顾客创造超出其期望的价值。此外，企业实施市场导向的最终目的是实现盈利或获得盈利能力（Profitability）。综合而言，Narver 和 Slater（1990）所提出的市场导向主要包括顾客导向、竞争者导向以及跨部门协调三个子维度，而长期关注和盈利能力则是这三个子维度的主要决策依据。基于上述逻辑思路，Narver 和 Slater（1990）提出了如图 2-1 所示的市场导向各维度间的关系图。

Narver 和 Slater（1990）的研究较为全面，且为后续相关研究提供了有价值的参考。尽管如此，Kohli 等（1993）在回顾与市场导向相关的文献的基础上，认为 Narver 和 Slater（1990）的研究还存在一些不足：①仅通过顾客导向和竞争者导向来强调市场行为，而忽视了其他因素（如技术、规制）对市场行为可能造成的影响；②未能深入分析市场情报在组织中产生和传播的速度；③测量题项中包含一些未能反映市场导向的条目。基于此，Kohli 等（1993）开发了包含 20 个题项的 K-J-K 量表以测量 Kohli 和 Jaworski（1990）所提出的市场导向的三个维度：市场情报的产

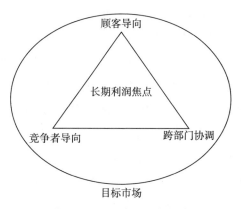

图 2-1　N-S 市场导向概念

资料来源：参考 Narver 和 Slater（1990）。

生、市场情报的传递、市场情报的响应。

　　作为市场导向的起点，市场情报不仅应包含当前及潜在客户的需求和偏好，还应包含影响这些需求和偏好的外在因素。因此，市场情报的产生也包括环境扫描。Kohli 和 Jaworski（1990）指出，有效的市场情报不仅要包含顾客当前的需求，还要包含对顾客未来需求的预测。市场情报的产生不能只通过客户调研的方式，而是要依靠多种具有互补性的机制或手段。与 Narver 和 Slater（1990）所提出的创造顾客价值类似，Kohli 和 Jaworski（1990）也认为市场情报的产生并不只是营销部门的职责，需要整个企业的共同努力。市场情报产生之后，企业内的各个部门还需要及时地传播市场情报，保证各部门工作的有序开展和企业适应市场能力的提升。市场情报响应则指的是企业依据所形成和传播的情报采取行动，如选择目标市场，设计和提供迎合当前及未来目标市场需求的产品和服务，以引起良好的终端客户响应的方式生产、分销和促销产品。综合而言，对市场情报的响应是情报产生和情报传递的最终归宿。

　　Narver 和 Slater（1990）、Kohli 和 Jaworski（1990）、Kohli 等（1993）的研究奠定了市场导向构成维度以及定义的基础。此后，学者们基于他们的研究对与市场导向相关的话题进行了深入探讨，并普遍认为市场导向能促进组织绩效的提升。然而，随着组织绩效概念的拓展以及企业所处环境的变化，有学者对市场导向与企业绩效间的正向关系提出了质疑。他们认为市场导向并不一定就能促进企业绩效的提升。根据他们的观点，市场导向会抑制创造性，导致"研发近视"，甚至造成业务流程的混乱。如果企业过于听从顾客的意见，它们甚至会失去在行业中的领先地位。Narver 等（2004）认为，之所以有学者质疑市场导向与企业绩效之间的正向关系，很大程度上在于之前的研究对市场导向的理解过于狭隘。他们认为，已有的多数研究将市场导向默认为是一种相对被动的"响应式的市场导向"，而忽视了"先动式市场导向"的作用。因此，Narver 等（2004）根据顾客不同类型的需求，提出了市场导向的两个维度：主动型市场导向和被动型市场导向。其中，主动型市场导向指的是企业挖掘、理解并满足顾客的隐性需求，属于"拉动顾客"，而被动型市场导向则指的是企业发现、理解并满足顾客的显性需求，属于"顾客拉动"。主动型市场导向的提出在一定意义上回应了之前学者们关于市场导向正向影响企业绩效的质疑。同时，他们还指出虽然市场导向有利于企业绩效的提升，但随着商业环境的变化，被动型市场导向会变得更加普遍，且该类市场导向对企业绩效提升的作用会被不断弱化。任何企业要想不断创造和保持可持续的竞争优势，就要坚持其主动型市场导向的定位。

随着研究的不断丰富和拓展，学者们也从各自研究的角度赋予了市场导向更多的维度，如供应商导向、分销商导向、利益相关者导向、宏观环境导向等。尽管如此，占主导地位的依然是 Narver 和 Slater（1990）、Kohli 和 Jaworski（1990）、Narver 等（2004）关于市场导向维度的划分。通过对已有相关文献进行梳理和总结，表 2-3 列举了部分学者关于市场导向维度划分的一些具有代表性的观点。

表 2-3　市场导向维度划分的代表性观点

学者	维度划分
Narver 和 Slater（1990）	顾客导向；竞争者导向；跨部门协调
Kohli 和 Jaworski（1990）	市场情报的产生；市场情报的传递；市场情报的响应
Mohrw-Jackson（1991）	顾客导向；跨部门协调；盈利能力
Ruekert（1992）	获取客户需求信息；响应客户需求；满足客户需求

学者	维度划分
Deng 和 Dart（1994）	顾客导向；竞争者导向；跨部门协调；利润导向
Gatignon 和 Xuereb（1997）	顾客导向；竞争者导向；产品导向
Narver 等（2004）	主动型市场导向；被动型市场导向

资料来源：笔者根据相关文献整理。

3. 市场导向与企业创新绩效的研究

自市场导向的概念提出以来，学者们就对其可能产生的影响进行了研究。由于本书主要将市场导向视为企业的一种战略资源，并分析它对企业新产品开发绩效的影响，所以，在进行文献梳理时，本书主要聚焦于市场导向对企业层面的影响。通过整理相关文献，可将市场导向对企业整体的影响大致归纳为市场导向对组织学习、企业创新以及企业绩效三个方面的影响。

（1）市场导向与组织学习

根据 Kohli 和 Jaworski（1990）的研究，市场导向主要包括组织范围内市场情报的产生、市场情报的传递、市场情报的响应。而组织学习主要由信息获取、信息传递、共同理解三个阶段构成。因此，市场导向所包含的信息获取和信息传递在一定意义上也构成了组织学习的核心。市场导向促使企业从客户和竞争者那里获取相关的市场信息，能够促进企业的市场学习行为。Slater 和 Narver（1995）也指出，市场导向是组织学习最为重要的文化基础之一。在研究中，他们提出并验证了市场导向通过影响组织学习进而作用于企业绩效，这一研究也促进了后续市场导向与组织学习相关研究的开展。刘新梅等（2013）的研究显示，市场导向通过应用性学习和转化性学习影响组织创造力。

（2）市场导向与企业创新

在过去的三十年里，市场导向对企业创新的作用在战略管理和创新领域受到了广泛关注，学者们对此类问题进行了相应的研究。诸多研究表明，市场导向与企业创新之间有着紧密联系，具体包括新产品开发、商业模式创新、服务创新、营销创新等。尽管有学者指出过度依赖顾客反馈会对企业产品的创新产生负面影响（Berthon et al.，1999），但随着当前市场竞争日益激烈，顾客的需求偏好对企业新产品的成功开发有时甚至起着决定性的作用。因此，在当前市场环境下，管理者有必要依据客户信息进行新产品开发过程中的相关决策。以客户为中心并不仅仅是倾听客户声音，还需要了解其未来需求可能发生的变化以及如何满足这种变化的需求。基于此，Augusto 和 Coelho（2009）论证了企业的市场导向如何正向影响新产品开发。国内学者张璐等（2019）通过纵向案例研究，也揭示了市场导向在推动企业商业模式创新过程中所扮演的重要角色。Cheng 和 Krumwiede（2012）以 235 家台湾（中国）企业为样本，实证检验了市场导向的不同维度对突变式服务创新和渐进式服务创新的不同作用。Wang 等（2019a）在其研究中，进一步论证了市场导向能够促进企业进行探索性创新的观点。

（3）市场导向与企业绩效

市场导向与企业绩效间的关系是学者们持续关注的热点话题，基于不同的研究背景和理论视角，学者们剖析了市场导向对新产品开发绩效（郝生宾等，2018）、创新绩效（周洋、张庆普，2019）、企业竞争优势（Hult and Ketchen，2001）等具体企业绩效的影响。对于该话题的深入研究，使我们对"市场导向能否提升企业绩效"、"市场导向如何提升企业绩效"以及"市场导向影响企业绩效的作用边界"这类关键问题形成了系统、深刻的认识。尽管研究的落脚点存在一定差异，但绝大多数学者的研究结论支持市场导向正向影响企业绩效的论断。其中，部分学者认为市场导向直接影响企业的绩效。如 Udriyah 等（2019）的研究揭示了市场导向在提升企业竞争优势中所扮演的重要角色。李雪灵等（2010）在其研究中，验证了主动型市场导向对企业的创新绩效有显著的正向影响。

也有学者强调市场导向通过作用于其他因素而间接影响企业的绩效。如 Zhou 等（2005a）在其关于战略导向与企业绩效的研究中，发现市场导向通过促进企业的技术创新进而影响企业的整体绩效。Kasim 等（2018）基于 254 家马来西亚企业的数据，分析了组织学习在市场导向与企业成长绩效间的中介效应。蔡莉等（2010）的研究强调，市场导向主要通过资源整合来促进企业绩效的提升。郝生宾等（2018）的研究揭示了主动型和响应型市场导向均通过技术能力和营销能力来间接影响企业的新产品开发绩效。基于资源基础观，李全升和苏秦（2019）探究了响应型市场导向和前瞻型市场导向如何通过不同类型的迭代式创新影响企业的新产品开发。此外，学者们还探讨了资源拼凑（董维维、庄贵军，2019）、失败学习（Wilson and Liguori，2022）、战略柔性（Chaudhary et al.，2023）等要素在市场导向与企业绩效间的桥梁作用。

在市场导向与企业绩效关系的研究中，具体情境要素也是部分学者研究的重点。Adams 等（2019）以 1603 家法国制造业企业为样本研究战略管理与企业绩效的关系，证实了企业市场导向中的顾客导向与企业整体绩效间的关系受到企业营销管理的影响。由于企业的经营活动嵌于具体的商业环境中，研究企业的战略导向与绩效间的关系时有必要将企业的外部关系资源纳入考虑。基于网络关系视角，Boso 等（2013）在研究市场导向与企业绩效间的关系时，分析了社会网络关系和商业网络关系的调节效应。国内学者周洋和张庆普（2019）在研究主流市场导向与边缘市场导向对跨界整合颠覆式创新的作用差异时，将专业化和多元化两种战略选择作为调节变量进行了分析。此外，学者们在研究市场导向与企业绩效间的关系时，还将企业文化（Borodako et al.，2022）、资源冗余（李全升、苏秦，2019）、社会资本（Zhao et al.，2023）等要素作为情境变量进行了深入分析。这一系列的研究为我们全面了解市场导向影响企业绩效的作用边界奠定了坚实的基础。

（二）技术导向的相关研究

与市场导向相比，技术导向在已有的研究中受到的关注相对较少且大多只是在战略导向领域被提及，对技术导向相关研究的忽视使其未能像市场导向一样成为战略导向研究领域的主流。尽管如此，技术导向对企业的创新，尤其是商业模式创新、新产品开发仍然意义重大。相对于市场导向的"市场拉动"理念，技术导向主要强调企业经营过程中的"技术推动"哲学，其基本假定是顾客偏好于性能优越的产品（Adams et al.，2019）。从企业实践的角度来看，技术导向反映的是企业坚信在技术上保持领先才能维持其在市场上的竞争优势，进而实现企业绩效的提升。通过对已有关于技术导向的研究进行梳理，发现并未出现如市场导向那般具有代表性且对后续影响深远的相关研究。学者们大多根据各自的理解，对技术导向进行划分。基于此，本书主要从内涵及影响效应两方面梳理与技术导向有关的研究。

1. 技术导向的内涵研究

技术导向反映了企业运用技术协调资源的能力，以及将技术优势作为其市场竞争力的主要来源。在相关研究中，学者们认为技术导向型企业往往更加注重研发，积极获取新技术并在新产品开发过程中使用这些尖端技术（Haug et al.，2023）。相关学者从能力观的角度，将技术导向定义为运用技术知识和手段来解决顾客需求的能力（Kramer and Krafft，2023）。Day（1994）认为，技术导向是一种企业由内而外表现出来的能力。随着研究的不断推进，Gatignon 和 Xuereb（1997）提出技术导向也应和市场导向、创业导向一样被视为战略导向的分析维度之一。在研究中，他们将技术导向定义为企业从外部获得大量技术，并将其应用于新产品开发过程中的能力和意愿。

自此之后，学者们开始将企业的技术或创新提升到战略层面进行研究，并从各自的研究视角给出了技术导向的具体定义。Berthon 等（1999）将技术导向定义为，企业投入主要精力或资源用于发明和完善其优势产品和服务。Nassani 等（2023）从人力资源的角度，强调技术导向是一种支持创新和冒险行为，并使员工适应不断变化的技术的人力资源实践。Zhou 等（2005b）从意愿的角度指出，技术导向是一种偏向于采用最新技术的观念，创造力和发明是技术导向指导企业活动和策略的组织规范。在对已有文献梳理的基础上，Siguaw 等（2006）认为技术导向是一个由学习理念、战略方向和跨职能信念构成的多维结构，能促进创新的产生、发展和实施。在 Kazemi 等（2023）的研究中，技术导向被定义为对研发的高度重视并强调在新产品开发中获取和整合新技术。与之类似，Vlasic 等（2022）强调技术导向对新想法具有较高的开放性以及在新产品开发过程中倾向于采用新的技术。Al-Ansaari 等（2015）认为，技术导向是通过开发并运用新的技术来开发新的产品、服务和流程从而维持竞争优势的一种策略。在

Adams 等（2019）的研究中，技术导向通常涉及针对研发活动的坚定承诺，其活动目标是探索和获取有关新技术的知识。

基于不同的理论视角和研究目的，学者们对技术导向进行了多种定义并对先前的相关定义进行了完善。尽管学者们定义技术导向的视角存在差异，但基本肯定了坚持技术导向的企业往往具备较高的技术研发能力，善于学习和吸收外部技术知识并将其运用于创新开展的观点。虽然技术导向相比市场导向受到的关注要少，但它的提出在某种意义上也是对市场导向的拓展。具体而言，坚持技术导向的企业认为顾客更偏好那些具有较高技术含量的产品，为满足顾客需求，企业应紧跟技术脚步并大量投资于研发等相关活动，以此来对企业的技术进行更新。由于该定义与创新导向相似，因此，在一些研究中，学者们将技术导向与创新导向等同，并认为在进行实证检验的过程中可以采用创新导向的相关量表来测量技术导向。

2. 技术导向的影响效应研究

同市场导向一样，本书主要梳理技术导向对企业层面的影响，具体体现为对组织学习、企业创新以及企业绩效三个方面的影响。

（1）技术导向与组织学习

在已有相关研究中学者们强烈呼吁应该加强战略导向与组织学习之间关系的探讨（Chavez et al.，2023；Slater and Narver，1995）。随着研究的推进，目前技术导向与组织学习间的关系已成为战略导向领域的学者们关注的热点话题之一。组织学习代表了新知识或新见解的发展，这些知识或见解有助于提升企业绩效。对于大多数企业而言，创造一种有利的组织文化或氛围能最大限度地提高组织的学习能力，而技术导向在已有的研究中被证明是促进更多组织学习行为产生的重要因素（Noble et al.，2002）。此后，在关于战略导向与创新的研究中，Zhou 等（2005b）的研究结论也支持了技术导向能够促进组织学习的观点。Salavou（2005）在其研究中也强调了技术导向会影响组织学习，因为技术的变化会使企业通过不同的学习计划来增加其内部知识。Mishra 等（2022）的研究结论也证实了技术导向能为组织学习创造良好的条件。因此，技术导向驱动组织学习对于提升企业内部能力显得尤为重要。

（2）技术导向与企业创新

技术能力是企业创新的重要影响因素已被广泛证实，而技术导向主要反映了企业引入和利用新技术，通过构建新的技术解决方案、变革已有的组织流程、强化创新能力，进而有效地促进企业创新。具体而言，技术导向对于企业的商业模式创新、突变式创新、产品创新等都有积极的作用。随着整体商业环境的变化，企业间的竞争已由传统的产品和服务竞争演变为商业模式之间的竞争，商业模式创新因此成为企业在动态的环境下求得生存和发展的关键手段（Yi et al.，2022）。技术导向所强调的"技术逻辑"能促使企业通过先进的技术构建高效率的价值网络以创造用户价值，从而促进企业商业模式的创新。张璐等（2019）的研究也解释了技术导向如何通过组织学习、组织重构、资源整合等动态能力交互协同影响企业的商业模式创新。李巍（2017）的研究也验证了技术导向对商业模式创新的积极作用。除了商业模式创新外，技术导向还会对企业的突变式创新产生影响。技术导向型企业主要通过技术创新来主导其发展，利用新的技术来构建新的解决方案（Gatignon and Xuereb，1997），因此，技术导向型企业往往具有强烈的创新意愿，愿意为研发进行投资且勇于承担失败的风险。在这种战略理念的指引下，企业更倾向于进行打破常规的突变式创新。那些具有强大技术能力的企业对技术突破带来的效果有更深刻的认识，从而更可能寻求实现突变式创新的途径。Sainio等（2012）以209家芬兰企业为样本进行实证研究，发现技术导向型企业比其他企业更有可能从顾客期望的角度出发进行突变式创新。技术导向也会对企业的产品创新产生影响。Salavou（2005）的研究表明，技术导向型企业会在新产品开发过程中积极主动地获取新的生产技术并将这些技术应用到所开发的新产品项目中。因此，在较强的技术导向下更有可能生产对客户而言新颖程度更高的产品。Liu和Su（2014）的研究验证了技术导向对企业产品创新的积极影响。

（3）技术导向与企业绩效

技术导向使企业通过持续的技术积累，创建新的技术解决方案和进行产品规划，以回应或刺激顾客的新需求（Gatignon and Xuereb，1997），因而在创造顾客价值、维持市场竞争优势以及强化市场效能等方面意义重大。近年来，技术导向与企业绩效间的关系在战略研究领域受到越来越多的关注，学者们也从各个角度进行了探讨。已有研究试图从直接作用、中介机制以及调节效应等不同方面，全面揭示技术导向与企业绩效间的深层次关系。由于对研发资源的大量投入以及对技术资源的高度重视，技术导向型企业同其他竞争对手相比往往会致力于开发更多更具创造性和高技术含量的产品（Gatignon and Xuereb，1997）。在新产品开发过程中使用复杂技术、快速集成新技术以及积极开发新技术和形成新产品构想，使技术导向型企业拥有较大且不可模仿的竞争潜力，从而直接提升了企业绩效。Jeong 等（2006）关于战略导向与新产品开发绩效的研究证实了上述观点。俞明传和顾琴轩（2014）在其研究中也再次证实了技术导向能直接促进企业创新绩效提升的结论。

战略导向更多的是反映企业的经营准则和战略定位，有时还需要通过作用于其他要素而间接对企业绩效产生影响。作为战略导向的具体维度之一，技术导向也是一种抽象的意识，需要通过具体的组织行为来传递其价值。Salavou（2005）的研究表明，技术导向不仅会直接对企业的新产品开发产生影响，还会通过学习导向的中介机制间接影响新产品开发。苏靖（2014）从知识基础观的视角指出，知识创新是连接技术导向与企业创新绩效的关键环节。此外，技术导向还会通过组织学习、信息获取、创新能力等间接影响企业的创新绩效。

除了上述关于技术导向对企业绩效的直接和间接影响外，学者们还将关注点放在影响它们关系的情境要素上。Sainio 等（2012）发现，当市场不确定性程度高时，顾客需求难以捉摸，企业很难保证自己投入先进技术所生产的产品一定能满足客户需求。因此，市场不确定性会弱化技术导向对突变式创新绩效的作用。俞明传和顾琴轩（2014）则从开放式创新的视角，深入挖掘了网络规模和合作深度对技术导向与创新绩效间关系的正向调节作用。与之类似，苏靖（2014）从行业特性的角度，探讨了行业内竞争水平和替代品的替代能力对技术导向与创业企业绩效间关系的正向调节效应。此外，学者们还分别探讨了技术变革、组织规模、市场成长等要素对技术导向与企业绩效间关系的调节效应。

第二节　组织学习的相关理论与研究

随着组织所处环境的不断变化，单纯依靠企业内部已有的资源和能力往往很难促进创新活动的开展（如新产品开发）和保证创新活动取得预期的效果。而新产品开发对于维持企业的市场竞争优势，增强其获利能力有着极为重要的意义。此外，新产品开发是一个相对系统且复杂的过程，需要大量的市场、技术、政策等相关的信息资源以及与之相匹配的开发能力。作为组织不断调整和改变自身以适应持续变化环境的有效手段，组织学习通过对过时惯例的调整和变革以及整合内外部资源，为新产品开发提供必要的资源基础，并将组织的战略意图通过具体的学习行为传递到新产品开发过程中。以下将对组织学习的相关理论和文献进行梳理。

一　组织学习理论

自 Argyris 和 Schön（1978）正式提出"组织学习"的概念以来，组织学习理论的相关研究得到不断发展。随着不同领域的学者逐渐意识到组织学习的重要性，以及相关研究的持续推进，组织学习理论已成为战略管理、社会学、组织行为学等研究领域中的一个重要理论基础。

作为一个由个体学习的作用模式及价值发展而成的理论，组织学习理论主要被用于解释组织如何在动态的外部环境中对错误进行修正以及对经验和知识进行积累，以实现组织目标并形成竞争优势（Dodgson，1993）。换言之，组织学习理论从产生信息和减少不确定性的角度描述了组织行为。此外，组织学习理论强调，为了在不断变化的环境中保持竞争优势，组织必须改变其原有的目标和行动。但是，为了促使学习行为发生，组织必须有意识地根据环境变化调整自身的根本信念、结构安排等，并将行动与结果相联系。因此，在不确定的环境下，组织学习往往被视为维持和提升竞争优势、提高生产力的有效手段。由于初始学习行为发生在个体层面，只有当信息被共享并以可被传递以及访问的方式储存在组织记忆中之后，组织学习行为才产生（Easterby-Smith et al.，2000）。

关于组织学习的内涵，学者们从不同的视角进行了界定，这也从侧面反映了组织学习在主体、客体和结果上的多重属性。根据层次的不同，可将学习的主体分为个体、团队和组织（Crossan et al.，1999）。其中，个体学习是组织学习的基础单位；团队学习是连接个体学习与组织学习的纽带；组织学习则是由个体学习推进到团队学习，团队学习推进到整个组织，再由组织反馈到团队和个人的一个循环过程（Easterby-Smith et al.，2000）。因此，个体学习是组织学习的前提条件，只有个体持续学习，组织学习才能实现。个体学习虽然在组织学习中意义重大，但组织学习并不是个体学习的简单加总。与个体学习不同的是，组织学习强调共同学习能力并根植于组织的结构、系统、文化、记忆中。所以，组织学习不仅会受到个体因素的影响，还会受到组织相关要素的制约。基于此，有研究指出在组织学习过程中有五个方面需要格外重视，它们分别是个体知识、思维方式、共同信念、团队学习、系统思考（Senge，2014）。组织学习的客体主要包括信息和知识。很多学者将组织学习描述成信息或知识的获取、分享和运用的过程，这也从侧面反映了信息和知识在组织学习中的重要性。Akinci 和 Sadler-Smith（2019）也认为组织学习的过程主要包括发现并识别相关新知识和信息，将这些新知识和信息传递给组织内部需要的主体，主体利用这些知识和信息来改进组织流程和提高组织对外部环境的适应能力。基于组织学习理论，有研究认为，有效运用所获取知识和信息，能重塑组织认知进而改变组织的行为。在组织学习过程中，主体与客体之间是相互联系、相互作用的统一体。在主客体的共同作用下，组织实现纠正错误、适应环境、形成竞争优势等学习目的。

Fiol 和 Lyles（1985）在结合已有关于组织学习研究的基础上，提出了组织学习理论的五个基本假设。①组织学习是一个在对所拥有知识形成更为深刻理解的基础上改进行动的过程。②为了实现组织与环境之间的一致性以维持生存和竞争能力，组织应根据其过去的行为进行学习、忘却（Unlearning）和再学习（Relearning）。③尽管个体学习在组织学习中扮演着重要角色，但组织学习并不是个体学习的总和。④组织学习主要受到四种要素的影响，它们分别是有利于学习的组织文化、具有弹性的组织策略、允许创新的组织结构、组织环境。⑤根据洞察力和建立联想的层次，可将组织学习分为低层次和高层次两种类型。其中，低层次组织学习是组织内部发生的相对表层的学习过程，仅在短时间内对组织的部分行为产生影响，是一种重复行为的过程。高层次组织学习是启发式的，注重技能发展，利用洞察力进行，对整个组织具有长期影响，更多的是一种认知过程。

目前组织学习理论的研究大致可分为两个不同的流派。第一个是以 Argyris 和 Schön（1978）、Huber（1991）、Crossan 等（1999）、Park 和 Kim（2018）为代表的过程流派。该流派的学者将组织学习视为一个基于知识的动态过程，并认为组织学习主要包括信息获取、信息传播、信息解读和组织记忆等。其中，信息获取又包括五个子过程，即利用组织的初始可用知识、从经验中学习、通过观察其他组织进行学习、获取组织所需要的知识、搜寻与组织环境和绩效相关的信息。信息传播主要强调的是不同来源的知识被共享进而产生新的理解和知识的过程。信息解读则是对那些被共享的知识进行一种或多种共同理解的过程。组织记忆更多地聚焦于将知识以不同的方式进行储存，以备未来之需。4I 模型是该流派的学者提出且被广泛采用的组织学习多层次理论模型（Crossan et al.，1999）。具体而言，组织学习被划分为四个认知与社会互动过程：直觉（Intuiting）、解释（Interpreting）、整合（Integrating）和制度化（Institutionalizing）。该模型阐释了学习如何跨越个人、团队和组织的层次，以及不同层次如何通过四个认知与社会互动过程联系起来。此后，Brix（2017）对 4I 模型进行了拓展，构建了组织学习与知识创造的整合性框架。基于该框架，Brix（2017）提出直觉和解释过程创造了个体知识，解释和整合过程创造了团队知识，整合和制度化过程创造了组织知识，所有这些不同层次的知识创造都为组织学习奠定基础。

第二个是以 Dodgson（1993）、Argote 和 Miron-Spektor（2011）、Aranda 等（2017）为代表的手段流派。该流派的学者认为可将组织学习描述为，组织为了实现对当前环境的适应以获得更好的发展，而围绕其文化和活动创造、补充知识并提升员工能力的一系列手段。该论断暗含三方面的假设：第一，学习的结果一般都是积极的，尽管学习过程中可能出现一些偏差；第二，虽然学习始于个体行为，但并不意味着组织无法进行学习，组织或团队的文化会受到个体学习的影响，同时它们也能帮助和指导个体学习；第三，学习贯穿于组织的所有活动，并以不同的速度和水平发生，鼓励和协调组织中的各种互动，是一项关键的组织任务。手段流派的学者认为，组织学习的目的是提高组织效率以适应变化的环境。环境不确定程度越高，组织学习就越有必要。该流派的学者还建立了基于经验的组织学习循环框架：组织学习始于绩效经验，这些经验转变为知识，从而改变组织的情境并对未来的绩效经验产生影响。该学习循环不仅发生在组织层面，在个体层面、团队层面和组织间层面也会发生。

二　组织学习的相关研究

组织学习的概念自提出以来就受到学者们的广泛关注，目前已成为战略管理、创新创业、组织行为等领域研究的热点话题，下文将对组织学习的相关研究进行梳理。

（一）组织学习的过程研究

组织学习是一个复杂的过程，对其进行系统研究有利于加深对组织学习影响因素的理解以及对组织学习具体的作用过程或机制的把握。因研究视角的不同，学者们对组织学习过程的划分存在较大差异。通过对相关文献进行梳理，本书总结了问题导向、信息导向、认知和社会互动导向、知识导向等视角下组织学习过程的相关研究。

1. 问题导向视角下的相关研究

该视角下的代表性研究是 Argyris 和 Schön（1978）提出的四阶段学习过程（见图 2-2）。具体而言，Argyris 和 Schön 认为组织学习主要可分为发现（Discovery）、发明（Invention）、实施（Production）、推广（Generalization）四个阶段。组织作为一个整体进行学习，必须完成四个阶段。组织通过对实际效果与预期效果进行对比，"发现"组织内潜在的问题以及外部环境中存在的机遇，然后针对这些问题"发明"有效的解决方案并将其付诸"实施"，最后对那些行之有效的方案进行总结后在整个组织内"推广"。总体而言，该模型将组织学习视为一个发现问题并进行改正的过程。

图 2-2　Argyris 和 Schön 四阶段学习过程

资料来源：Argyris 和 Schön（1978）。

作为早期经典的组织学习过程模型，Argyris 和 Schön（1978）提出的模型一定意义上构成了完整的组织学习过程，有助于形成对组织学习的直观认识。但随着研究的不断深入，有学者提出组织学习不应是一个直线性的因果链条，而应该是一个螺旋上升的过程。基于此，国内学者陈国权和马萌（2000）在 Argyris 和 Schön（1978）的四阶段学习过程模型的基础上加入了反馈过程和知识库。其中，反馈的加入增强了学习的有效性，而闭环使得组织学习的各个阶段都能进行知识积累。知识库与组织学习各个阶段的双向连接意味着组织学习的每一个阶段都能将所产生的新知识存入知识库，同时也能运用知识库的知识对具体某一阶段的学习行为进行指导。改进的模型如图 2-3 所示。

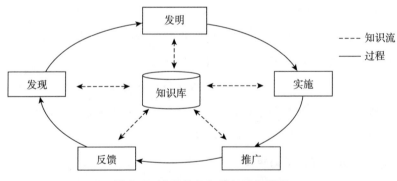

图 2-3　改进的组织学习过程模型

资料来源：陈国权和马萌（2000）。

2. 信息导向视角下的相关研究

坚持该视角的学者们将组织学习过程视为信息处理的过程，并认为组织学习主要是通过信息相关行为来改变组织的行为模式。如 Huber（1991）认为，组织学习包含信息获取、信息扩散、信息解读和组织记忆四个过程。其中，信息获取又包括先天学习、经验学习、替代学习、嫁接和搜寻。信息扩散是组织学习发生和学习宽度的决定要素。信息解读是赋予信息意义的过程。信息解读越充分，学习行为越有可能发生。组织记忆更多的则是强调存储组织知识，以备未来之需。与 Huber（1991）的划分大体一致，Slater 和 Narver（1995）在研究中也将组织学习视为一个包括信息获取、信息扩散、共享解释和组织记忆的四阶段过程。Slater 和 Narver（1995）将组织学习进一步分为创造性学习和适应性学习两种类型。其中，适应性学习也被称为单环学习（Single-loop Learning），发生在已识别和未识别的约束集中（如学习边界）；创造性学习也被称为双环学习（Double-loop Learning），当组织愿意对其关于使命、顾客、能力和策略的长期假设提出质疑时，该类型的学习便会发生。图 2-4 为 Slater 和 Narver（1995）提出的组织学习过程模型。

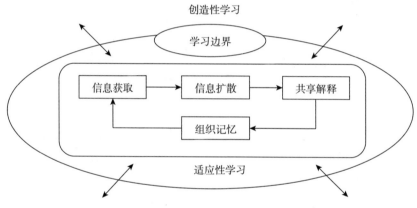

图 2-4　Slater 和 Narver 的组织学习过程模型

资料来源：Slater 和 Narver（1995）。

3. 认知和社会互动导向视角下的相关研究

该视角下的代表性研究是 Crossan 等（1999）基于认知和社会互动视角提出的如图 2-5 所示的组织学习的 4I 模型。具体而言，Crossan 等（1999）将组织学习划分为直觉（Intuiting）、解释（Interpreting）、整合（Integrating）和制度化（Institutionalizing）四个过程。其中，直觉是对个人经验中固有模式的认可。解释主要强调的是通过语言或行为对自己的见解或想法进行阐释和说明。整合是在个体之间达成共识。在该过程中，对话和共同行动对于共识的达成意义重大。制度化主要是通过定义任务、制

定行动并建立相应的组织机制确保行为的发生。制度化是将个人和团体已
经发生的学习嵌入组织的过程。上述四种行为过程在三个不同的层次发
生：直觉和解释发生在个体层面，解释和整合发生在团队层面，整合和制
度化发生在组织层面。

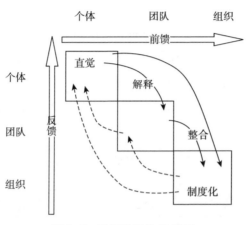

图 2-5　组织学习的 4I 模型

资料来源：Crossan 等（1999）。

基于 4I 模型，Crossan 等（1999）强调组织学习是一个动态的过程，
学习不仅会随着时间和层次的变化而发生差异，而且会在吸收新知识与使
用已有知识之间产生张力。通过前馈过程，新的思想和行动从个体转移到
团队最终转移到组织层面。同时，已经学到的新东西会通过反馈的过程，
从组织最终转移到个体，进而对个体的行为和思维产生影响。4I 模型清晰
地阐释了个体学习如何转化为组织学习，以及如何通过社会互动将个体、
团队以及组织连接在一起。

4. 知识导向视角下的相关研究

该视角下的代表性研究是 Nonaka 和 Takeuchi（1995）基于两种不同类
型的知识（隐性知识和显性知识）相互转化所建立的 SECI 模型。基于该
模型，Nonaka 和 Takeuchi（1995）认为组织学习实质上是由四种模式所构
成的螺旋上升的组织知识创造过程（见图 2-6）。其中，"社会化"是将社
会互动解释为隐性知识转换为隐性知识的过程。由于隐性知识很难进行编
码且存在于特定的时空中，往往只能通过共享经验来获得该类知识。"外

在化"主要是隐性知识向显性知识转化的过程，将隐性知识编码使其变为显性知识，为新知识的创造奠定基础。新产品开发过程中的概念创建就是"外在化"的有效诠释。"组合化"是指对不同类型的显性知识进行组合，计算机通信网络和大规模数据库的创造性使用可以支持这种知识组合。组织从组织内部或外部收集显性知识，然后进行组合、编辑、处理，从而形成新知识。然后，新的显性知识在组织成员间传播。"内在化"是将显性知识转化成隐性知识的有效手段。此外，"内在化"也是一个连续的个人和集体反思的过程。

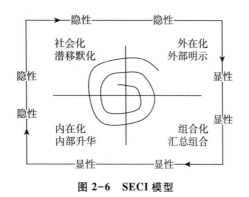

图 2-6　SECI 模型

资料来源：Nonaka 和 Takeuchi（1995）。

与 Nonaka 和 Takeuchi（1995）提出的知识创造框架不同，Nevis 等（1995）从知识转化的视角提出了 7 种学习导向以及 10 种组织学习的促进要素，并将这些划分为组织学习过程的三个阶段：知识获取、知识共享、知识运用。基于此，Nevis 等（1995）提出了组织学习的三阶段模型，并认为有两种方法可增强组织学习：①采用现有的方式并提高其效率；②改变学习方式或导向，建立新的学习系统。

（二）知识整合和组织忘却

除了上述四种视角下的相关研究外，学者们还从价值观导向（Baker and Sinkula，1999）、能力导向（Fernández-Mesa and Alegre，2015）、文化导向（Marsick and Watkins，2003）等视角对组织学习过程进行了深入研究。总体而言，知识作为组织学习最主要的客体之一，其重要性在组织学习的研究中已得到广泛认可。此外，知识经济时代的到来，客观上也要求组织通过学习来获取新的知识以适应不断变化的外部环境。对经典的组织学习文献进行梳理，发现有四种学习活动构成了组织学习的整个过程。这四种学习活动分别是：知识获取、知识共享、知识运用、组织忘却（Huber，1991；Nevis et al.，1995；Sinkula，1994；Slater and Narver，1995）。基于该观点，本书研究主要考虑知识整合和组织忘却两种学习活动对新产品开发的影响。

在已有研究中，知识整合被广泛定义为管理和利用现有或新获取知识的能力，强调对离散知识以及不同来源、载体、功能的知识进行组合或者将互补的知识进行融合，包括知识的识别、获取、利用三个过程（Acharya et al.，2022；Caccamo et al.，2023；Dhir et al.，2020；Eslami et al.，2018；Mell et al.，2022；Terjesen and Patel，2017；刘岩芳、于婷，2015）。Lyu 等（2022）在其研究中也强调，通过知识整合，企业能更好地交换、获取、利用外部知识。综合而言，知识整合与其他学习活动（知识获取、知识共享、知识运用）存在重叠。有学者也强调，知识整合的整个过程涵盖知识获取、知识共享与知识运用（Prieto-Pastor et al.，2018）。知识整合是对知识价值的重新思考，只有将那些原本分散、无序的知识进行重组和加工才能更好地发挥它们的整体价值（刘岩芳、于婷，2015）。

技术和市场环境的不断变化使得动荡性成为当今时代的主题。在此情境下，多数组织将主要精力集中于学习新的知识或方法上，以期适应不断变化的环境。然而，对组织中过时的或与组织当前发展不相适应的经验、惯例、程序等管理的忽视，严重抑制了组织学习的效果，导致整体绩效未能达到预期目标。基于此，学者们开始从主动遗忘（战略性遗忘）的角度对组织忘却进行研究。作为一种战略性放弃，组织忘却包括对组织现有的程序和惯例的调整与变更，以及对过时知识、观念、经验、方法等的替换或摒弃（Klammer and Gueldenberg，2019；Lyu et al.，2020；Tsang and Zahra，2008；Yang et al.，2014）。其主要目的在于降低传统或过时的知识、惯例、信念等对现有组织行为的影响，从而为接收新知识创造良好的前提条件（Zhao et al.，2013）。管理学大师彼得·德鲁克在《管理：任务、责任和实践》中也指出，为了适应快速变化的外部环境，企业应该是一个"创新型组织"。该类型的组织会将创新精神传导到组织的每个角落，从而在组织内部形成一种"有计划、系统地淘汰过时和衰退的东西"的创新氛围。基于此，德鲁克提出了组织发展过程中的"抛弃政策"，并指出只有主动摒弃过时观念、惯例等，才能避免"遗传强势"所产生的阻碍效应，进而将新的战略选择付诸实施。从一定意义上而言，德鲁克所提出的"抛弃政策"是对组织忘却在企业发展过程中所扮演重要角色的有效诠释。

基于上述分析，组织学习不仅包括获取新知识，同时也包括对旧知识的忘却（Akgün et al.，2003）。相关研究也指出，组织学习是知识存量与知识流量相互作用的结果（Bontis et al.，2002）。知识整合通过对内外部知识进行集成产生新的知识或挖掘现有知识的新用途，增加了企业的知识存量；而组织忘却通过摒弃与企业当前发展不匹配的知识，促进了知识的流出（Fernandez and Sune，2009）。动态知识管理理论也强调，通过整合外部知识能实现新知识流入企业，有助于企业创造新的竞争优势。当外部环境发生变化后，企业当前的知识会变得不再适用，通过组织忘却实现过时知识的流出能降低传统知识产生的影响，避免组织惰性的产生（Zhao et al.，2013）。结合上述分析，本书从组织学习的视角探讨知识整合和组织忘却在新产品开发中所发挥的作用。

（三）组织学习的影响因素研究

组织学习是一个相对复杂的过程，该过程会受到诸多因素的影响。就组织学习的整体概念而言，现有关于其前置要素的研究主要聚焦于领导特质、组织战略、组织文化、社会资本等不同方面。由于本书主要关注组织忘却和知识整合两种具体的组织学习行为，对组织学习影响因素的梳理也将围绕这两种学习行为展开。

1. 组织忘却的影响因素研究

根据所属层次的差异，可将组织忘却的影响因素大致划分为个体层面、组织层面、外部环境层面三个方面。其中，个体层面的因素主要包括组织内员工的思维模式、面临的时间压力、对风险的偏好以及认知僵化等（Becker，2008；Klammer et al.，2019；Zhao et al.，2013）。具体而言，由于员工在创建能为其提供安全的程序上投入了大量的时间、精力甚至情感，因此，他们往往不愿意打破这种相对舒适的状态，而去接纳与现有程序不一致的东西。员工这种普遍的思维模式，最终会影响忘却行为在组织内的实施。员工在组织中所面临的时间压力也是抑制忘却行为的因素之一。主要原因在于，烦琐的日常工作使得员工很少有足够的时间和精力去思考所在组织中不合适的制度或惯例，而按照制度或惯例进行日常工作也能避免因犯错而对自身产生不利影响，进而降低了员工对固有的组织程序提出质疑的可能性。此外，组织成员对风险的规避以及认知僵化也会对忘却行为在组织内的实施产生一定的影响。

组织层面的因素主要聚焦于组织变更、组织战略、组织文化、领导风格等。其中，组织变更对组织忘却的影响主要体现在两个方面，即企业高管团队变更和企业所有权变更（Morais-Storz and Nguyen，2017）。具体而言，当企业的高管团队被整体替换后，原有的组织程序或惯例将会失去执行根基。新任高管团队为了避免前任的失误导致的负面影响，会制定新的组织经营章程和程序，而此过程往往伴随着组织忘却行为的发生。此外，在一家公司被另一家公司收购后，收购方会对所收购的企业进行重整并通过实施忘却行为调整其程序和惯例。Lyu 等（2020）从组织战略的视角探究了创新导向对组织忘却的影响，该研究发现创新导向能有效促进组织忘却行为的实施。Becker（2008）在其研究中强调了组织文化对组织忘却的影响。具体而言，相比那些不具有变革倾向的企业而言，具有变革倾向的企业进行组织忘却的可能性会更高，忘却行为产生的效果也会更好。Usman 等（2018）则基于社会学习理论，通过案例研究分析了伦理型领导的两个具体方面（问责、诚实）对忘却不当行为和惯例的促进作用。通过对比研究发现，交易型和变革型领导对组织忘却的影响不如伦理型领导。

外部环境层面的因素主要聚焦于环境的动荡性和不确定性。在已有研究中，学者们就环境动荡性和不确定性能促进组织忘却行为的实施达成了共识。技术和市场环境的不断变化使得企业所处的外部环境变得难以预测，从而造成企业现有的程序、惯例等变得过时或与当前项目发展不相匹配（Zhao et al.，2013）。为了增强竞争优势以应对动荡的外部环境，企业往往被迫实施忘却行为。Akgün 等（2007a）也强调，环境动荡性是实施组织忘却行为的一个重要触发因素。此外，Lyu 等（2020）的研究也证明了组织忘却不仅是企业在环境动荡下的被动选择，同时也是为了更好地使自身适应变化的环境的一种主动行为。

2. 知识整合的影响因素研究

对知识整合相关文献进行梳理，按照整合过程中所涉及的对象，将影响知识整合的因素划分为三个方面：①知识层面的因素；②组织层面的因素；③组织间合作层面的因素。

第一，知识层面的因素主要包括知识特征，如知识的显性和隐性、宽度和深度等。其中，学者们关注较多的还是知识的显性和隐性。隐性知识具有不可编码性，使得企业较难获取这类知识。有些企业即使获取了该类型的知识，但由于缺乏足够的兼容性知识和经验也较难对其进行整合和加以利用。Eslami 等（2018）在其研究中强调，与显性知识相比，整合隐性知识需要更多能促进对话的平台和程序，例如知识共享程序。因此，整合隐性知识的难度要明显高于显性知识。此外，对知识来源的判定也会影响企业的知识整合。由于在项目的不同阶段企业往往需要不同类型的知识，识别具体的知识来源对于后续的知识整合以及项目进展意义重大。企业和客户的多样性知识往往被认为具有较强的互补效应，但协作问题会影响知识整合效果（Cui and Wu，2016）。因此，厘清企业和客户可以分别贡献哪些知识，对于促进知识更好地整合尤为重要。

第二，组织层面的因素主要包括组织文化、领导风格、内部机制、社会资本等。具体而言，Li 等（2017）从组织文化的角度，强调重视市场主体的可持续发展文化能帮助企业改善与供应链成员间的合作，提高合作流程的透明度和开放度，帮助合作企业营造相互信任的氛围，提升关系效率，最终促进知识的有效整合。Caridi-Zahavi 等（2016）基于高阶理论，分析了企业 CEO 富有远见的创新型领导风格如何通过创建高质量的工作关系促进组织内的知识整合。作为促进知识整合的重要因素，企业内部的机制或相关支持发挥着不可忽视的作用。基于此，Yang（2008）分析并发现企业内部的奖励系统和高管的支持态度能有效促进企业的知识整合。Prieto-Pastor 等（2018）从社会资本的角度分析了企业内的社会资本与知识整合之间的关系，实证结果表明，只有认知维度的社会资本能促进知识整合，其他两个维度的社会资本与知识整合间的关系不显著。Enberg（2012）在其研究中也强调，相比面对面交流所花费的时间和精力，信息技术能加快企业间的交流并降低成本，从而促进知识的快速整合。

第三，组织间合作层面的因素主要包括合作网络、跨功能合作、合作伙伴的选择等。Wang 等（2018）基于社会网络理论，研究了网络结构对知识整合的影响。实证结果表明，企业在合作网络中的中心度越高，所获得的知识资源越多，知识整合的效果也就越好。与之类似，Mell 等（2022）从异质性知识获取的角度，实证检验了边界跨越对知识整合的促进作用。Tsai 和 Hsu（2014）在其研究中，强调合作企业间的跨功能合作能有效促进企业对合作过程中所共享的知识进行整合。Enberg（2012）从竞合的视角，实证检验了企业同竞争对手间的合作能就项目工作过程中的问题更快地达成共识，从而有效促进双方的知识整合。

（四）组织学习的影响效应研究

由于本书主要研究组织忘却和知识整合两种组织学习行为，因此，关于组织学习影响效应研究的梳理也主要围绕这两种学习行为展开。

1. 组织忘却的影响效应研究

通过对相关文献进行梳理，发现目前关于组织忘却影响效应的研究主要聚焦于组织创新、知识管理、组织变革等方面。

首先，组织忘却与组织创新。通过忘却行为的实施，组织可以摆脱传统惯例的影响，生成或应用新的知识（Klammer et al.，2023）。因此，大多数学者认同组织忘却对创新具有促进作用。Yang 等（2014）的研究发现，通过实施旨在改变日常习惯和观念的忘却行为，企业可以对原有的组织框架进行调整并消除过时知识的影响，从而有利于突变式创新的实现。Leal-Rodríguez 等（2015）在其关于组织忘却与企业绩效的研究中，验证了组织忘却正向影响企业创新。Lyu 等（2020）的研究也证实了组织忘却对企业突变式创新的积极作用。其他学者，如 Akgün 等（2007a）研究了忘却行为在新产品开发过程中的作用，Huang 等（2018）发现组织忘却通过提高企业的吸收能力促进企业创新绩效提升，这些研究都为论证组织忘却在企业创新中的重要作用提供了有力的实证支撑。

其次，组织忘却与知识管理。已有研究表明，有意识地放弃过时的知识是企业学习新知识的前提条件。因此，创建积极的忘却环境能促进企业创造和利用新知识（Cegarra-Navarro et al.，2013）。Delshab 和 Boroujerdi（2018）在其关于组织忘却与知识管理的研究中强调，组织忘却对组织学习和企业知识管理能力提升具有显著的正向作用。Wang 等（2017）在一项基于中国企业的实证研究中也表明，组织忘却通过提升企业间的程序和知识兼容性，能有效促进合作双方间的知识转移。Zahra 等（2011）的研究也证实了实施忘却行为能为新知识腾出更多的空间，从而为企业寻求新的想法以促进新知识的产生提供条件。Zhao 等（2013）从动态知识管理的视角，提出组织忘却和组织再学习能为知识管理创造有利条件。尽管组织忘却对知识管理有诸多帮助，但也有学者强调不恰当的忘却会造成关键知识的泄露（Klammer and Gueldenberg，2019）。因此，组织忘却与知识管理间的关系值得进一步探讨。

最后，组织忘却与组织变革。作为实施变革的具体行为之一，组织忘却对组织变革的推动作用已得到诸多学者的认可。Akgün 等（2007b）在其研究中将组织忘却分为观念变革和程序变革，并强调组织忘却是嵌入组织变革过程中的，组织忘却在组织变革过程中起催化剂的作用，该观点在后来的研究中得到广泛认可。Wang 等（2017）结合跨境并购过程中的知识转移进行分析，发现组织忘却能通过变革有效提升并购方与被并购方之间的知识和程序兼容性。因此，组织忘却是组织变革的有效手段之一。Snihur（2018）在分析组织忘却在商业模式变革中的作用时也发现，有些在其他变革中行之有效的忘却行为，在商业模式根深蒂固的情况下对变革的推动作用并不理想。

2. 知识整合的影响效应研究

通过对相关文献进行梳理，发现现有关于知识整合影响效应的研究主要聚焦于组织创新、组织能力、竞争优势等方面。

首先，知识整合与组织创新。知识经济时代要求企业不断获取外部知识，并将其与企业内部知识进行有效整合。整合从外部获取的知识，可为企业的产品或技术创新奠定基础，最终提升企业的创新绩效。Wang 等（2018）的研究发现，为了促进产品和技术创新，企业需要努力提升其知识整合能力以更好地对所获取的新知识进行处理。蒋天颖等（2013）基于浙江省 136 家中小微企业的数据进行实证研究，发现知识整合对组织创新具有显著的正向影响。Tsai 和 Hsu（2014）则聚焦于企业的产品创新，强调知识整合能促使企业对所学的知识进行内化和重组，在产品创新过程中更好地决定如何使用新知识并提出更优的解决方案最终提升产品创新的成功率。Caridi-Zahavi 等（2016）的研究也证实了知识整合对产品创新的促进作用。

其次，知识整合与组织能力。作为企业实现可持续发展的重要影响因素，组织能力的提升是实践界和理论界广泛关注的焦点问题。就如何提升组织能力，学者们从知识整合的角度进行了一定的研究。陈伟等（2014）基于 117 家集群企业的实证研究发现，及时对新知识进行整合能有效促进企业新产品、新技术的产出，增强企业的核心能力。Prieto-Pastor 等（2018）从组织学习的角度，提出并验证了知识整合能促进企业的探索式和应用式学习，进而提升企业的项目执行能力。此外，还有学者聚焦于企业的吸收能力，认为企业对内外部知识进行整合能有效扩大自身的知识库，进而促进企业吸收能力的提升（Flor et al.，2018）。

最后，知识整合与竞争优势。如何战略性地对知识进行整合以提升企业的竞争优势，一直以来都是战略管理、知识管理、创新管理等领域的学者们重点关注的问题。相关研究指出，知识整合对竞争优势的提升作用主要体现在两个方面：①通过纳入新的知识资源拓展企业已有的知识库；②通过对现有知识资源进行深入挖掘发现知识的新用途（Dhir et al.，2020）。该论点得到了学者们的广泛认可。具体而言，Connell 和 Voola（2013）发现，知识整合在关系营销导向与企业竞争优势间发挥中介作用。郭润萍等（2019）则将知识整合模式划分为计划式和应急式两种不同类型，分别探讨了二者及其交互作用对高新技术企业竞争优势的提升效应。Zahra 等（2020）的研究也证实了企业的知识整合能力与其可持续竞争优势息息相关。随着研究的不断细化，知识整合与竞争优势之间的关系也将引发学者们进行更多的思考。

第三节　环境动荡性的相关理论与研究

一　战略匹配理论

在战略管理研究中一种被广泛接受的观点是：为了获得良好的绩效，企业的战略制定应与内外部要素（如资源、能力、环境等）相匹配或协调。作为组织理论和战略管理理论发展的重要组成部分，战略匹配根植于人口生态模型和权变理论，是组织适应性理论中的经典范式，同时也是战略制定规范模型的核心要义（Miles and Snow, 1984; Van and Astley, 1981）。根据战略制定学派和战略选择学派学者的观点，组织的战略匹配度定义了其资源和能力与环境中的机会相匹配的程度，可用于评估公司当前的战略状况并对组织未来的绩效进行预测（Porter, 1980; Venkatraman, 1989b）。战略匹配的范式是基于对市场经济的观察所得出的，其基本论点是：组织战略与外部环境在动态的协调过程中相互作用，彼此间的有效匹配或者一致性对组织行为的效果或组织整体绩效会产生积极的影响。基于此，学者们将战略匹配视为组织取得并维持良好绩效的关键要素。

在对已有研究进行梳理的基础上，本书发现战略匹配主要存在三种不同的观点：特定情境观点、普遍观点和权变观点（Hambrick and Lei, 1985; Lukas et al., 2001）。其中，战略匹配的特定情境观点强调不会出现两种相同的情境，因此组织的每个战略都是唯一的。战略匹配的普遍观点则认为组织的策略在所有情境中都适用，强调组织战略的普适性。战略匹配的权变观点认为没有哪一种战略适用于所有情境，在某种情境下适用的战略在另一种情境下可能失去原有的效果。因此，战略匹配理论强调组织的战略应与特定的外部环境相适应，进而实现良好的绩效。虽然上述三种观点都受到了学者们的关注，但战略管理研究的学者大多强调应采用权变观来检验战略与外部环境的动态匹配性。权变理论也强调，企业应选择合适的战略行为来实现其与外部环境的有效匹配（Daft et al., 1988; Riikkinen and Pihlajamaa, 2022）。基于多数学者的观点以及具体的研究内容，本书采用战略匹配的权变观来分析企业的战略导向与外部环境的匹配如何影响企业具体的行为选择，进而促进新产品开发。

二　环境动荡性的相关研究

动荡性是当代商业环境的基本特征，在战略管理和组织创新的相关研究中受到了学者们的广泛关注（Akgün et al.，2007a；Augusto and Coelho，2009；Guo et al.，2019；Hung and Chou，2013）。根据已有相关研究，环境动荡性通常指的是环境的变化频率、不稳定性和不可预测性（Li et al.，2017；Tsai and Yang，2014；Wu，2023）。其中，环境变化的频率强调的是组织外部环境变化的速度，环境的不可预测性则表现为企业很难根据外部相关信号来判断未来的环境状况。动荡的环境在给企业的发展带来机遇的同时，也会产生诸多的挑战（Tsai and Yang，2014）。随着外部环境的快速变化，企业已有的知识结构、组织惯例等变得与当前的发展不相适应，原有的知识、程序、信念等也会过时（Lyu et al.，2020）。因此，在动荡的环境下，企业应保持较高的灵活性以应对可能发生的变化。只有在充分评估当前的环境与自身战略、能力或资源的基础上，才能更好地进行行为选择。Jaworski 和 Kohli（1993）在其研究中也强调，在分析组织战略所产生的作用时不能忽视环境动荡性可能造成的影响。基于以上分析可知，动荡的外部环境会影响企业的机会识别、战略制定、行为选择、结构调整等。因此，组织战略导向的作用过程与结果不可避免地会受到环境动荡性的影响。

值得注意的是，外部环境是一个十分宽泛的概念，Duncan（1972）在其研究中将外部环境定义为组织在决策过程中所考虑的组织边界之外的自然和社会要素，如顾客、供应商、竞争者、技术因素等。Daft 等（1988）则根据环境对组织影响的不同，将外部环境划分为两个层次。最接近组织且与组织日常活动有直接关联的环境层是任务环境，这种环境会对组织的日常运营和目标达成产生影响，主要包括竞争者、供应商、客户等。距离组织相对较远的环境层是一般环境，这种环境会间接对组织的经营活动产生影响，主要包括技术、经济、制度、人口等。此外，营销学派的相关学者根据环境所属的层次差异，将外部环境划分为微观环境和宏观环境。其中，微观环境主要由顾客、竞争者、供应商等利益相关主体构成。宏观环境则主要由政治、经济、社会、文化等要素构成。由于组织的有限理性以及所处环境的纷繁复杂，在进行具体研究时往往很难将组织的外部环境作为一个整体进行考虑。因此，在进行相关研究时有必要对环境动荡性进行具体分类，以便清晰认识环境动荡性与战略导向、组织学习行为选择之间的关系。从现有关于环境动荡性的相关文献来看，技术环境动荡性和市场环境动荡性是学者们广泛关注的两种外部环境动荡性类型，且它们对企业行为和结果的影响方式也存在差异（Akgün et al.，2007a；Hung and Chou，2013；Jaworski and Kohli，1993；Li et al.，2017；Lyu et al.，2020；Wilden and Gudergan，2015）。基于大多数学者的分类方式并结合本书研究的内容和现实背景，本书将考虑技术、市场两方面的作用，关于环境动荡性相关研究的综述也将围绕这两个方面展开。

（一）技术环境动荡性的相关研究

根据已有相关文献，技术环境动荡性主要描述的是组织所处行业中技术的变化或发展速度以及不确定性程度（Jaworski and Kohli，1993；Tsai and Yang，2014）。作为外部环境不确定性的根源之一，技术环境动荡性使得产业技术发展方向变得不可预测以及技术转换时机难以把握（Augusto and Coelho，2009）。此外，这种动荡的环境还伴随着产业技术创新周期缩短、原有技术因过时而被淘汰以及产品开发周期缩短等。因此，动荡的技术环境在给企业带来机会的同时也带来了一系列的挑战。

现有研究指出，动荡的技术环境会对企业的新产品开发产生影响。产业技术环境的动态变化使得产品生命周期缩短、技术过时变快、产业内组织原有的竞争优势受到影响（Jaworski and Kohli，1993）。这种动荡的技术环境在给企业的生存和发展造成威胁的同时，也为企业新一轮的发展创造了潜在的机会。具体而言，企业可通过加大研发投入力度改造或升级产品，以建立新的市场竞争优势，进而拓展顾客群（Wu，2023）。此外，瞬息万变的技术环境还会对市场机会进行重新分配，改变产业中原有组织的市场地位并对市场力量进行重塑。因此，在动荡的技术环境下，企业应当不断获取新的知识以更快提出新的产品开发方案进而维持自身的竞争优势

（Cunha et al.，2014）。有研究指出，技术环境动荡性在一定程度上也意味着技术变得更具跨学科性和动态性，因此企业可通过科研机构、高校、其他研发组织等获得新产品开发的相关技术知识（Wu et al.，2017）。从该角度来看，动荡的技术环境能为企业探索性的产品开发提供机会。

技术环境动荡性还会影响企业战略制定过程中的行为选择。已有研究发现，技术的快速变化在缩短产品生命周期的同时，还会使得企业原有的技术知识过时。换言之，技术动荡性会降低企业现有技术的有效性。因此，为了更好地适应变化的技术环境，企业需要不断探索新兴的技术以更新其技术基础进而获得最新的技术（Tsai and Yang，2014）。就具体的组织行为而言，企业在动荡的技术环境下会努力拓展自身的知识库，从而为实现知识的组合提供条件。Moreira 等（2018）在其研究中也发现，广泛的知识库包含更多独特的知识，这为利用知识组合应对动荡的技术环境创造了一定的条件。因此，加强对内外部知识的整合也就成为企业在动荡的技术环境下的有效选择。此外，瞬息万变的技术环境也为企业打破原有技术边界，进行技术知识或相关资源的外部搜寻提供了良好机遇。就单个企业而言，它们很难拥有实施创新项目所需要的全部资源，为了降低创新难度和成本，它们需要与其他市场主体合作以获取所需的资源。

（二）市场环境动荡性的相关研究

根据已有相关研究，市场环境动荡性主要用于描述顾客需求及其对产品和服务偏好的不确定性或变化程度（Jaworski and Kohli，1993；Tsai and Yang，2014）。动荡的市场环境的特征主要体现在三个方面：①新的顾客需求与现有顾客的需求存在较大差异；②现有顾客的偏好会经常发生变化；③目标顾客更倾向于不断寻求新的产品或服务（Turulja and Bajgoric，2019）。在动荡的市场环境下，企业原有的市场知识会迅速过时，为了创建并维持竞争优势，企业需要对可能出现的变化提早做出应对，通过开发多种可替代的方案来满足顾客需求（Hung and Chou，2013）。因此，处于高动荡性市场环境下的企业往往需要对其所开发的产品进行调整以更好地满足顾客需求，否则将会面临被淘汰的风险。Jaworski 和 Kohli（1993）在其研究中也表明，同稳定的市场环境相比，动荡的市场环境要求企业对其营销和技术能力进行重新配置，以更好地满足不断变化的客户需求。

当市场需求不确定性较高时，企业很难理解和预测未来的市场走向。此时，管理者应更加重视不可预测的市场轨迹和迅速变化的顾客需求，同时也要投入更多的精力与多个存在利益冲突的市场主体进行交流以获取更多有用的市场信息，从而形成对市场趋势的预判（Zhou et al. ，2019）。就新产品开发而言，动荡的市场环境在影响企业对未来产品市场趋势预测的同时，也降低了其对新产品开发收益的预期（Schoenherr and Wagner，2016）。因此，同投入更多的时间、金钱等资源来进行创造性产品开发相比，大多数企业更倾向于通过加快新产品开发的速度来满足当前的顾客需求。Chen 等（2016）则强调，为了应对市场环境的不确定性，企业应当进行持续的产品创新。因此，企业应当进行高水平的创新来满足现有客户需求，以应对动荡的市场环境。

快速变化的市场环境会使企业原有用于解决顾客需求的知识或能力变得不再适应当前的发展，面对这种情形，企业需要通过摒弃或变革传统惯例来提升自身的灵活性。Akgün 等（2007a）在其研究中强调，动荡的市场环境会促使新产品开发团队实施忘却行为。该结论在后续的研究中也得到了广泛认可和延伸。Lyu 等（2020）的研究也证明，快速变化的市场环境要求企业实施忘却行为。同时，他们还强调企业实施忘却行为也是对动荡的市场环境的一种积极应对。在动荡的市场环境下，企业应降低其战略行为对原有资源和能力的依赖。该论断也从侧面说明，动荡的市场环境要求企业通过变革行为增强其灵活性。此外，在动荡的市场环境中，顾客的产品偏好不断发生变化，为了更好地满足客户需求，企业需要通过整合多方面的信息和知识以及完善自身的市场响应机制来及时发现市场上的变化，并通过参与创新活动来满足客户和市场的需求（Chen et al. ，2016）。

第四节　新产品开发绩效的相关理论与研究

一　新产品开发相关理论

新产品开发是创新领域研究的热点话题之一。早期的创新研究主要是基于对社会经济发展问题的探讨，美籍奥地利经济学家熊彼特是创新理论最具代表性的学者之一。熊彼特在 1912 年的《经济发展理论》中提出，创新本质上就是要"建立一种新的生产函数"，即把以往不存在的关于生产条件和生产要素的"新组合"引进到现有的生产体系中，以实现"生产要素的重新组合"。此后，熊彼特在其《经济周期》和《资本主义、社会主义和民主主义》两部经典著作中又继续对"创新理论"加以利用，最终形成了以"创新理论"为基础的独立的理论体系。进一步地，熊彼特明确提出了创新的五种形式：①引入一种新的产品；②采用一种新的生产方式；③开辟一个新的市场；④获得原料或半成品的新供给来源；⑤建立新的组织形式。自熊彼特之后，学者们对创新理论进行了发展和完善。如 Rostow（1959）在其所提出的经济增长阶段理论中，将社会发展分为 6 个阶段。在该理论框架中，"技术创新"在创新活动中的作用得以彰显。随着技术的不断发展和研究的推进，Rogers（1962）又提出了创新扩散理论，并深入分析了影响创新扩散率和扩散网络形成的诸多因素。后来，Myers 和 Marquis（1969）在研究报告中更是将创新定义为技术变革的集合。随着研究的不断推进，学者们开始对创新领域的相关问题进行研究。在研究过程中，多数学者肯定了企业是创新的主体。基于此，学者们也开始从企业管理的角度对企业创新进行研究。现代管理学之父彼得·德鲁克更是强调，企业只有两项基本职能——创新和营销。其中，创新不仅包括技术创新，还包括产品、流程、管理、商业模式等方面的创新。因此，创新对于企业的存续有着极为重要的意义。

现代意义上的创新强调的是一种新的思想和观念以及以策略或方法等形式出现的新创意，通常也被视为应用更好的解决方案满足潜在的需求或当前的市场需求。因此，创新既是过程也是结果。由于创新所包含内容的复杂性，区分创新类型对于理解组织在创新过程中所采取的行为十分有必要（Damanpour，1991）。基于此，学者们从创新的适用范围、变化程度、涉及客体、驱动要素等不同方面对组织创新进行了分类，具体如表 2-4 所示。

表 2-4 组织创新的分类

学者	划分依据	具体类型
Daft（1978）	创新的适用范围	管理创新、技术创新
Ettlie 等（1984）	创新的变化程度	突变式创新、渐进式创新
Kline（1985）	创新的驱动要素	市场拉动型创新、技术推动型创新
Damanpour（1991）	创新涉及的客体	产品创新、工艺创新
Segerstrom（1991）	创新的主要来源	自主创新、模仿创新
Herzog（2011）	创新过程的开放程度	开放式创新、封闭式创新
Reinhardt 和 Gurtner（2015）	创新过程的连续性	持续性创新、颠覆性创新

资料来源：笔者根据相关文献整理。

虽然学者们从不同角度对创新进行了具体的划分，但通过梳理文献发现，现有研究中受到关注最多的创新类型的划分有如下三种：管理创新和技术创新，突变式创新和渐进式创新，流程创新和产品创新。在系统梳理相关文献的基础上，本书发现已有关于新产品开发的研究主要聚焦于组织如何运用内外部资源和能力开发新的产品或改善新产品的开发结果，从而有效地提升其市场竞争优势和促进新产品价值的实现。此外，还有部分学者从更细微的角度，探讨了新产品开发绩效的衡量，专注于构建新产品开发绩效的测量指标体系。随着新问题的不断涌现以及研究的不断深入，关于新产品开发研究的理论视角日益多样化，不同学科之间也相互借鉴，整体上呈现"百家争鸣"的局面。随着技术、外部环境、社会经济等的不断发展，学者们对作为产品创新结果集中体现的新产品开发的认识也在不断深化。

二 新产品开发绩效的相关研究

（一）新产品开发绩效的构成维度及其内涵的研究

开发新产品是企业在竞争激烈的市场环境中保持竞争优势的有效手段（Wu，2023）。在已有研究中，学者们基本认同新产品开发是指企业利用内外部资源和能力，从感知市场机会到构思、研制、生产、销售产品的一系列过程（Leenders and Dolfsma，2016）。开发速度和创造性是新产品开发绩效最重要的两个方面已得到学者们的认可。前者主要强调在产品市场上基于时间的竞争，而后者聚焦于产品的有用性和新颖性（Ganesan et al.，2005；Moorman，1995；Syed et al.，2019）。

基于时间竞争、先发优势、快速跟进策略等各种战略观点，都强调新产品开发速度的重要性（Shan et al.，2016；Syed et al.，2019；Wu et al.，2020），同时也表明企业的产品竞争优势从以最低的成本实现最大的价值向在最短的时间内以最低成本实现最大价值转变（Chen et al.，2010）。通过快速开发新产品，企业能提高把握市场准入时机的熟练程度，更好地把握市场机会建立先发优势，降低新产品开发的成本和被复制的风险，最终提升产品的竞争优势。在已有研究中，多数学者将新产品开发速度定义为从新产品想法产生到最终成功开发所花费的时间（Kessler and Chakrabarti，1996；Shan et al.，2016；Shaner et al.，2020）。表2-5整理了学者们关于新产品开发速度的定义。

表 2-5　新产品开发速度的定义

学者	定义
Kessler 和 Chakrabarti（1996）	从最初的开发工作到在市场上推出新产品的时间
McNally 等（2011）	从最初的产品构想到最终商业化的时间
Chen 等（2012）	从产品概念转变成市场产品的速度
Cankurtaran 等（2013）	从产生想法到成功推向市场所花费的时间
Zhang 等（2017）	企业推出新产品的速度和行业平均速度的差距
Cheng 和 Yang（2019）	从产品概念构思到成功上市所耗费的时间，反映企业的能力

资料来源：笔者根据相关文献整理。

此外，提升产品的创造性也是提高企业市场地位和获利能力的有效手段。在对相关文献进行梳理的基础上，本书发现现有关于新产品创造性的内涵主要聚焦于产品的新颖性、有用性、独特性等方面。基于新颖性的视角，学者们认为产品创造性指的是企业产品创新的程度以及产品组合的新颖程度（Story et al.，2015）。基于独特性的视角，学者们将新产品创造性定义为企业所开发的新产品与竞争性替代产品的差异程度（Gao et al.，2015）。基于有用性的视角，学者们将新产品创造性定义为能够为顾客提供独特且有意义的产品（Kim et al.，2013）。还有学者结合多种视角，认为新产品创造性是指产品的新颖程度及其推出后对市场原有的产品开发思维和实践的改变程度（Akgün et al.，2008）。学者们基于不同的研究目的和理论视角对新产品创造性进行了界定，表2-6整理了相关文献中新产品创造性的定义。与多数学者一致（Chuang et al.，2015；Dabrowski，2019；Ganesan et al.，2005；Nakata et al.，2018；Zhao et al.，2014），本书也从有用性和新颖性两个维度对新产品创造性进行衡量。

表2-6　新产品创造性的定义

学者	定义
Moorman（1995）	新产品的新颖程度以及新产品的引入在多大程度上改变了现有产品市场的思维和实践
Tsai 等（2011）	新产品的新颖程度
Kim 等（2013）	为顾客所提供的产品是独特且有意义的
Salge 等（2013）	产品和服务的新颖性和有用性程度
Story 等（2015）	企业产品创新的程度以及产品组合的新颖程度
宋洋（2017）	产品在多大程度上区别于已有的同类产品
Nakata 等（2018）	相对于竞争对手而言，自身所提供产品的适用性、实用性和新颖性的程度

资料来源：笔者根据相关文献整理。

通过梳理相关文献可以发现，新产品开发速度和创造性作为新产品开发结果或绩效的两个不同方面已受到学者们的广泛关注。新产品创造性和开发速度所基于的市场逻辑以及所产生的竞争优势等存在差异，它们往往被视为新产品开发绩效的两个重要维度。在整理新产品开发速度和创造性相关文献的基础上，本书从市场逻辑、知识输入阶段、知识需求等方面对二者进行了对比，具体如表2-7所示。

表2-7　新产品开发速度与创造性的差异对比

指标	新产品开发速度	新产品创造性
市场逻辑	快速满足市场需求	引导新的市场需求
知识输入阶段	产品开发过程的后期阶段	产品开发过程的早期阶段
所依赖的对象	有效流程或程序的开发	新概念或新想法的获取

续表

指标	新产品开发速度	新产品创造性
知识需求	流程知识	产品知识
竞争优势	先行者优势	差异化优势
能力要求	快速响应市场需求的能力	发现新颖的想法并付诸实施的能力
学习方式	应用式学习为主	探索式学习为主
外在显示	流程的有效性和高效率	产品的有意义性和新颖性

资料来源：笔者根据相关文献整理。

(二) 以战略导向为基础的新产品开发相关研究

战略导向作为企业战略的关键要素，决定了企业竞争策略的选取和管理决策的制定，在企业的新产品开发过程中发挥着重要作用 (Liu et al.，2011；Mu et al.，2017)。基于此，学者们从不同的角度探讨了战略导向对企业新产品开发的影响。

企业进行新产品开发的本质要求是满足顾客需求，在实现顾客价值的同时实现自身的市场目标，而市场导向所坚持的为顾客创造卓越的价值与新产品开发的目的具有较高的一致性。因此，新产品开发也可以被视为一种以市场为导向的企业行为 (董维维、庄贵军，2019)。Aloulou (2019) 的研究也强调，对市场信息的获取和对顾客动态的关注影响着新产品开发过程中的知识获取和加工方式，使得市场导向在企业新产品开发中扮演着重要角色。市场导向的重点在于了解顾客需求，并在此基础上提供相应的产品以实现其价值 (Tzokas et al.，2015)。从本质上而言，对目标市场的持续关注使得市场导向型企业能够生产出更符合顾客需求的产品。为了降低新产品开发失败的风险，企业必须深入了解目标市场当前及未来的需求。以市场导向为战略导向的企业通过收集以及在企业内传播和响应客户需求信息，提升产品开发的成功率 (Morgan et al.，2019b)。Aloulou (2019) 和 Mu 等 (2017) 的研究也证实了市场导向与新产品开发之间的正向关系。Augusto 和 Coelho (2009) 基于已有相关研究剖析了市场导向的不同维度 (顾客导向、竞争者导向、跨部门协调) 分别如何影响企业的新产品开发绩效。

为了进一步揭示不同类型的市场导向对新产品开发的影响，学者们将市场导向进行了细分。王永贵等（2008）在已有研究的基础上，基于中国背景的研究个案验证了反应型市场导向和先动型市场导向均对企业的新产品开发绩效有积极作用。李全升和苏秦（2019）在其研究中强调，坚持响应型市场导向的企业由于对短期回报更加关注，会将更多的资源聚焦于满足客户的现有需求，而非用于提升企业的持久创新能力，从而使得企业在新产品开发过程中容易陷入"成功陷阱"；而坚持前瞻型市场导向的企业由于对市场需求有着更为深入的理解，能够更好地预测未来的市场需求并利用企业资源来满足潜在用户的需求。前瞻型市场导向对长期利润的关注，也使得企业能持续对产品进行改进。与之类似，戴万稳（2014）认为坚持前瞻型市场导向的企业能从尚未明确表达的市场需求出发，通过开发具有差异化的产品和服务获取竞争优势。Narver 等（2004）在其研究中也证实了坚持响应型市场导向容易导致企业的"创新短视"，从而难以捕捉新的价值创造机会，只有坚持前瞻型市场导向才能有效提升企业的产品创新能力。董维维和庄贵军（2019）的研究也验证了企业的新产品开发更多的是依靠前瞻型市场导向而非响应型市场导向。

作为企业家精神在企业经营过程中的具体体现和延伸，企业家导向反映了企业对未来和潜在市场需求的反应，体现了企业对创新的态度和对风险的容忍，与企业的战略制定过程有着天然的联系（Shan et al.，2016）。通过帮助企业确定经营目标、开拓战略视野，企业家导向能有效提升企业的创新绩效和竞争优势（Eshima and Anderson，2017）。就新产品开发而言，企业家导向型企业能结合自身在新产品开发过程中遇到的问题，快速寻找有效的解决办法，实现已有资源效用的最大化，进而提升新产品开发绩效（Mu et al.，2017）。较高的风险容忍度也使得企业家导向型企业在进行新产品开发时更愿意尝试新的想法和技术方案，并勇于承担失败可能带来的风险（马永远等，2014）。在此情形下，新产品开发团队成员的主观能动性能得到更好的发挥，进而开发出更具创造性的产品。坚持企业家导向的企业倾向于通过不断扫描和监控它们的环境来发现新的市场机会，进而通过新产品和服务的开发尽早进入新的目标市场。因为企业家导向能使企业将注意力和资源集中在发现和抓住新机遇上，所以长期以来被视为启动新产品开发的关键要素（Zhou et al.，2005b）。

为了更加细致地揭示企业家导向与新产品开发之间的关系，相关研究还探讨了企业家导向的各个维度对新产品开发的作用。于晓宇和陶向明（2015）的研究表明，预见性较高的企业能更好地识别未来市场发展趋势，发现潜在的市场机会，从而通过比竞争对手更快提供满足顾客需求的产品和服务在产品市场上获得先发优势；创新性更高的企业则具有较强的意愿尝试新的产品开发想法，开发新颖程度更高的产品；风险承担性较高意味着企业勇于承担产品创新失败的风险，通过在企业内营造一种鼓励创新的氛围，更好地发挥新产品开发团队的主观能动性，进而提高新产品开发成功的可能性。与之类似，Shan 等（2016）的研究也揭示了企业家导向的三个维度对企业的新产品开发绩效的影响。具体而言，创新性使得新产品开发过程中的不确定性变高，同时较高的创新性也要求企业设计更多的替代方案、新的开发流程和营销渠道，从而会导致企业新产品开发速度变慢。高风险承担性意味着企业的高管团队对资源投入的承诺，这有助于提供足够的财力资源和人力资源来帮助新产品开发团队克服所遇到的困难，从而能加快新产品开发速度。主动性能营造一种强调速度重要性的内部环境，在此环境下，公司通过设定明确的时间指标来促使新产品开发团队重新思考整个新产品开发过程，从而减少不必要的时间消耗。

除了上述两种主要的战略导向外，学者们还探讨了其他战略导向，如资源导向、学习导向、技术导向、可持续导向等在企业新产品开发中的作用。具体而言，Paladino（2007）基于资源基础观的视角提出了企业的资源导向，该战略导向由三个维度构成——协同、独特性和活力。Paladino（2007）在其研究中指出，为了提高所开发产品的质量，企业需要了解客户需求并发挥资源导向的作用提供承诺价值实现所需要的资源。此外，资源导向型企业能将其所拥有的优质资源用于新产品开发过程中的创新设计和实施，使企业拥有更强的市场力量，从而获得竞争优势。Moreno 等（2023）从组织学习的视角探究了学习导向在新产品开发过程中扮演的角色。作为影响组织成员创造、共享和应用知识行为的价值观，学习导向是企业自我更新和适应动荡环境的基础（An et al.，2018）。在新产品开发背景下，来自不同职能领域的团队成员需要形成团队学习导向，以增加知识存量并与其他职能部门协调行动，从而克服新产品开发过程中所面临的困难。此外，学习导向使得团队成员能在新产品开发之前解决意见分歧和冲突，从而减少开发过程中不必要的时间消耗（Yannopoulos et al.，2012）。学习导向和相关的信息处理行为还能降低与新产品开发相关的风险，最终有效提升新产品开发绩效。李巍（2015）从均衡理论的视角探究了市场导向和技术导向之间的均衡对新产品开发绩效的影响。他发现两类战略导向的匹配均衡有助于提升产品的适应性，从而对企业的渐进型产品创新有正向作用；而两类战略导向的联合均衡有助于企业新产品开发能力的提升，从而对突破型产品创新有正向作用。基于自然资源基础观，Khizar 等（2022）探究了可持续导向在新产品开发中所发挥的作用。在新产品开发背景下，强可持续导向使得企业的新产品开发团队能消除那些低效的产品设计和制造环节，从而提高新产品开发的利润率。此外，强可持续导向还会导致产品质量提高、产品价格下降，最终增加客户价值并促进新产品销量的提升。坚持可持续战略导向的企业通过将社会和环境问题纳入新产品开发过程中，开发对顾客、环境生态和社会友好的产品，进而提升新产品开发绩效。

（三）以组织学习为基础的新产品开发相关研究

作为组织创新的具体体现，新产品开发是一个知识创造的过程，要求企业通过组织学习来积极管理其知识和技能（Baker and Sinkula，1999）。在新产品开发过程中，组织学习能促进企业提升吸收能力，帮助企业开展常规性的活动，使其更好地吸收相关经验和专业知识。组织学习有助于企业新产品开发团队成员有针对性地收集、分析、存储和利用外部相关知识，进而提升新产品开发绩效（吴隆增、简兆权，2008）。此外，通过开展有效的学习行为，企业的新产品开发团队能更好地感知和响应不断变化的市场趋势，客户偏好相关信息的获取也能帮助企业有针对性地进行新产品开发，进而提高目标市场上顾客的满意度（Bendig et al.，2018）。相关研究也证实了，良好的组织学习能力有助于企业提升市场定位的效率。组织学习能通过对目标市场的环境进行扫描，帮助企业更好地了解消费者偏好并通过及时地开发新产品来满足用户需求（Chatterji and Fabrizio，2014）。企业内部的学习行为能促进不同部门成员间知识的流动，这不仅能帮助企业突破原有新产品开发的范式，还有利于企业形成应对新产品开发过程中所面临的困难和挑战的最优方案，从而提升新产品开发效率（Zhou and Li，2012）。

为了加深对组织学习与新产品开发之间关系的认识，学者们还从不同的角度对组织学习进行细分，剖析了具体的学习行为对新产品开发的影响。具体而言，姚山季等（2017）在结合已有相关文献的基础上，探讨了转化式学习在企业新产品开发中的作用。Li 和 Yeh（2017）从双元视角分析了探索式学习和利用式学习对企业新产品开发的影响。探索式学习能够扩大知识的搜寻范围，使得企业更有可能开发更具创造性的产品。然而，过度追求探索式学习可能会带来高昂的知识整合成本，进而导致所开发产品的市场收益下降（Yang and Li，2011）。应用式学习能够对已有知识进行挖掘，使得企业能更快地进行新产品开发。但是，过度依赖应用式学习会导致企业陷入"熟悉陷阱"，进而使企业很难根据环境的变化来调整自身的新产品开发策略（Kim et al.，2013）。Wei 等（2014）也基于双元视角分析了探索式学习与应用式学习间的相对性和交互性对企业新产品开发绩效的影响。他们发现，探索式学习与应用式学习间的相对性对新产品开发绩效具有倒 U 形的影响，而两种学习的交互性对新产品开发绩效具有正向作用。

除了分析组织学习是否会对企业的新产品开发产生影响外，学者们还从不同的角度探究了组织学习通过何种路径影响企业的新产品开发。作为一项与知识高度相关的活动，企业新产品开发的成败与其知识创造有着天然的联系（Grant，1996）。通过影响知识的获取、转化和应用，组织学习能有效提升企业的知识创造能力，进而间接影响企业的新产品开发绩效（吴隆增、简兆权，2008）。秦剑和徐子彬（2011）的研究探讨了跨国公司在华新产品开发绩效的提升机制，发现组织学习通过知识转移和过程创新的作用路径来影响企业的新产品开发绩效。类似地，潘宏亮（2013）的研究分析了知识共享如何通过影响企业的战略匹配促进新产品开发绩效的提升。组织学习影响企业新产品开发的边界条件也是学者们感兴趣的话题之一。对组织学习与新产品开发关系间的情境要素进行分析，有助于更好地理解组织学习在何种情境下更有利于新产品开发绩效的提升。Li 等（2013）以中国企业为研究主体，研究了环境优越性对探索性学习和应用性学习与新产品开发绩效间关系的调节效应。作为 Li 等（2013）研究的延续与拓展，Wei 等（2014）基于动态资源管理的视角，将资源柔性和协调柔性纳入研究框架，发现资源柔性和协调柔性均能强化组织学习对新产品开发绩效的正向影响。基于企业的能力变化是否会导致新资源的重新配置进而影响企业在新产品市场上定位的问题，Li 和 Yeh（2017）的研究揭示了创新领域定位通过提供一套战略性措施来调节组织学习与新产品开发之间的关系。Bendig 等（2018）基于德国 331 家企业的数据实证分析了权利共享如何调节组织学习与新产品开发绩效间的关系。在研究中，他们强调权利共享能使合作组织分享更多的知识以提高组织学习的效率，进而提高新产品开发绩效。此外，学者们还探讨了资源冗余、网络位置、领导风格等要素在组织学习与新产品开发间的权变效应。

（四）新产品开发影响效果的相关研究

无论是加快新产品开发速度还是提升新产品的创造性，都对企业具有重要意义。通过梳理相关文献发现，新产品开发速度和创造性的影响效果研究主要聚焦于企业盈利能力、顾客满意度、产品质量、产品市场竞争优势、产品绩效等方面。

Chen 等（2010）在其研究中指出，企业通过提升新产品开发速度获得三方面的好处：第一，快速开发新产品使得企业能够通过满足"不耐烦"客户的需求将时间转化为利润，因为这类客户为了更快获得商品和服务愿意支付溢价；第二，新产品开发速度快的企业有更多的机会建立行业标准并锁定分销渠道；第三，有能力快速开发新产品的企业可以更快响应市场需求，从而提高产品输入的及时性和客户满意度。

Cankurtaran 等（2013）采用元分析法，更加细致地分析了新产品开发速度与新产品成功之间的关系。在该研究中，新产品成功主要通过运营结果和外部结果来进行衡量。其中，运营结果主要由降低开发成本、市场进入时机、产品性能以及产品竞争优势等构成；外部结果则主要包括客户绩效和财务绩效。总体而言，新产品开发速度与新产品成功存在正向关系，且这一关系会受到外部情境要素的影响。

与新产品开发速度相关的一个特殊问题是，极快的速度可能会影响产品质量。一些研究表明加快上市速度可以提高产品质量，而另一些研究则建议企业必须兼顾开发速度和产品质量。为了检验新产品开发速度与产品质量以及产品获利能力之间的关系，McNally 等（2011）基于 1115 个新产品开发项目的数据，运用最小二乘法对相关假设进行验证。实证结果表明，新产品开发速度和产品质量均对产品获利能力有正向影响，但开发速度的作用要强于产品质量。

Boso 等（2016）基于发达国家和发展中国家的跨国数据探究了产品的创造性与企业绩效之间的关系。他们从三个方面论证了新产品创造性与企业绩效间的关系：第一，创造性高的产品与市场上同质产品之间的差异较大，从而能使企业获取竞争优势；第二，创造性高的产品能帮助企业建立良好的品牌形象和资产声誉；第三，高新颖性和高顾客试用率导致更高的顾客购买率，使得创新性高的产品与创新程度低的产品相比能更好地帮助企业实现销售和利润目标。

Story 等（2015）研究了产品创造性对企业绩效的影响，并基于 319 家英国企业和 221 家加纳企业的数据对研究假设进行了验证。不同于已有的研究结论，Story 等（2015）发现，产品创造性与企业绩效呈倒 U 形关系。产品创新程度过高意味着企业的精力过于集中在产品的研发上，而忽视了对快速满足市场需求的关注。此外，产品创新程度过高意味着失败的风险也会更高。而企业产品创新程度过低，则很难将企业提供的产品与竞争对手的产品予以区分，也会影响企业在产品市场上的绩效。只有所开发产品的创新程度处于合适的水平时，企业才能实现绩效的最大化。

Kim 等（2013）研究了产品创造性的两个不同维度（有意义性、新颖性）对产品优势的影响。他们基于 100 家美国高科技企业的调查数据对研究假设进行了检验，实证结果表明：新产品创造性的两个维度都能有效提升顾客对产品的满意度以及所提供产品的差异化程度；此外，产品优势还能显著促进企业绩效提升。

第五节 现有研究的启示

通过对相关理论和文献进行回顾与梳理，已有研究在以下几方面对本书有重要的启示。

第一，目前学者们基于资源基础观在对战略导向进行研究时，更多的是探讨具体的战略导向如市场导向、技术导向、创业导向等对企业绩效的影响，对于不同的战略导向在提升具体维度的企业绩效中所扮演的角色缺乏深入的探讨。在研究过程中，学者们都已意识到不同战略导向存在特征上的差异，因此，都能从不同战略导向各自所发挥效应的机制出发，对企业绩效进行深入探讨。然而，在具体研究中，学者更多的是分析不同战略导向对同一绩效的影响，虽然在作用机制上存在差异，但不同战略导向对企业绩效的作用效果却未能很好地进行区分。另外，战略导向的相关研究较为松散，缺乏一个整体的框架来分析战略导向的作用过程及其效果。因此，深入分析企业不同的战略导向在企业绩效中所扮演的差异化角色显得尤为重要。基于资源基础观和战略导向相关的研究，并结合当前中国企业创新发展过程中的最主要的驱动要素，本书将分析技术导向和市场导向在新产品开发过程中的作用。为了更好地揭示两种战略导向作用的差异，本书还将新产品开发绩效分为开发速度和创造性两个不同的维度，以此来探讨不同的战略导向对新产品开发绩效的差异化影响。

第二，通过对组织学习相关文献进行梳理发现，目前学者在研究组织学习行为时更多的是从战略的角度将组织学习划分为探索式学习与应用式学习、内部学习与外部学习、经验学习与替代学习、战略性学习与业务性学习等多种不同类型，而从知识流动的视角对组织学习进行划分的研究则相对缺乏。此外，已有关于组织学习的研究虽然在维度划分上存在差异，但基本都强调的是对知识的摄入。根据 Tsang（2017）的观点，企业不仅要通过学习行为对内外部知识进行整合以形成知识的摄入，同时还要通过忘却行为对已有过时的知识予以摒弃以形成知识的流出。相关研究也指出，组织学习是知识存量与知识流量相互作用的结果（Bontis et al.，2002）。企业的动态知识管理理论也强调（Zhao et al.，2013），企业应当通过知识整合等方式实现外部知识的流入，进而创造新的竞争优势；通过组织忘却实现内部过时知识的流出，以降低传统知识对组织发展的影响，减少组织惰性的产生。因此，为更清晰地分析组织学习的作用并拓展现有相关文献，本书在已有相关文献的基础上结合知识流动的视角，将组织学习分为组织忘却和知识整合两种不同的类型。针对现有研究中组织学习与企业绩效间关系不明确的状况，本书还将进一步分析这两种学习行为与新产品开发绩效之间的关系。

第三，现有理论对战略导向影响新产品开发绩效的作用路径的解释存在局限。企业资源基础观通过强调异质性资源在企业中的重要性，为分析企业竞争优势的根源提供了良好的理论依据。然而，该理论更多的是以企业内部资源为战略决策的逻辑思考中心和出发点，缺乏对资源如何转化为企业竞争优势和具体绩效的探讨（Chirico et al.，2011；张璐等，2019）。组织学习理论强调，为了在不断变化的外部环境中保持竞争优势，企业应当通过对错误的修正以及对经验和知识的不断积累实现组织目标并形成竞争优势（Dodgson，1993）。此外，组织学习是企业对创新资源（如知识）进行获取、整合并重新创造的重要途径，能促进资源到创新产出（如新产品开发）的转化（Chuang et al.，2015）。由此可知，组织学习理论的引入能很好地弥补资源基础观在解释战略导向如何通过组织学习行为影响新产品开发绩效方面的不足。因此，资源基础观和组织学习理论能形成互补，揭示战略导向通过组织学习影响新产品开发绩效的过程。通过对资源基础观和组织学习理论进行整合，本书认为组织学习能作为"桥梁"联结企业战略导向与新产品开发绩效。

第四，对战略导向影响新产品开发绩效的边界条件值得进一步挖掘。战略导向作为企业战略的重要组成部分，对企业为获得持续竞争优势和实现卓越绩效而采取的措施有着不可忽视的影响（Gatignon and Xuereb，1997）。因此，根据不同的战略导向选择与之相适应的组织行为，对于提升企业的竞争优势及绩效尤为重要。为了更好地分析战略导向的作用边界，学者们考虑了战略选择（周洋、张庆普，2019）、营销管理（Adams et al.，2019）、资源冗余（李全升、苏秦，2019）等内部要素对战略导向作用过程的调节效应。然而，现有研究较少从战略匹配的视角，综合考虑市场环境动荡性和技术环境动荡性对战略导向影响新产品开发绩效的作用路径的权变效应。受此启发，本书基于战略匹配理论整合了环境动荡性的相关研究，进一步分析企业所处环境的动荡性（包括市场环境动荡性、技术环境动荡性）作为情境要素如何影响战略导向通过组织学习影响新产品开发绩效的中介效应以及战略导向影响新产品开发绩效的直接效应。

第六节　本章小结

基于上一章的研究问题，本章系统地回顾了企业战略导向的相关理论与研究、组织学习的相关理论与研究、环境动荡性的相关理论与研究以及新产品开发绩效的相关理论与研究，对相关概念进行了梳理，并从不同的方面给出了相关理论与研究对本书研究的重要启示。综合而言，本章内容为下一章的概念模型和研究假设的提出提供了理论基础和文献支持。

第三章　中国制造业企业战略导向与新产品开发绩效的概念模型与研究假设

第一节　核心概念的界定

本书中共涉及如下几个关键的研究概念：战略导向（包括市场导向和技术导向）、组织学习（包括知识整合和组织忘却）、新产品开发绩效（包括新产品开发速度和新产品创造性）以及环境动荡性（包括技术环境动荡性和市场环境动荡性）。在构建概念模型之前，首先对这些概念进行界定。

（一）战略导向的界定

战略导向作为企业战略的重要组成部分，主要反映的是企业对于如何获取竞争优势的认知，决定了企业竞争战略的选择和管理决策的制定。根据 Gatignon 和 Xuereb（1997）的研究，战略导向可被定义为指导和影响公司活动并旨在确保公司生存和发展的原则或经营哲学。

市场导向和技术导向作为战略导向的两种不同类型，受到了学者们的广泛关注（Adams et al.，2019；Berthon et al.，1999；Sainio et al.，2012；Zhou et al.，2005b）。市场导向作为营销研究领域的重要基石之一（Hakala，2011），主要反映的是一种"市场拉动"的经营理念，强调企业应通过获取、传递和响应市场信息来更快地满足市场需求以及对竞争者动态做出快速反应（Narver and Slater，1990）。因此，市场导向也可被视为组织的一种文化。技术导向主要反映"技术推动"的经营理念，将技术能力或优势视为企业竞争优势的主要来源（Al-Ansaari et al.，2015）。以技术为导向意味着企业能够利用其技术知识来构建新的技术解决方案，从而满足用户的潜在需求。因此，相关学者结合技术的能力观和意愿观，强调技术导向型企业既需要通过较强的研发导向主动获取新的技术，同时也需要在新产品开发过程中利用这些新的技术（Gatignon and Xuereb，1997；Haug et al.，2023）。由于技术导向和市场导向对企业竞争优势来源的认识存在较大差异，学者们常常将其置于同一研究框架下探讨它们对企业经营行为和经营绩效的影响（Al-Henzab et al.，2018；Taghvaee and Talebi，2023）。基于已有相关研究并结合本书的研究目的和当前中国多数企业在新产品开发过程中面临"市场拉动""技术推动"战略选择的现实问题，本书将深入探讨市场导向和技术导向在新产品开发过程中所发挥的作用。基于已有研究成果及本书具体的研究内容，本书对市场导向和技术导向的界定如下：市场导向主要指的是企业通过理解和利用其所掌握的有关客户、竞争对手和其他市场主体的信息来创造价值的一种行为准则，因此又可被视为一个既包括探索性的市场信息分析，又强调对市场机会的利用的混合构念，涵盖公司的战略及其文化，既是组织文化、规范和价值观的一部分，又是一系列行为和活动的一部分；技术导向主要指的是企业通过开展研发活动致力于获取和发展新兴技术，并将其应用于新产品开发的价值理念，因此可被认为是一种技术驱动市场需求的价值观念。

（二）组织学习的界定

制度的不完善以及要素市场为企业提供的新产品开发所需的资源有限，使得企业在新产品开发过程中面临知识资源的约束。为了缓解这种约束，企业需要充分挖掘已有知识的新用途或创造新的知识。知识整合的提出是对知识价值的重新思考，对内外部知识进行有效整合，分散、无序的知识才能被企业加以利用，最终企业才能以较少的资源投入将已有的知识资源转化为新的产品和服务（Wang et al.，2018；刘岩芳、于婷，2015）。因此，知识整合在企业的创新系统中具有重要地位。此外，企业在新产品开发过程中也要对那些过时的知识进行管理（Akgün et al.，2007a）。外部环境和企业发展阶段的变化，使得之前被证明有效的知识变得不再适用或过时（Zhao et al.，2013）。如果企业继续坚持使用已有的资源和能力，而无法通过组织忘却抛弃原有的知识等，其核心能力甚至会转化为核心刚性

（Lyu et al.，2020）。为了降低过时的知识、惯例等对企业新产品开发的不利影响，企业需要开展忘却行为摒弃那些过时的东西。由此可见，知识整合和组织忘却在新产品开发过程中都扮演着重要角色。

在已有相关研究的基础上，结合组织学习理论和知识流动的视角，本书将组织学习划分为知识整合和组织忘却两种具体的学习行为（Bontis et al.，2002；Caccamo et al.，2023；Huber，1991；Nevis et al.，1995；Zhao et al.，2013）。本书对知识整合和组织忘却的界定如下：知识整合主要是指企业加工新获取的知识和重新整理已有的知识，并对新旧知识进行有机融合从而形成新的知识体系；组织忘却主要指的是企业主动摒弃那些过时的知识、程序等，以减小旧知识等对当前行为的束缚和影响，目的是提升企业对外部环境的适应能力从而增强自身的竞争优势。

（三）新产品开发绩效的界定

战略管理和营销管理的相关研究基本肯定了新产品开发在帮助企业维持和建立竞争优势、提升市场地位等方面的积极作用。在"快鱼"吃"慢鱼"的时代，速度已成为衡量企业新产品开发绩效的重要指标之一。技术的快速变化和客户对产品偏好的不确定性，也要求企业快速、持续地进行新产品开发（Wu et al.，2020）。新产品开发速度较快，意味着企业能更快地推出新产品，从而更好地把握市场机会建立先发优势，进而提高企业绩效（Shan et al.，2016）。因此，在产品生命周期缩短、竞争加剧的背景下，越来越多的企业期望通过加快新产品开发速度来获取和维持竞争优势。除了加快新产品的开发速度外，开发更具创造性的产品也成为企业保持竞争优势的有效策略（Story et al.，2015）。所开发产品的创造性较高，表示该产品与企业以往的产品存在明显的差异，与市场上的同类产品也具有一定的异质性。因此，较高的产品创造性往往也能给企业带来较高的市场收益。

基于企业新产品开发的具体实践和已有新产品开发绩效的相关研究（Ganesan et al.，2005；Kim et al.，2013；Moorman，1995），本书将新产品开发绩效具体划分为开发速度和创造性两个维度。本书对新产品开发速度和新产品创造性的界定如下：新产品开发速度主要是指企业从产生新产品开发想法，到将这些想法转化为实际产品并将产品推向市场所花的时间；新产品创造性指的是产品所涉及的新技术、新功能以及由此给消费者带来的不同于已有产品的感知水平，主要从新颖性和有用性两个角度进行衡量。

（四）环境动荡性的界定

环境动荡性反映的是外部环境的变化频率、不稳定性和不可预测性（Li et al.，2017；Tsai and Yang，2014；Wu，2023）。作为当前商业环境的主要特征之一，环境动荡性会对企业的战略制定、行为选择和实施以及最终的绩效产生不可忽视的影响。因此，多数战略管理和组织创新的研究将环境动荡性纳入考虑（Augusto and Coelho，2009；Hung and Chou，2013）。结合已有研究（Akgün et al.，2008；Jaworski and Kohli，1993；Lyu et al.，2020；Wu，2023），以及当前中国企业在新产品开发过程中的具体实践，本书将环境动荡性细分为技术环境动荡性和市场环境动荡性。其中，技术环境动荡性描述的是组织所处行业中技术变化或发展的速度以及不确定性的程度。动荡的技术环境使得产业技术发展方向变得不可预测，技术转换时机难以把握。市场环境动荡性反映的是顾客需求及其对产品和服务偏好的不确定性或变化。市场环境动荡性高时，企业往往需要对其所开发的产品进行调整或加快新产品开发的速度以更好地满足顾客需求。两种具体的环境动荡性对企业的战略制定和行为选择有着不同的作用，因此，在研究中有必要分别分析它们的影响效果。

第二节　中国制造业企业战略导向与新产品开发绩效概念模型的构建

围绕第一章所提出的研究问题，基于资源基础观、组织学习理论、战略匹配理论以及新产品开发研究等相关理论和研究进行逻辑推理与归纳演绎，提出本书研究的理论框架。

（一）资源基础观视角下的战略导向对新产品开发绩效的影响

在当前技术快速更新、产品生命周期不断缩短、顾客需求日益多样的环境下，越来越多的企业试图通过加快新产品开发速度或提升新产品创造性来维持自身的市场地位和竞争优势（Tao et al.，2023；Wu et al.，2020）。然而，如何进行新产品开发？采取何种开发策略？新产品开发所期望达到的目的是什么？这类问题需要基于企业的整体战略进行分析和考虑。在企业实践中，即使一些处于相同行业环境和拥有相似组织资源的企业，在新产品开发过程中所取得的绩效也会出现一定的差异。这种差异之所以会产生，很大程度上是因为受企业所坚持的战略导向影响（Guo et al.，2019；Jeong et al.，2006）。作为企业战略的重要组成部分，战略导向反映了企业的战略定位，决定了企业的行为方式和资源的配置方向（Gatignon and Xuereb，1997；Liu and Su，2014）。基于企业的资源基础观，战略导向可被视为企业发展过程中的一种重要而复杂的资源（Hunt and Morgan，1995），其所具备的稀缺性、不可模仿性、价值性和不可替代性使其在创造企业竞争优势、提升企业创新绩效等方面扮演着重要角色（Adams et al.，2019；Hult and Ketchen，2001）。不同的战略导向所基于的经营逻辑以及对竞争优势来源的认知存在一定的差异（Boso et al.，2013），最终会导致企业间新产品开发绩效存在差异。因此，形成对自身战略导向的清晰认知对于企业的新产品开发具有重要作用。

综上，图 3-1 显示了战略导向对新产品开发绩效的作用路径。战略导向通过具体的新产品开发任务，强调企业在新产品开发过程中所关注的重点以及为实现新产品开发目标所应采取的措施等，从而能有效地促进新产品开发绩效的提升。值得注意的是，资源基础观主要是以企业内部资源要素为出发点，对于资源如何转化为竞争优势和创新绩效则缺乏深入探讨（Chirico et al.，2011；张璐等，2019）。因此，进一步揭示战略导向提升新产品开发绩效的作用机制，还需要结合其他理论视角来进行分析。

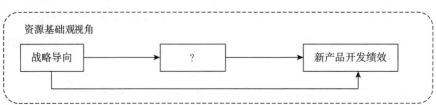

图 3-1 战略导向对新产品开发绩效的作用路径

（二）引入组织学习理论，弥补资源基础观对战略导向与企业新产品开发绩效间关系解释的不足

作为企业战略形成的关键要素，战略导向在企业新产品开发中发挥着不可忽视的作用（Jeong et al.，2006；Taghvaee and Talebi，2023）。但已有研究也强调，战略导向作为指导企业经营的一种准则，其作用的发挥需要落实到具体的企业行为上（Slater and Narver，1995；李雪灵等，2010）。相关研究证实了新产品开发是一种知识密集型活动，需要企业提供相应知识资源的支持（Kim et al.，2013；Tsai et al.，2011），组织学习在该过程中扮演着重要角色。组织学习理论强调，组织学习是企业对知识进行获取、整合、重新创造的重要途径（Huber，1991；Slater and Narver，1995）。作为一种组织的自适应行为，组织学习能确保企业的知识、经验、认知不断更新和行为不断改进，以更好地为提升创新绩效服务（Lyu et al.，2022；Yang et al.，2014）。尤其是在面对多变的环境时，企业更加需要通过组织学习来持续积累和更新知识以获得竞争优势（Caridi-Zahavi et al.，2016；Tsai and Hsu，2014），组织的学习能力也成为最重要的核心能力之一。因此，基于企业的战略导向进行新产品开发的关键在于促进学习行为的产生和实施。

由此可见，在资源基础观的基础上，引入组织学习理论能够形成一个更加完整的逻辑链条，即战略导向通过推动组织学习行为的实施，发挥组织学习在企业创新活动中的作用，进而促进新产品开发绩效的提升。将组织学习理论融合到企业战略导向的分析框架中，既回答了组织学习是如何发生的，弥补了组织学习理论本身未能解释学习行为是如何被激发的不足，同时也揭示了战略导向作用发挥的过程，弥补了资源基础观在解释战略导向如何转化为竞争优势或组织创新绩效上的不足。引入组织学习理论后，战略导向对新产品开发绩效的作用路径如图3-2所示。

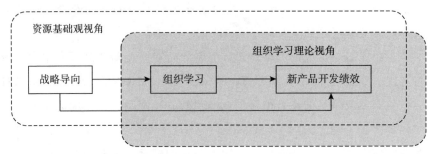

图 3-2　资源基础观和组织学习理论整合视角下战略导向对新产品开发绩效的作用路径

（三）进一步引入战略匹配理论，通过分析环境动荡性发挥的作用强化对战略导向作用过程的理解

组织学习理论的引入让我们对战略导向如何影响企业的新产品开发绩效这一问题有了更为深刻的理解，但对于从战略匹配的视角揭示哪些要素会对战略导向通过组织学习影响新产品开发绩效的作用路径产生影响的认识仍存在局限。任何企业都嵌入特定的环境中，其战略制定、行为选择以及最终的绩效都不可避免地会受到外部环境的影响。环境动荡性与组织战略、行为和绩效间的关系也是多数组织管理研究所关注的话题（Akgün et al.，2007a；Augusto and Coelho，2009；Li et al.，2017；Wu，2023）。作为企业战略的重要组成部分，战略导向作用的发挥同样也会受到外部环境的影响（Gao et al.，2007；Jeong et al.，2006）。战略匹配理论作为组织适应性理论中的经典范式也强调了企业的战略制定应与外部环境相匹配或协调（Miles and Snow，1984）。因此，在模型中将外部环境动荡性作为一个情境要素并考虑其权变效应就显得十分必要。事实上，动荡的外部环境在对企业的发展造成威胁的同时也带来了诸多机遇，根据动荡的外部环境在既有的战略导向下选择与之相适应的行为以更好地实现新产品开发绩效的提升显得尤为重要。基于 Jaworski 和 Kohli（1993）、Hung 和 Chou（2013）、Li 等（2017）的研究，本书将外部环境动荡性细化为市场环境动荡性和技术环境动荡性，分析它们对战略导向影响新产品开发绩效的直接效应和战略导向通过组织学习影响新产品开发绩效的中介效应的调节作用。在纳入环境动荡性的权变效应后，战略导向的作用路径如图 3-3 所示。

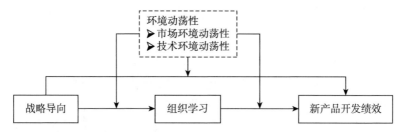

图 3-3　纳入外部环境动荡性的权变效应后战略导向对新产品开发绩效的作用路径

（四）概念模型的形成

为了加深对不同的战略导向如何促进新产品开发绩效提升这一复杂问题的认识，本书从如下三个方面对图 3-3 进行了细化，最终形成本书的概念模型。

第一，基于企业的资源基础观，战略导向可被视为企业发展过程中的一种重要而复杂的资源（Hunt and Morgan，1995），其所具备的稀缺性、价值性、不可模仿性和不可替代性使其对新产品开发绩效有着不可忽视的作用（Hult and Ketchen，2001；Sainio et al.，2012；Taghvaee and Talebi，2023）。根据多数学者关于战略导向的研究（Adams et al.，2019；Guo et al.，2020；Zhou et al.，2005b；李巍，2015），并结合当前企业创新价值实现以及新产品成功开发的关键推动因素，本书将企业的战略导向细分为市场导向和技术导向两种类型。结合资源基础观，本书将深入分析这两种不同的战略导向分别如何影响企业的新产品开发绩效。

第二，在对与组织学习相关文献进行梳理的基础上发现，现有研究虽然也已经意识到了学习过程的复杂性并在具体研究中根据不同的维度对其进行了细化（Gnizy et al.，2014；Zahoor et al.，2023；刘新梅等，2013），但少有学者从知识流动的视角对组织学习行为进行划分。事实上，作为一个动态的过程，组织学习是知识存量与知识流量相互作用的结果（Bontis et al.，2002）。已有相关研究也证实了，无论是知识摄入还是知识流出，都在提升企业新产品开发绩效中起重要作用（Akgün et al.，2007a；Leal-Rodríguez et al.，2015；Tsai and Hsu，2014；Wang et al.，2018）。因此，为了更加深刻地理解组织学习的作用，本书打破了已有文献关于组织学习划分的局限，从知识流动的视角将组织学习分为知识整合和组织忘却两种类型，分析战略导向对它们的影响以及它们在提升新产品开发绩效中所发挥的作用。

第三，虽然现有研究已经意识到战略导向作为企业的一种重要资源会对企业的新产品开发过程和结果产生一定的影响，但多数研究在探讨战略导向对新产品开发绩效的影响效应时是笼统地将新产品开发绩效作为一个整体性的构念进行分析的（Narver et al.，2004；Slater and Narver，1995；Xiao and Bharadwaj，2023），缺乏对战略导向如何影响新产品开发绩效不同维度等相关问题的探讨。对该类问题的忽视，制约了当前研究对战略导向在新产品开发绩效以及其他创新结果中所能发挥效应的认识。此外，不同的战略导向和不同的学习行为所关注重点的差异，也会导致新产品开发绩效出现一定的偏差。因此，为了加深对战略导向与新产品开发绩效间关系的理解，基于 Ganesan 等（2005）、Chuang 等（2015）的研究并结合企业新产品开发的具体实践，本书将新产品开发绩效细分为新产品开发速度和新产品创造性两个方面，以此来探讨两种不同的战略导向如何影响企业的新产品开发速度和新产品创造性，从而突破已有相关研究的局限。在此基础上，本书进一步分析两种不同的学习行为与新产品开发绩效不同方面之间的关系。

综上所述，本书完整的概念模型如图 3-4 所示。具体的研究内容包

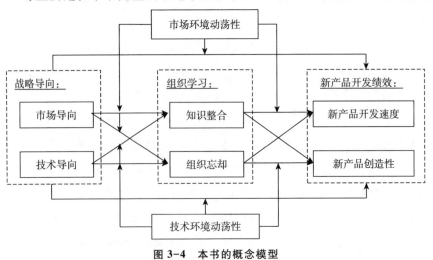

图 3-4 本书的概念模型

括：①战略导向对新产品开发绩效和组织学习以及组织学习对新产品开发绩效的直接作用；②知识整合和组织忘却在战略导向与新产品开发绩效间的中介效应；③市场环境动荡性和技术环境动荡性对市场导向和技术导向对新产品开发绩效的直接效应与知识整合和组织忘却的中介效应的调节作用。

第三节　中国制造业企业战略导向与新产品开发绩效研究假设的提出

一　战略导向与新产品开发绩效的关系

战略导向是企业理解并获得竞争优势的关键，能够对企业的运营产生深远影响，并引导企业形成旨在确保生存和发展的行为模式（Hakala，2011；Slater and Narver，1995）。在新产品开发过程中，战略导向也扮演着重要角色。Liu 和 Su（2014）在其研究中探讨了在模糊前端中，不同的战略导向如何对企业的产品创新产生影响。郝生宾等（2018）则基于资源基础观，分析了先动型市场导向和反应型市场导向对新产品开发绩效的影响。其他学者，如 Augusto 和 Coelho（2009）、Salavou（2005）也从不同的角度探讨了企业的战略导向对新产品开发过程或结果的影响。尽管学者们都意识到了战略导向对企业战略形成的重要作用，并且探讨了它们在企业新产品开发过程中的作用，但对不同的战略导向如市场导向和技术导向对企业新产品开发绩效的不同方面会产生什么样的影响的问题缺乏足够的探讨，导致我们对与战略导向和新产品开发相关的理论和实践问题缺乏深入认识。基于此，本书将分别探讨市场导向和技术导向在提升企业新产品开发速度和创造性中起着何种作用，以及二者对新产品开发绩效的作用是否存在差异。

（一）市场导向和技术导向与新产品开发速度之间的关系

对市场动态的密切关注，使得市场导向型企业能更好地了解顾客的需求和竞争对手的定位，将这些见解纳入新产品开发计划中有助于企业制定明确的产品开发目标，进而加快新产品开发的速度。因此，本书认为市场导向能促进企业新产品开发速度的提升,具体体现在如下三个方面。

第一,坚持市场导向的企业对顾客需求信息的持续关注,有助于生成与客户当前及未来需求相关的市场情报(Kohli and Jaworski,1990)。在此基础上,企业能根据目标顾客的偏好有针对性地进行新产品开发。事实上,顾客除了能作为信息提供者来加快企业的新产品开发速度,还能作为重要的创新主体参与到企业新产品开发过程中(Cui and Wu,2016)。从合作经验的角度来看,让顾客参与到企业的新产品开发过程中能降低交易成本和风险溢价,降低新产品开发的不确定性,进而节省企业新产品开发所耗费的时间(Guo et al.,2020)。搜集与顾客相关的信息有助于企业更好地了解市场的需求,快速发现产品供应和顾客需求之间的缺口(Johnson et al.,2017)。为了在产品市场上获得先动优势,企业会加快新产品开发速度。作为当代中国发展最为迅速的科技公司之一,小米成功的关键就在于鼓励顾客参与到自己的创新生态系统中。通过构建小米社区并鼓励“米粉”们讨论他们的需求,小米能及时倾听顾客声音,凭借其在用户关系管理中的独特能力,快速向市场推出新的产品。

第二,竞争者导向作为市场导向的重要维度之一,也对提升企业新产品开发速度有着重要作用。了解竞争对手活动以及广泛的外部竞争环境,能使企业避免进入高竞争强度的产品市场,从而加快企业在其他市场上的产品开发。企业如果能够对其竞争对手的定位有一个充分的了解,并将其纳入新产品开发计划中,则可以制定明确的目标,从而加快产品上市速度(Kessler and Chakrabarti,1996)。在新产品开发过程中,企业对产品开发概念定义不清,不仅会影响新产品开发的速度,甚至还会导致整个项目的失败。因此,坚持市场导向的企业能够制定清晰的项目目标,这将加快企业所开发产品的上市速度。

第三,企业内各部门间的有效协调也能加快新产品开发的速度。具体而言,各部门间良好的沟通能促进企业内部就开发何种类型的产品、面向何种类型的目标市场以及为新产品开发提供哪些资源等问题快速达成共识,从而减少新产品开发过程中可能出现的分歧(Cheng and Yang,2019),使企业能将更多的精力和资源等用于新产品开发,从而加快开发进程。此外，企业内不同部门间的协调运作和信息共享也有利于加快新产品开发相关想法的提出或产生（蒋天颖等，2013）。在新产品开发的后期阶段，制造部门和营销部门间有效沟通和协调，还能加快所开发产品的上市速度。从整个新产品开发周期来看，这些都能有效缩短企业的新产品开发时间。

不同于市场导向对顾客以及竞争者动态的密切关注，技术导向主要强调对新技术以及研发的重视（Gatignon and Xuereb，1997）。通过对原有产品开发流程的改进或构建新的技术解决方案，并在新产品开发过程中使用新的、更先进的技术，技术导向能有效地促进企业新产品开发速度的提升，具体可从如下三个方面进行说明。

第一，技术导向型企业通过持续积累技术知识、制定新的技术解决方案和规划，能有效地解决新产品开发过程中遇到的困难，从而加快新产品开发速度。坚持技术导向的基本逻辑是重视研发、积极开发新技术（Zhou et al.，2005b）。通过采用新技术，企业能拥有比竞争对手更高的技术能力，当企业将这种能力应用于新产品开发时，往往能更高效地解决开发过程中所遇到的困难。Wu等（2020）的研究也证实了，先进的工艺能加快新产品从原型开发到制造设计的进度。此外，技术导向型企业在技术上的较高的熟练度和灵活性还能确保企业拥有较强的应变能力（俞明传、顾琴轩，2014），从而使得企业能改进现有技术并根据市场环境的变化快速调整产品开发方案或者重新设计开发方案，最终加快整个开发进程。

第二，坚持技术导向使企业能运用先进的技术对生产工艺和制造流程进行优化，改进已有的产品开发方式，增加单位时间内开发的新产品数量。具体而言，对制造流程和生产工艺进行优化有助于提升企业的产出效率，从而帮助其更快地确定新产品开发机会。对现有开发方式进行改进，则能缩短新产品开发过程中的关键路径，并进一步加快整个开发进程（Zhu et al.，2019）。此外，已有相关研究也证实了技术导向强调以先发制人的理念指导企业发展（孙永磊等，2018），在产品市场上的表现就是通过加快新产品开发速度获取先行者优势。

第三，研发强度作为技术导向的一种直接体现，也能有效提升企业新产品开发的速度。具体而言，技术导向通常涉及对研发活动的承诺，其目标主要在于探索和获取有关新技术的知识（Adams et al.，2019）。因此，技术导向型企业往往具有强烈的创新意愿，愿意为研发、创新等投入资源并承担相应的风险（孙永磊等，2018）。通过对研发的重视和投入，企业能更快地实现新产品开发。Peneder（2010）的研究也证实，提升新产品开发速度的主要动力是企业所拥有的技术知识、技术能力以及获得技术的渠道。由此可见，技术导向所强调的从研发中获得技术知识和能力，能缩短企业的新产品开发周期。

尽管市场导向和技术导向都能促进企业新产品开发速度的提升，但本书认为二者对新产品开发速度的正向作用在强度上存在差异，即相对于技术导向而言，市场导向对新产品开发速度的提升作用可能更强，主要原因有以下三个。

第一，新产品开发的速度通常取决于企业能否获取最新的市场信息，并对瞬息万变的市场环境做出快速响应（Atuahene-Gima and Wei，2011）。相比技术导向型企业对开发新技术的重视（Zhou et al.，2005b），市场导向型企业对外部市场环境的密切关注，能更及时地收集有关顾客需求和竞争者动态的相关信息，并获得产品市场的反馈（Eslami et al.，2018）。通过将这些信息纳入新产品开发过程中，企业能有针对性地调整自身的新产品开发策略和相关流程（Morgan et al.，2019a），进而更好地实现新产品开发速度的提升。

第二，新产品开发速度的提升要求企业能及时提供与之相匹配的资源（Wu et al.，2017）。尽管坚持技术导向战略使得企业能保持技术上的优势，从而为提升新产品开发速度提供相应的技术资源，但新产品开发速度的提升除了需要技术支撑外，还需要其他如人力、物质、市场情报等方面的资源（González-Zapatero et al.，2019；Wu et al.，2020；Zhang et al.，2017）。坚持市场导向战略的企业在与供应商、顾客、竞争者等市场主体频繁互动的过程中，能获得新产品开发所需的技术资源和市场情报（Eslami et al.，2018；Zhang et al.，2017）。同时，通过内部各部门间的相互协调，市场导向型企业也能为加快新产品开发速度配置相应的人力资源（González-Zapatero et al.，2019；孔婷等，2017）。因此，从资源匹配的视角来看，市场导向对新产品开发速度的作用要强于技术导向。

第三，从新产品开发的整个流程来看，市场导向对加快新产品开发速度的作用比技术导向要强。具体而言，新产品开发包括产品构思、设计、生产、测试、上市等一系列流程（Cheng and Yang，2019；Zhu et al.，2019）。技术导向通过对研发和技术知识的重视能更好地解决企业在新产品开发过程中所遇到的问题。此外，技术导向型企业运用先进技术对生产工艺进行优化能改进已有的生产方式（Zhou et al.，2005b；俞明传、顾琴轩，2014）。然而，这些更多的是加快新产品的设计和生产。市场导向除了能实现设计和生产速度的提升外，还能通过与其他市场主体的频繁互动加快产品构思以及在获得关于市场趋势清晰认知的基础上缩短所开发产品的上市时间（Johnson et al.，2017；Morgan et al.，2019a）。Dabrowski（2019）的研究也证实了市场导向对新产品开发的各个阶段都会产生作用。基于上述分析，本书认为在加快新产品开发速度的过程中，市场导向所发挥的作用要强于技术导向。

基于上述分析，本书提出如下假设。

假设 1a（H1a）：市场导向正向影响企业的新产品开发速度。

假设 1b（H1b）：技术导向正向影响企业的新产品开发速度，但相比市场导向的作用要弱。

（二）市场导向和技术导向与新产品创造性之间的关系

根据创造力理论，市场导向等组织文化是推动创造力产生的最重要因素之一（Nakata et al.，2018）。这种组织文化有助于企业更好地了解顾客偏好并利用竞争对手的弱点，同时将各种功能进行创新组合以开发更具创造性的产品，从而满足复杂的市场需求（Wang et al.，2019a）。因此，本书认为市场导向能提升企业所开发产品的创造性，具体体现在如下三个方面。

第一，市场导向所强调的为顾客创造卓越价值能促进新产品创造性的提升。结合已有研究，本书从有用性和新颖性两个角度来衡量新产品的创造性。就有用性而言，在顾客导向的支配下，企业会专注于顾客需求的满足（李全升、苏秦，2019）。通过与顾客建立良好的信息反馈机制以更好地倾听顾客反馈的意见，市场导向使得企业能对市场变化做出快速反应，从而开发出对顾客有用的产品。从产品市场竞争策略的角度来看，市场导向能使企业与顾客保持良好的沟通，形成持久的客户关系。同时，还能通过提高企业的品牌价值，配合企业的差异化竞争策略，使企业所开发的产品与同类产品相比具有较高的异质性。事实上，融于产品中的良好的品牌形象本身就是产品独特性的重要组成部分（Truong et al.，2017）。

第二，市场导向型企业对顾客和竞争者动态的密切关注，有助于形成对用户偏好和市场态势的独特理解，通过运用所掌握的市场知识，开发使用价值更高且更新颖的产品（Oo et al.，2019）。创造性产品的开发不仅要求企业掌握相关的需求信息或知识，还要求企业具备解决问题的知识和能力（Schweisfurth，2017）。由于对市场动态的高度关注，市场导向型企业对目标市场上的产品需求有着更深的了解，相比那些非市场导向型企业，它们往往也能给出潜在的解决方案。由于拥有这些信息或知识，市场导向型企业可以挖掘更多产品创新的机会，从而能开发出具有创造性的产品。相关研究也指出，市场导向型企业所获得的顾客、竞争者和其他市场主体的信息，对其开发有意义的新颖产品具有至关重要的作用（Dabrowski，2019）。

第三，市场导向强调对市场信息的重视，有助于企业新想法的产生，从而提升创造性产品开发的可能性。坚持市场导向的企业在收集顾客信息后，通过各部门间的相互协调在企业内传播顾客信息（Kohli and Jaworski，1990），帮助企业的新产品开发团队在了解顾客偏好的基础上提出富有创意的新产品开发想法。依据与顾客的频繁互动所得到的信息，企业能根据差异化的优势制定战略（Gatignon and Xuereb，1997），并在理解顾客需求的情况下开发更具创造性的产品。此外，市场导向强调对竞争者动态的密切关注，有助于企业及时获取竞争者的资源部署、产品组合、创新行为等相关信息，进而为企业创造性产品的开发提供有力支撑（Chuang et al.，2015）。综合上述分析，本书认为市场导向能促进企业新产品创造性的提升。

坚持技术导向的企业不仅有能力和意愿获得最新的科学技术，还能运用所拥有的技术知识构建新的技术解决方案，进而满足当前及未来顾客的潜在需求。已有研究也表明，较强的技术导向通常是组织创新的基本起点（Zhou et al.，2005b），而新产品创造性作为组织创新结果的具体体现也会受到企业技术导向的影响。因此，本书认为技术导向能促进企业新产品创造性的提升，主要体现在如下三个方面。

第一，坚持技术导向的企业认为，顾客偏好于那些在技术上表现优异的产品（Adams et al.，2019；Gatignon and Xuereb，1997）。因此，坚持技术导向的企业通常更愿意对研发和新技术的获取与应用进行投资，从而保持自身在技术上的先进性（Urban and Barreria，2010）。这种先进性使得企业在新产品开发过程中能运用最新的技术知识或手段，从客户价值和期望的角度出发，开发出满足顾客个性化需求的创造性产品（Spanjol et al.，2012）。作为技术导向型企业的主要特征之一，技术能力较强意味着企业拥有更为多样的技术知识，在类似的技术中也有着相对丰富的经验，这增加了企业在新产品开发过程中进行技术重组的可能性（俞明传、顾琴轩，2014），从而能有效提升新产品的创造性。

第二，坚持技术导向的企业将创造性和发明视为组织的规范和价值观，用以指导企业的日常经营活动（Zhou et al.，2005b）。在这种组织规范和价值观的指引下，公司对员工的一些打破常规的想法具有较强的包容性。同时，"引进""突破"也是技术导向型企业的基本要义和宗旨（Al-Henzab et al.，2018）。因此，技术导向型企业会鼓励员工在新产品开发过程中发挥主观能动性大胆进行创新（孙永磊等，2018）。已有研究也表明，坚持技术导向的企业往往会在其内部营造一种有利于创新的文化氛围，鼓励员工探索新的工作方式、思路等，并愿意为此付出一定的代价（孙永磊等，2018）。作为新产品开发的关键主体，员工能充分发挥自身的主观能动性对提升新产品的创造性有着不可忽视的作用。Akgün等（2008）的研究也证实，新产品开发团队的丰富经验能促进新产品创造性的提升。由此可见，技术导向通过营造良好的氛围鼓励组织成员进行创新，进而提升新产品的创造性。

第三，技术导向能使企业保持技术领先，通过开发更具创造性的产品来培育核心竞争优势。在技术导向的指引下，企业聚焦于获取和发展新兴技术并将其应用于新产品开发等创新活动中（Al-Henzab et al.，2018）。更多前沿和高端技术的使用，能为企业的新产品开发注入更多创造性的想法以及为落地这些想法提供技术支持。Sainio 等（2012）的研究也证实，技术导向型企业由于对研发投入高度重视，往往对所在领域的最新技术较为了解，这为企业更好地采用区别于多数企业的技术模式提供保障的同时，也为企业开发更具创造性的产品提供了有利条件。结合上述分析，本书认为技术导向会促进企业新产品创造性的提升。

虽然市场导向和技术导向都能促进企业新产品创造性的提升，但由于创造性产品本身所独有的特性以及两种战略导向在内部焦点和对竞争优势来源的认知等方面存在较大的差异（彭伟等，2017），本书认为相较于市场导向，技术导向对提升新产品创造性的作用更强，主要体现在如下两方面。

一方面，开发创造性高的新产品通常具有较高的市场风险和不确定性（Story et al.，2015），高创造性产品的客户需求也较难辨别（Dean et al.，2016），这意味着通过市场导向来提升产品创造性可能难以取得预期的效果。值得注意的是，技术开发和生产流程等方面的高度不确定性，使得企业在开发创造性更高的产品时需要对自身的生产流程和制造能力进行调整甚至进行全新设置（Truong et al.，2017）。技术导向对研发的重视使得企业能保持技术上的先进性（Urban and Barreria，2010），从而在为新产品创造性的提升提供相应的技术支撑方面比市场导向更具优势。

另一方面，尽管坚持市场导向使得企业能在新产品开发过程中通过倾听客户意见，尽可能地开发满足客户需求的产品（Dabrowski，2019），但是，多数客户只是关注自身当前的需要，与客户联系紧密会导致市场导向型企业将其视野更多地聚焦于产品市场上已经被广泛接受的标准，而减少对更具创造性的产品的投资（Danneels，2007；Nakata et al.，2018）。已有相关研究甚至强调，市场导向会导致"研发近视"，最终抑制产品的创造性（Berthon et al.，1999；Frosch，1996）。相关学者也指出，市场导向会降低企业产生原创性想法的可能性（刘新梅等，2013），从而制约创造性产品的开发。与市场导向不同的是，技术导向认为顾客偏好于那些在技术上更具优势的产品（Gatignon and Xuereb，1997）。在研发、技术资源、创新能力等方面具有的领先优势以及对创新的支持（Al-Henzab et al.，2018；Urban and Barreria，2010），使得技术导向型企业比市场导向型企业有更高的可能性开发更具创造性的产品。通过变革和创新来实现企业价值的理念（张璐等，2019），也使得坚持技术导向的企业在新产品开发过程中更可能打破常规，开发更具创造性的产品。

基于上述分析，本书提出如下假设。

假设 2a（H2a）：市场导向正向影响企业的新产品创造性。

假设 2b（H2b）：技术导向正向影响企业的新产品创造性，但相比市场导向的作用要强。

综上，战略导向与新产品开发绩效间的关系如图 3-5 所示。

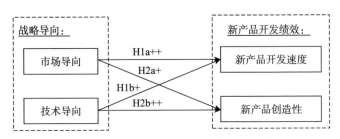

图 3-5　战略导向与新产品开发绩效间的关系

注："++"代表的正向作用比"+"要强。

二　战略导向与组织学习的关系

企业的战略导向反映了指导企业运营和发展的价值理念和战略定位，会影响企业资源的配置方向和使用方式。在不同战略导向的作用下，企业的行为选择以及最终的绩效也会出现一定的差异（刘新梅等，2013）。具体而言，市场导向强调企业的竞争优势或价值实现主要依赖于为现有及潜在顾客创造卓越价值的能力，在这种价值理念的支配下，企业会密切关注市场环境的变化，了解现有及潜在顾客的当前和未来需求，通过满足顾客需求，实现企业的价值（Berthon et al.，1999；Hult et al.，2001；Noble et al.，2002）。技术导向更多的是强调对新技术、新知识的关注，主要通过变革和创新等方式实现企业价值，运用技术上的优势来获得更好的发展

（Lichtenthaler，2016）。本书将分别探讨这两种不同的战略导向对组织忘却和知识整合的影响，并对比其作用效果的差异。

（一）市场导向和技术导向与知识整合之间的关系

坚持市场导向的企业往往会密切关注目标市场上顾客需求的变动以及竞争对手的最新动向，对与之相关的信息进行持续搜集和整理，并通过内部各部门间的有效协调使这些信息在整个企业内共享和传播。Liu 等（2011）在其研究中也强调，市场导向通过培养企业的学习习惯促使企业整合当前市场中关于顾客和竞争者的有效知识。基于此，本书认为市场导向会正向影响企业的知识整合。

一方面，市场导向能引导企业整合内部已有知识。知识的内部整合不仅强调对企业已获取的外部知识进行消化和吸收，使其成为企业竞争优势的主要来源，而且强调对企业内部已有知识不断进行重组，以挖掘其新的用途（Mell et al.，2022）。市场导向对内部知识整合的作用主要可从三个角度进行解释。第一，市场导向强调企业实现价值的主要方式在于为顾客创造卓越的绩效，能够促进组织形成良好的学习习惯以帮助企业更好地积累和整合内部知识（Liu et al.，2011）。第二，市场导向有助于在企业内部营造一种创新氛围，强化企业的创新能力（蒋天颖等，2013）。随着创新能力的提升，企业能更有效地挖掘已有知识的新用途，从而有利于内部知识整合效率的提升。第三，市场导向还能提高员工对工作的满意度，使员工产生一种集体荣誉感，并为实现共同目标而努力，从而为企业整合内部知识奠定稳定的人力资源基础（Kohli and Jaworski，1990）。企业内各部门间的相互协调，能有效提升工作过程中的内部凝聚力并强化内部合作（Homburg and Pflesser，2000），这对于促进企业内部知识的流动，降低知识整合的成本和难度意义重大。已有研究也表明，市场导向能促进企业内成员间形成知识共享惯例（Slater and Narver，1995），而知识共享惯例的形成又会带动企业内部知识整合水平的提升。

另一方面，市场导向能促进企业整合外部知识。市场导向作为企业外部知识整合的基础，为整合外部知识提供了动力源泉（蒋天颖等，2013）。根据企业的知识基础观，知识整合是企业综合利用新获取和已有知识的过程（Grant，1996）。成功的知识整合要求企业识别所获取知识的价值，通过沟通、交流等方式在组织内共享这些知识并将其转化为具体的企业绩效（Mell et al.，2022）。因此，企业对外部知识进行整合的前提条件是识别和获取相关的外部知识。为了更好地实现为顾客创造卓越价值的目标，市场导向型企业往往会与顾客、供应商、竞争者保持频繁的沟通和互动（Slater and Narver，1995）。在此过程中，企业不仅可与其他组织建立良好的合作关系，还能获得关于当前市场较为详细的需求信息以及关于如何更好地满足当前市场需求的有效反馈等（Eslami et al.，2018）。作为有效的知识流入，这些都为企业整合知识创造了良好的条件。

与市场导向不同，技术导向型企业对研发工作更为重视，旨在通过整合更多的技术知识实现新产品开发（Gatignon and Xuereb，1997）。Zhou 等（2005b）也强调，技术导向型企业在新产品开发过程中致力于创造并主动学习和整合新的技术知识等。另外，技术导向强的企业也会向外界传递一种注重技术研发的信号，有助于增强企业的组织合法性，进而提高企业与其他组织建立紧密联系的可能性，从而为其获取和整合外部知识创造条件（彭伟等，2017）。基于此，本书认为技术导向会正向影响企业的知识整合，具体体现在如下三方面。

第一，在相关技术上具有较高的熟练度和灵活性使得坚持技术导向的企业能更好地对现有技术知识进行整合。技术导向型企业通常具有强大的技术基础，能确保其对已有的技术知识进行重新整合（Gatignon and Xuereb，1997）。对学习和创新的重视，也使得坚持技术导向的企业在知识整合过程中更加高效（Liu and Su，2014）。坚持技术导向的企业在日常的经营活动中倡导对技术知识等的获取和利用（Sainio et al.，2012），而在此过程中企业要想将所获取的外部技术知识转化为自身所拥有的技术资源，需要结合自身的技术知识基础对与之相关的外部新知识进行有机整合，从而形成新的技术知识体系。对已有研发经验和生产流程的不断革新，客观上也为企业积累了丰富的技术知识（Zhou et al.，2005b）。当企业在创新活动中需要相关知识时，技术导向能保证企业对这些知识进行有效整合以挖掘其潜在价值。

第二，技术导向使得企业拥有多样化的技术知识，为知识整合提供了保障。由于知识发展的累积性质，特定领域的先验知识可以帮助企业更好地进行相关知识的整合。具体而言，技术导向战略的实施要求企业研发并主动学习新的技术（Zhou et al.，2005b），这能有效增加企业技术知识的多样性。拥有多样化技术知识的企业在相似技术领域拥有更多的知识和技能（朱秀梅等，2012），这能确保企业积极识别和转化新的技术知识，从而激发对已有知识的创造性整合。此外，拥有多样化的技术知识还使得企业进行多种知识整合尝试成为可能。技术能力强调的是企业从外界获取先进的技术知识并将其与内部知识融合以创造新技术知识的能力（俞明传、顾琴轩，2014）。该能力越强，企业对信息的敏感度就越高，企业在知识整合过程中越能更好地挖掘已有技术知识的新用途。另外，对信息的敏感度较高，也意味着技术导向型企业能更快地识别外部技术知识的价值，从而减少其在外部技术知识搜寻过程中所花费的时间和精力，最终提升知识整合的效率。

第三，技术导向使得企业对研发工作更为重视，以确保其能掌握诸多先进技术，并将这些技术运用于具体的经营实践中（Sainio et al.，2012）。在新技术研发过程中，企业并不是传统意义上的"闭门造车"。为了保证研发的效率以及技术的适用性，企业通常需要前瞻性地获取和整合复杂的技术知识（Hakala，2011）。由于技术存在扩散效应，技术导向型企业要想获得并维持技术优势，客观上就需要对相关技术知识进行整合。已有研究也表明，技术知识的搜寻和获取是技术导向战略实施的基本前提（朱秀梅等，2012），这实际上也为企业的知识整合提供了知识资源。吸收能力作为企业核心能力的重要组成部分，在知识整合过程中扮演着重要角色。坚持技术导向的企业强调对研发投入的高度重视，能强化其原有的知识基础，进而提升企业对知识的识别、吸收、转化和应用能力（Salavou，2005）。因此，技术导向型企业可通过对研发的投入促进其对知识的整合。

虽然市场导向和技术导向都能促进企业的知识整合，但本书认为这两种战略导向在促进企业知识整合中所发挥的作用存在差异，即与技术导向相比，市场导向对知识整合的作用更强。知识整合需要企业在了解所获取知识价值的基础上通过在组织内共享知识，实现知识价值的转化（Zahra et al.，2020）。外部知识整合要求企业具有较强的学习和吸收能力，并保持对外界的持续扫描以及与其他市场主体的紧密互动（周健明等，2014）。在对内部知识进行整合的过程中，组织内各部门间要进行广泛的协调（Iansiti and Clark，1994）。

坚持技术导向的企业对学习和创新尤为重视（Liu and Su，2014），使得企业具有较强的吸收能力，对于所在领域的技术知识能进行有效整合。值得注意的是，企业的知识整合不仅是在所熟悉的领域内进行，还包括对其他领域的相关知识进行整合（Lichtenthaler，2016；王娟茹等，2020）。如果企业将精力聚焦于自身所熟悉的领域，有可能会导致"知识惯性"的产生（周健明等，2014），最终削弱知识整合的作用。市场导向强调对外部环境的密切关注，以及与其他市场主体，如供应商、客户、竞争者等保持频繁的沟通和互动（Slater and Narver，1995），这不仅能确保企业及时了解最新的市场趋势，明确知识整合的方向；同时也有利于企业吸收新的知识，为整合外部知识"输入原料"（Eslami et al.，2018；蒋天颖等，2013）。另外，跨部门的沟通和协调也使得坚持市场导向的企业能更好地挖掘已有知识的新用途，以及有效整合分散在各部门的零散知识（Baker and Sinkula，1999；Homburg and Pflesser，2000），从而提升内部知识整合的效果。因此，从满足知识整合要求的视角来看，市场导向对知识整合的作用效果要强于技术导向。Eslami（2018）在其研究中也强调，企业的知识整合依赖于获取专业且互补的知识。与技术导向专注于相关领域的研发并试图通过技术进步来创造客户价值不同（Gatignon and Xuereb，1997），市场导向更加强调通过与不同市场主体的频繁互动来认识当前及未来市场的趋势（Al-Henzab et al.，2018；Morgan et al.，2019a）。因此，市场导向型企业往往比技术导向型企业有更高的可能性获取更加多样且互补的专业知识，从而确保知识整合的效果。

基于上述分析，本书提出如下假设。

假设 3a（H3a）：市场导向正向影响知识整合。

假设 3b（H3b）：技术导向正向影响知识整合，但相比市场导向的作用要弱。

（二）市场导向和技术导向与组织忘却之间的关系

坚持市场导向的企业对顾客、竞争者以及市场环境的密切关注，不仅能保证企业获得更多的外部知识从而提升知识整合的效果，还会使得企业有更多的机会进行自省以促进组织忘却行为的实施。基于此，本书认为市场导向会正向影响组织忘却，具体可从如下两方面进行分析。

一方面，市场导向增加了企业实施忘却行为的可能性。市场导向指导企业从顾客需求出发，将研发成果转化为市场所接受的创新产出。为了了解当前市场上的顾客需求和竞争者态势，坚持市场导向的企业需要突破固有的组织甚至市场边界，加强跨界搜寻（Boso et al.，2013）。对顾客和竞争者的密切关注，使得企业能更好地接触最新的市场知识（郝生宾等，2018）。在此过程中，企业所接触的新知识和原来所掌握的知识不可避免地会发生碰撞，新知识甚至会挑战原有知识的有效性，从而使原有知识不再适用和过时（Klammer et al.，2019）。为了摆脱原有知识的束缚，企业会实施忘却行为以抛弃过时的知识进而实现对新市场信息的及时处理。已有研究也强调，市场导向型企业需要不断更新与顾客和竞争者相关的知识，并通过内部各部门间的协调使这些知识在企业内流动（刘新梅等，2013）。为了更好地促进对新知识的获取和学习，企业应实施忘却行为以降低核心刚性所产生的负面影响。

另一方面，市场导向战略的有效实施要求企业实施组织忘却行为。市场导向强调将顾客的需求和满意度放在企业的重要战略位置（Slater and Narver，1995），要求企业对顾客当前及潜在的需求进行充分调查，通过更好地满足顾客需求挖掘新的市场机会（周飞等，2019）。它是企业在突破已有经验局限的基础上，不断接触和探索新的、多样化的信息和知识的过程。然而，企业在实际经营过程中形成了一系列被广泛接受的观念和方法，再加上对惯例和原有知识怀有强烈的情感，企业容易忽视市场上的相关变化（Klammer et al.，2019），最终抑制市场导向作用的发挥。随着外部市场环境的变化，企业原有的知识、惯例等会过时或与当前发展不相适应（Yang et al.，2014）。如果不通过组织忘却行为主动摒弃那些过时的知识、惯例等，企业的核心能力可能会转化为核心刚性（Wang et al.，2017）。因此，为了保证市场导向战略达到预期的目标，企业有必要通过实施组织忘却行为摒弃原有过时的相关知识、惯例和程序等。此外，为了保证企业能根据市场环境的变化及时对资源配置进行有效调整，实施市场导向战略的企业需要具有较高的灵活性，而组织的结构惰性往往会降低组织的灵活性。通过摒弃过时的知识和惯例等，组织忘却可以降低资源重置的成本并显著缩短资源用于其他项目的时间，进而提高企业的灵活性和适应性（Lyu et al.，2020）。因此，组织忘却在促进企业市场导向战略目标实现过程中扮演着重要角色。

技术导向型企业致力于学习新的技术知识并对研发高度重视（Zhou et al.，2005b），这就要求企业能摒弃那些传统、过时的知识和经验，及时对所拥有的知识进行更新。事实上，企业在过去所积累的被证明有效的相关技术知识和经验，随着时间的推移会变得过时或与当前发展不相适应（Wang et al.，2019b）。这种冗余的知识，不仅会限制企业学习和获取新的知识，同时也会对企业的创新、变革等产生阻碍。技术导向型企业往往具有强烈的创新欲望，愿意为研发、创新投入资源并承担相应的风险（Jeong et al.，2006）。因此，坚持技术导向的企业会在内部营造一种有利于创新的文化氛围，鼓励员工积极发挥主观能动性，打破现有知识的束缚，探索新的工作思路和方法（Sainio et al.，2012）。已有研究也表明，企业内的员工担心由于犯错而产生不良后果，导致他们对具有一定风险的忘却行为持一种抵制态度（Klammer et al.，2019）。因此，从客观上来说，技术导向下的这种鼓励创新、容忍失败的文化氛围为企业实施忘却行为创造了良好的内部环境。

另外，坚持技术导向的企业倾向于建立新的技术知识基础，引入和开发前沿技术，并将它们融入企业的日常活动中（朱秀梅等，2012）。新知识基础的建立会对原有的知识体系产生冲击，为企业识别内部过时和无用的知识进而实施组织忘却行为提供契机。随着环境的变化，企业原有知识的适应性逐渐降低，从而限制了企业综合能力的提升。正如白景坤和王健（2019）在其研究中所提到的，组织中固有的知识、观念以及由此形成的行为规范通常会被组织之前所取得的成功所强化，并在内部产生一定程度的组织惰性，进而使其对外部与之相矛盾的观点持一种抵制态度。因此，企业需要摒弃自身所拥有的具有误导性的陈旧知识，以有效释放资源，为吸纳新的技术知识等提供记忆空间（邱国栋、董姝妍，2016；韵江、赵永德，2010）。由此可见，技术导向型企业在建立新的技术知识基础前，有必要通过开展忘却行为摒弃那些与当前发展不相匹配的传统知识，使技术知识得到有效升级。

尽管市场导向和技术导向都能促进组织忘却行为的实施，但本书认为这两种不同的战略导向对组织忘却行为的作用效果存在差异，即技术导向对组织忘却行为的作用要强于市场导向，主要体现在如下三个方面。

第一，虽然坚持市场导向的企业所获取的一些新颖的市场知识会对其原有的知识基础造成一定的冲击，从而给其自身带来变革知识、行为或惯例的机会（Klammer et al.，2019），但这并不意味着组织忘却行为能在企业内被顺利实施。企业对待变革的态度也会对组织忘却活动的开展产生不可忽视的影响，如果企业对变革整体上持一种抵制态度，会导致组织忘却行为实施的难度上升（Becker，2010）。相较市场导向对市场动态的密切关注，技术导向以创造性和发明作为企业的规范和价值观（Zhou et al.，2005b），在这样的组织氛围下，企业对员工的一些打破常规的想法具有更高的包容性。"引进""突破"是坚持技术导向的企业的基本宗旨和要义（Al-Henzab et al.，2018），这意味着企业本身也在积极寻求变革，通过技术创新来实现新的突破。坚持技术导向的企业在内部营造的创新氛围以及对失败的容忍，也能鼓励员工充分发挥自身的主观能动性（孙永磊等，2018），对企业内不合理或与当前发展不相匹配的知识、程序、惯例等提出质疑，进而对它们进行相应的调整或摒弃。相关研究也证实了，企业鼓励员工对新兴事物进行探索，对忘却行为在组织内的实施有着重要影响（Klammer et al.，2019）。因此，从企业对变革的整体态度的角度来看，技术导向比市场导向在促进企业实施组织忘却行为方面发挥的作用更强。

第二，对技术和研发的高度重视使得坚持技术导向的企业比坚持市场导向的企业能更好地为组织忘却行为的实施提供有效的技术保障（Urban and Barreria，2010），从而确保组织忘却行为实现预期的效果。具体而言，与市场导向相比，技术导向更加能创造变革的机会，如一项新的技术或一套新的技术知识体系被开发出来后会对原有的技术或技术知识体系产生冲击，从而为组织忘却行为的实施创造可能（Snihur，2018）。同时，坚持技术导向的企业对新技术或知识的较高的认可度，也使得组织忘却行为在企业内的实施变得较为容易（Becker，2010）。与技术导向不同的是，坚持市场导向的企业对市场动态的高度关注，能确保企业及时获取最新的市场信息（Augusto and Coelho，2009），新旧信息之间的碰撞也能为组织忘却行为的实施创造条件。然而，获取过多的市场信息也会导致组织内的信息过载，从而使得企业难以对有用信息与无用信息进行区分（Klammer et al.，2019），最终影响组织忘却行为实施的效果。因此，从行为实施效果的角度来看，技术导向对组织忘却的促进作用要强于市场导向。

第三，相关研究已经证实了，在新的知识被获取和吸收之前，企业应当有意识地摒弃那些传统或过时的惯例、规则或价值观念等（Lyu et al.，2020；Tsang and Zahra，2008）。坚持市场导向的企业更多的是强调通过密切关注市场动态形成对市场信息的整体把握，从而促使企业实施为用户创造卓越价值的商业行为（Narver et al.，2004；孙永磊等，2018）。该过程中，企业所获取的新的市场知识客观上可能会对原有知识产生一定的冲击，从而为组织忘却行为的实施创造一定的条件。但值得注意的是，坚持市场导向的企业更多的是追求满足当前以及潜在顾客的需求，实现企业生产经营活动的市场价值（Cheng and Krumwiede，2012；Jaworski and Kohli，1993；Nassani et al.，2023），摒弃原有的知识、经验等并不是其所关注的重点。与之相反的是，坚持技术导向的企业具有很强的研发导向，能够前瞻性地掌握创新的科技成果（朱秀梅等，2012），并将其应用到新产品、服务的设计和开发中。在此过程中，为了摆脱传统观念、惯例、价值观等的束缚，从而确保战略导向预期效果的实现，坚持技术导向的企业会在组织内开展忘却行为以摒弃那些过时的经验、认知等。由此可见，市场导向和技术导向均正向影响组织忘却，且技术导向的作用要强于市场导向。

基于上述分析，本书提出如下假设。

假设 4a（H4a）：市场导向正向影响组织忘却。

假设 4b（H4b）：技术导向正向影响组织忘却，但相比市场导向的作用要强。

综上，战略导向与组织学习行为间的关系如图 3-6 所示。

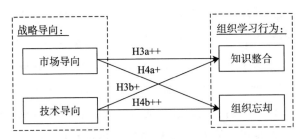

图 3-6 战略导向与组织学习行为间的关系

注："++"代表的正向作用比"+"要强。

三　组织学习与新产品开发绩效的关系

根据新产品开发结果的不同，本书主要从新产品开发速度和新产品创造性两个角度分析组织学习与新产品开发绩效间的关系。其中，新产品开发速度强调的是从新产品构思产生到新产品上市所花费的时间（高山行等，2018），反映的是企业根据市场需求快速开发新产品的能力。新产品创造性则反映的是企业所开发产品的有用性、新颖性和独特性等（Story et al.，2015）。创造性高的产品与企业以往的产品有明显的不同，与市场上的同类产品也具有显著差异（Kim et al.，2013）。由于这两种新产品开发结果在市场逻辑、知识需求、能力要求等方面存在差异，企业需要选择相应的学习行为以更好地提升新产品开发绩效。本书将基于新产品开发结果的两个不同方面，探讨知识整合和组织忘却在其中所扮演的差异化角色。

（一）知识整合和组织忘却与新产品开发速度之间的关系

战略管理和营销管理的研究肯定了提升新产品开发速度在帮助企业更快地满足市场需求、降低开发成本、增强产品竞争优势等方面的重要作用（Syed et al.，2019；Yin et al.，2019；孔婷等，2015）。因此，在产品生命周期缩短、竞争加剧的大背景下，多数企业试图通过快速开发新产品来获取和维持竞争优势（Wu et al.，2020）。然而，在经济转型背景下，由于制度的不完善以及要素市场为企业提供的新产品开发所需的资源有限，企业在加快新产品开发速度的过程中面临知识资源约束。为了缓解这种约束，企业需要充分挖掘已有知识的新用途或创造新的知识。通过对内外部知识的有效整合，企业能将零散的知识进行重组，从而最终以较低的资源投入将已有的知识资源转化为新的产品和服务（Wang et al.，2018）。作为提升知识利用效率的有效手段，知识整合在国际知名企业中被广泛使用。具体而言，佳能公司以整合、利用知识资源生产高质量产品并将其快速引入行业的能力而闻名，通用汽车也通过整合组织内不同部门所拥有的知识实现产品开发速度的提升（Caridi-Zahavi et al.，2016）。值得注意的是，提升新产品开发速度除了需要对分散的知识进行整合以缓解知识资源约束外，还要求企业对原有的开发流程进行不断优化，及时摒弃那些过时的知识、惯例等（Akgün et al.，2007b），这一过程在已有的研究中被称为组织忘却（Klammer et al.，2019；Lyu et al.，2020）。相关研究也强调，组织忘却能有效提升组织柔性，从而增强企业的灵活性（Zhao and Wang，2020）。较高的组织柔性使得企业能及时根据产品市场需求，调整自身的产品开发策略，进而减少新产品开发所耗费的时间。由此可见，组织忘却对于提升企业新产品开发速度也有着重要意义。基于上述分析，本书将分别探讨知识整合和组织忘却对新产品开发速度的影响，并分析它们作用效果的差异。

一方面，知识整合是在知识获取和共享的基础上，建立知识间的有效联结，进而将零散的知识转化为整体性的知识（Grant，1996）。通过对与新产品开发相关的知识进行整合，企业能对新产品开发流程有更为系统的认识，并在此基础上对原有的系统进行优化以提升新产品开发速度（徐国军、杨建君，2019）。企业的资源基础观也强调，只有将各种零散的知识进行加工以形成整合性的知识，知识的价值才能真正实现（Barney，1991；Rauniar et al.，2019）。就新产品开发而言，通过对知识进行有效整合，企业能准确了解市场趋势、快速识别和把握市场机会、协调内部各部门对新产品开发的认知（Malik and Nilakant，2016；孔凡柱，2014；周健明等，2014），从而缩短从新产品创意产生到新产品上市之间的时间。本书主要从如下三方面论述知识整合对新产品开发速度提升的促进作用。

第一，企业的新产品开发不是单一个体的活动，一般包括产品构思、设计、生产、测试、上市等诸多环节（Morgan et al.，2019a），这一系列环节需要企业内不同部门间的协调与合作。对内部知识进行整合，可加深企业各部门对新产品开发的认识，减少新产品开发过程中因目标不一致而产生的冲突（Eslami et al.，2018）。在此基础上，企业内各部门间会强化沟通，从而降低新产品开发过程中的协调成本和难度，并就新产品开发的预期目标达成共识，进而加快新产品开发的速度。相关研究也证实，企业内的知识整合能有效改善部门间的相互交流，提高决策质量（孔凡柱，2014），从而缩短新产品开发的时间。在新产品开发过程中，如果企业缺乏对内部知识的有效整合，会导致各部门对新产品开发存在不同的理解，从而出现团队成员在新产品开发过程中各自为战，分别获取对自己有价值的知识而忽视那些可能对企业整体有意义的信息的局面（Wang and Li，2023）。这种局面的出现势必会增加企业新产品开发的难度，最终减缓新产品开发的进程。

第二，通过对组织内的知识进行整合，成员之间可以共享他们的专业知识以促进知识在企业内快速传播（Tsai et al.，2015），而知识作为新产品开发的重要元素已得到了学者们的广泛认同（Akgün et al.，2008；Kim et al.，2013）。因此，在开发新产品时，对存在于企业内部的专业知识进行整合尤为重要。具体而言，知识整合能促进组织内部合作规范的产生（Zahra et al.，2020），这种规范的存在能有效降低组织成员对于加快新产品开发过程中知识共享对自身利益造成不良影响的担忧。不仅如此，内部知识整合还能在企业内形成一种新产品开发所需的社会情境（Zhang，2023），鼓励成员间就新产品开发相关信息进行交流与共享，共同解决新产品开发过程中所出现的问题，最终提升新产品开发的效率。

第三，知识整合能帮助企业更快地提出新产品开发的想法。企业获取和整合外部知识并将其转化为自身的知识资源，能有效解决自身知识资源不足的问题（Wang et al.，2018）。专业、互补、多样化的知识使得企业在新产品开发过程中可以从多个角度对产品开发的相关问题进行反思，这不仅能有效减少错误的产生，也能通过内外部知识的相互碰撞促进企业新产品开发团队更快产生新想法（Cui and Wu，2016）。作为新产品开发的起点，形成有价值的想法在新产品开发的整个过程中起着十分重要的作用（Zhu et al.，2019）。此外，对外部知识进行整合，还能帮助企业更好地感知不断变化的市场趋势并抓住新的机会（Syed et al.，2019）。从新产品开发的整个周期来看，这些都能节省产品开发所花费的时间。

另一方面，组织忘却通过提升企业战略的灵活性，实现新产品开发想法与当前知识的有效匹配以及增强企业内各部门间的沟通等，从而能有效提升企业的新产品开发速度，具体体现在如下三方面。

第一，提升新产品开发速度要求企业战略具有较高的灵活性，以便能及时提供新产品开发所需要的资源（Wang et al.，2018）。战略柔性在帮助企业克服所面临阻力的同时还能满足新产品开发的需求，进而加快新产品开发的速度（Budiati et al.，2022）。Wu 等（2020）的研究也强调，新产品开发速度的提升要求企业灵活应对变化的市场环境。已有文献表明，组织忘却能有效提升企业战略的灵活性（Wang et al.，2019b）。基于组织学习的视角，组织忘却通过摒弃那些过时或不再适用的知识，促进新知识的流入，从而为提升企业现有知识的多样性创造有利条件（Zhao and Wang，2020）。基于组织惯例的视角，通过实施忘却行为，企业可以摆脱传统产品开发流程的束缚，为建立更为高效的产品开发流程提供良好的契机。此外，Lyu 等（2020）的研究也证实，组织忘却可以减少资源重置的成本，缩短资源用于其他项目的时间，进而提高企业战略的灵活性和适应性。较高的灵活性使得企业能主动感知和响应不断变化的市场需求，从而减少新产品开发所花费的时间（Syed et al.，2019）。因此，组织忘却通过提升企业战略的灵活性，加快新产品开发的速度。

第二，组织忘却使得企业能摒弃那些与当前新产品开发不相适应的知识和观念等，从而实现新产品开发想法和当前知识的有效匹配。在新产品开发早期，企业通过识别并调整那些不合理的组织程序，有效防止新产品开发想法与当前组织知识不匹配导致的开发延迟，从而节省新产品开发时间（Zhu et al.，2019）。忘却行为的实施能使企业摒弃一些传统的组织惯例，为新产品开发提供新的认知空间，使得新产品开发想法被更快认可，最终缩短新产品开发周期（Huang et al.，2018）。在数字技术日趋成熟的今天，柯达依然坚持其在传统照相行业的优势，最终迎来了破产的结局。柯达破产的经验也再次证明，在新产品开发的过程中，企业若想跟上时代发展步伐以快速地推出满足市场需求的产品，就要实施忘却行为以摒弃那些传统或与当前发展不相适应的知识、经验、惯例等。此外，组织忘却在改善企业记忆系统的同时也能促进企业动态能力提升（Yeniaras et al.，2021），而企业的动态能力提升被认为是缩短新产品开发周期的重要前提（González-Zapatero et al.，2019）。

第三，组织忘却通过提升企业内的沟通效率，加快新产品开发速度。虽然外部知识等资源在新产品开发过程中扮演着重要角色，但新产品开发项目的最终实施还有赖于企业各部门间的有效协调与配合。对企业过时的知识和程序进行调整，能有效提升企业内部的沟通效率（Klammer et al.，2019），企业内的各部门在充分沟通以确定新产品开发的相关程序和障碍之后，能清楚新产品开发的目标是什么，从而可以加快新产品开发进程（Morgan et al.，2019a）。Cheng 和 Yang（2019）也强调，企业内生产和营销部门间有效沟通和协调能使所开发的新产品更快地流入市场，从而缩短整个产品的开发周期。

尽管知识整合和组织忘却都能有效提升企业的新产品开发速度，但二者的作用机制及其效果存在一定的差异。具体而言，知识整合通过协调企业内各部门间的行为，减少新产品开发过程中可能出现的认知、利益等冲突（Eslami et al.，2018）。同时，还能有效促进知识在企业内的共享和转移，从而能及时提供新产品开发所需的知识资源（Tsai et al.，2015）。对外部知识进行有效整合则能促进新产品开发想法更快产生，并根据顾客需求有针对性地进行产品功能和相关属性的设计与开发（Syed et al.，2019；Wu et al.，2020）。由此可见，知识整合对新产品开发的整个过程都有着重要意义。正如 Wang 等（2018）所指出的，新产品开发速度的提升很大程度上取决于企业能在开发的各个阶段及时获得所需的知识资源。知识整合作为企业获得新的外部知识以及挖掘现有知识的新用途的重要手段，在已有研究中已被证实（Li et al.，2017；Syed et al.，2019）。与知识整合的作用机制不同，组织忘却主要通过提升企业战略的灵活性，实现新产品开发想法与当前知识的有效匹配以及增强企业内各部门间的沟通等（Cheng and Yang，2019；Huang et al.，2018；Lyu et al.，2020），从而实现新产品开发速度的提升。然而，已有研究也证实了组织忘却的实施并不会立刻产生效果，需要经过一定的时间才能发挥其效应，同时组织忘却行为的实施也会占用企业有限的资源（Huang et al.，2018）。此外，实施忘却行为意味着要抛弃企业内已有的一些知识、信念和惯例等，这会使企业原本熟悉的营销流程被打破。为了实现所开发产品的价值，企业会花费时间和精力重新建立或调整已有的生产和营销体系。新产品开发包括想法提出、产品设计、产品生产、市场销售等一系列过程（Zhu et al.，2019），从新产品开发的整个周期来看，组织忘却对新产品开发速度的提升效果不如知识整合明显。由此推断，相比组织忘却，知识整合对新产品开发速度的影响更大。

基于上述分析，本书提出如下假设。

假设 5a（H5a）：知识整合正向影响新产品开发速度。

假设 5b（H5b）：组织忘却正向影响新产品开发速度，但相比知识整合的作用要弱。

（二）知识整合和组织忘却与新产品创造性之间的关系

在产品市场同质化竞争日趋激烈的背景下，通过对产品进行细微改进来提升企业竞争优势已愈加困难。为了建立和维持自身的竞争优势和市场地位，企业需要开发更具创造性的产品（苏中锋、李嘉，2014）。产品创造性较高表示其与企业以往的产品以及市场上的同类产品相比具有较高的异质性，具有创造性的产品通常也能给企业带来良好的市场收益（Chen et al.，2010；Dabrowski，2019；Kim et al.，2013）。已有研究强调，产品创造性与新知识运用紧密相关，即在新产品开发过程中所使用的新知识越多，产品的创造性通常也会越高（Darawong，2021）。知识整合作为企业获取外部新知识和挖掘内部已有知识新用途的重要手段（Eslami et al.，2018；Lyu et al.，2022；Wang et al.，2018），能为创造性产品的开发提供所需的知识资源。此外，创造性产品开发所需的技术知识可能会与企业现有的知识

相背离，并表现出一定的突破性（Yang et al.，2014），这便要求企业摒弃
过时的知识。组织忘却作为企业摆脱过时知识和经验的束缚，为新知识的
进入以及新程序等的建立创造条件的重要手段已得到了学者们的广泛认可
（Klammer et al.，2019；Lyu et al.，2020；Zhao et al.，2013）。新知识的
进入和新流程的建立使得企业能从新的角度对新产品开发进行思考，从而
能有效提升产品的创造性。由此可见，组织忘却也能促进产品创造性提
升。结合上述分析，本书将分别探讨知识整合和组织忘却对新产品创造性
的影响，并比较二者在提升新产品创造性中所发挥作用的差异。

首先是知识整合对产品创造性的正向影响，主要体现在三个方面。

第一，知识是创新产生的根源，企业在新产品开发过程中所使用的新
知识越多，越有可能提升产品的创造性（徐国军、杨建君，2019）。苏中
锋和李嘉（2014）的研究也证实，产品创造性与新知识紧密相关。通过对
内外部知识进行整合，企业可获得多样且互补的知识。在知识整合过程
中，不同知识之间的相互碰撞有利于突破性创新想法的产生（Wang et al.，
2018）。各种创新想法的产生会挑战已有的产品开发观念，给企业的产品
开发带来新的视角（Fang，2011），从而能提升产品的创造性。已有研究
也表明，通过对外部知识进行整合、利用，企业能进一步接触和创造更多
的新知识，从而增强企业对产品差异化的理解。知识库的拓展也能更好地
帮助企业突破原有知识边界的限制，使其从不同的角度对新产品开发进行
思考，进而提升所开发产品的创造性（Zhang et al.，2022）。宝洁公司能
不断推出具有创造性的产品，很大原因就在于通过对知识的整合获得了大
量的新产品创意（Gao et al.，2015）。

第二，资源基础观强调，企业拥有的资源是有价值、不可替代、不可模
仿和稀缺的，企业可以通过对这些资源的有效配置来获得竞争优势和良好绩
效（Barney，1991）。通过整合外部知识所获取的关于市场趋势最新动态的认
知也可以被认为是新产品开发中的此类资源（Dabrowski，2019）。这类资源
是有价值且稀缺的，因为它们可用于开发满足客户需求和挑战竞争对手的
新颖产品。由于涉及多个主体且涵盖市场的不同方面，该类知识通常较为
复杂，很难被模仿和替代。通过制定合适的战略，企业可发挥这类知识资

源在提升新产品创造性中的作用（宋洋，2017）。此外，对外部知识进行有效整合能促使企业更好地了解当前市场趋势，获得产品市场上的相关需求信息，从而为企业开发有意义且新颖的产品提供至关重要的思路（Tsai and Hsu，2014）。根据 Nakata 等（2018）的观点，企业所开发的新产品只有是有意义且新颖的，才被认为是具有创造性的。其中，有意义强调的是相较于竞争对手的产品而言，客户认为企业所提供的产品对他们更有用、更合适或更重要。新颖性则更多的是反映与竞争对手的产品相比，企业所提供的产品更加独特（Dean et al.，2023）。与资源基础观的推理类似，通过整合外部知识所获得的最新市场动态信息有助于企业比竞争对手更了解顾客的产品偏好，从而能有针对性地开发满足顾客需求且激发他们购买意愿的新颖产品（Dabrowski，2019）。以苹果公司为例，从 iPod 到 iPhone 再到 iPad 最后到 MacBook Air，苹果公司开发了一系列令人瞩目的创造性产品。苹果公司之所以能在产品市场上取得如此傲人的成绩，主要在于其对知识整合的高度重视（Urrestarazu et al.，2019）。

第三，从决策制定的视角看，通过知识整合所获取的多样性知识有助于有效提升新产品的创造性（Tao et al.，2023）。具体而言，多样化的知识能确保企业更好地制定问题解决方案并开发提升竞争优势的创造性产品（Cui and Wu，2016）。对外部异质性知识进行整合，使得企业能更好地理解和吸收有价值的新知识，从而使新知识与企业现有的知识进行融合。这一方面可以实现企业知识库的更新，加速新知识的创造，为企业创造性产品的开发提供新颖且丰富的知识（Wang et al.，2018）；另一方面也有利于提高企业对当前市场状况和行业发展趋势的认知（Malik and Nilakant，2016），加深企业对既有产品开发流程的理解，降低产品开发过程中的风险，最终强化企业提升产品创新性的意愿。此外，对企业内部知识进行整合能使企业员工就新产品开发的诸多问题达成共识，从而强化彼此间的沟通与交流（孔凡柱，2014）。这种良好的组织氛围能有效激发员工的主观能动性，使员工就如何提升新产品创造性进行大胆的设想和构思。Acharya 等（2022）在其研究中也指出，对所拥有的知识进行科学整合是企业摆脱能力陷阱的重要手段，有助于富有创造性的新技术和新产品的产生。综合上述分析，本书认为知识整合能促进企业产品创造性的提升。

其次是组织忘却对产品创造性的正向影响，主要体现在三个方面。

第一，组织忘却通过打破原有的认知结构，促进企业产品创造性的提升。企业发展过程中的经验累积，使得企业更倾向于依靠现有的系统和发展方式。组织惯性的存在加上转换成本的影响，导致多数企业不愿做出改变（Klammer et al.，2019）。当现有知识与新知识不兼容或存在冲突时，僵化的认知系统将导致企业对新知识产生排斥（Huang et al.，2018），而创造性产品的开发往往需要企业突破原有的开发方式和惯性思维，运用新知识形成突破性的创意和想法（Cui and Wu，2016）。因此，传统的知识和组织惯例会阻碍企业产品创造性的提升。作为组织变革的一种重要方式和实现手段，组织忘却通过突破现有的组织认知结构来打破锁定状态，减轻企业原有的思维束缚（Duan et al.，2023）。已有研究也表明，组织忘却不仅是帮助企业摆脱传统、过时知识束缚的一种有效手段，还能为新知识的进入奠定良好的基础（Wei et al.，2023）。因此，企业实施忘却行为能有效摆脱传统知识对新产品开发的束缚，为新知识在新产品开发过程中的应用创造良好的条件，进而促进新产品创造性的提升。

第二，组织忘却通过提高企业的开放性和灵活性提升所开发产品的创造性。作为产品创造性的两个重要维度，有意义性和新颖性得到了学者们的广泛认同（Kim et al.，2013；Moorman，1995；Nakata et al.，2018；Tsai et al.，2011）。要想使自身所开发的产品既让目标客户觉得合适且适用，又能很好地与竞争对手的产品区分开来，企业需要对外部市场保持较高的敏感度，一方面要根据顾客偏好有针对性地进行产品设计，另一方面要密切关注竞争对手的产品开发以保证自身产品的差异性。已有研究也证实，创造性产品的开发需要企业在新产品开发过程中保持较高的开放性和灵活性，从而使开发人员能更好地接纳和理解不同的观点，并以新的视角来看待现有的知识，确保企业能有效整合新颖的见解，进而生产出更具创造性的产品（Cui and Wu，2016）。通过摒弃过时的知识和观念，打破传统组织惯例的束缚，组织忘却能提升企业的开放性以更好地接纳外部新知识。Zhao 和 Wang（2020）的研究也证实了组织忘却在提升企业灵活性中扮演着重要角色。此外，通过实施忘却行为对原有的新产品开发惯例和程序进行调整或变革，有助于企业从更广泛的视角分析产品市场的发展趋势，进而克服新产品开发过程中的认知短视问题。对新产品开发模式进行重新定义，也有助于产品创造性的提升（Klammer et al.，2023）。

第三，组织忘却能有效激发企业内部的创新活力，进而促进新产品创造性的提升。新产品创造性的提升要求企业从不同的角度对新产品开发进行思考（Nakata et al.，2018）。因此，新产品创造性提升的关键在于企业能突破传统思维方式的束缚，从更新的视角就如何提高产品的有意义性和新颖性进行反思（Zhao et al.，2014）。作为组织变革的一种重要方式，组织忘却行为的实施旨在传递一种鼓励冒险的信号（Klammer et al.，2019），这将激励企业的新产品开发团队对现有的产品开发流程和相关实践提出质疑，同时形成新的产品开发方案。已有研究也表明，技术的飞速发展和客户需求的不断变化往往会使企业的专业知识变得不再适用（Zhao et al.，2013），从而导致企业在开发高创造性的产品时，所面临的最大挑战是获得新颖性的想法或见解（Gao et al.，2015）。企业要想开发具有创造性的产品就需要打破传统的思维定势和认知结构，提出多种新产品概念并找到新颖的解决方案。

尽管知识整合和组织忘却都能促进企业新产品创造性的提升，但二者的影响效果存在差异。创造性产品的开发往往会挑战企业原有的产品开发流程，甚至使其变得不再适用（Akgün et al.，2008）。为了保证企业能成功地开发更具创造性的产品，企业有必要通过实施忘却行为对传统的产品开发流程进行调整或重建。此外，不同于新产品开发速度，新产品创造性更多的是强调企业所开发产品的新颖性和有用性（Kim et al.，2013；Moorman，1995），这便要求企业尽可能地摆脱旧知识、经验和思维方式的束缚，从更新的视角对产品进行构思和设计，以尽可能地使所开发产品与同类产品相比有差异且新颖。此外，通过摒弃过时或不再适用的知识，企业能更好地接纳新的知识和观念（Zhao et al.，2013），从而开发满足用户需求的产品。虽然知识整合有助于企业获得外部的相关信息以及新的知识，能为产品创造性的提升提供一定的资源保障，但值得注意的是，这会提高企业利用熟悉技术、知识的能力,这类能力越强,企业使用知识整合的经验就越丰富,类似的经验和能力之间的相互反馈会增加知识整合落入"熟悉陷阱"的可能性(Tsai et al.,2015)。"熟悉陷阱"更多的是强调企业对现有知识的利用,会阻碍企业将新的知识运用到新产品开发过程中,从而减少企业投入新知识的数量,降低新产品的创造性(苏中锋、李嘉,2014)。创造性产品的开发需要企业拓展活动领域,引入更多更具创新性的知识。因此,随着知识整合越来越频繁,新产品开发团队会更多地关注熟悉的领域和技术,从而使得知识整合对于新产品创造性的提升作用不如组织忘却。此外,开发创造性的新产品通常具有较高的风险和不确定性(Story et al.,2015),即便通过对外部市场相关知识进行整合获得了关于当前市场趋势的信息,也很难确保创造性产品开发成功。而通过实施忘却行为提升企业战略的灵活性,在提高企业对外部环境变化的适应性的同时,能为创造性产品的开发配置合适的资源(Lyu et al.,2020;Wang et al.,2019b;Zhao and Wang,2020),从而能提升创造性产品开发成功的概率。因此,本书认为组织忘却对提升新产品创造性的作用强于知识整合。

综合上述分析,本书提出如下假设。

假设 6a(H6a):知识整合正向影响新产品创造性。

假设 6b(H6b):组织忘却正向影响新产品创造性,但相比知识整合的作用要强。

综上,组织学习行为与新产品开发绩效间的关系如图 3-7 所示。

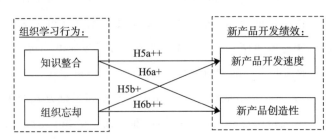

图 3-7 组织学习行为与新产品开发绩效间的关系

注:"++"代表的正向作用比"+"要强。

四　组织学习的中介作用

资源基础观认为战略导向作为企业战略形成的关键要素，是企业发展过程中的一种重要而复杂的资源（Gatignon and Xuereb，1997；Hunt and Morgan，1995）。其所具备的稀缺性、不可模仿性、价值性和不可替代性使其在增强企业竞争优势、提升企业创新绩效等方面扮演着重要角色（Hult and Ketchen，2001）。然而，资源基础观主要是以组织内部资源为出发点，分析它们对企业行为或结果的影响，缺乏对资源如何转化为竞争优势或组织绩效的探讨（Chirico et al.，2011；张璐等，2019）。"资源—绩效"转化过程中组织行为要素的缺失，使得资源基础观陷入"黑箱"之中（Klammer et al.，2023）。相关研究也指出，战略导向更多地体现为企业的一种潜在资源，其价值的实现往往依赖于具体的组织行为（Slater and Narver，1995）。组织学习理论强调，组织学习是企业对创新资源（如知识）进行获取、整合并重新创造的重要途径（Sinkula，1994），能促进资源到创新产出（如新产品开发）的转化（Chuang et al.，2015；Li et al.，2017）。此外，在知识经济时代背景下，企业的新产品开发也表现为知识综合运用的结果（Akgün et al.，2008）。相关研究也证实了，在新产品开发过程中，企业必须将知识的识别、整合、运用、忘却作为核心环节（Akgün et al.，2007a；Chuang et al.，2015），而这些环节离不开组织学习作用的发挥。作为一种具体的战略行为，企业在新产品开发过程中选择何种学习行为需要结合自身的战略导向进行考虑（刘新梅等，2013），以更好地促进新产品开发绩效的提升。因此，考虑到资源基础观在解释战略导向与新产品开发绩效关系方面的不足，本书通过引入组织学习理论来弥补相关缺陷。整合资源基础观和组织学习理论可以看出，企业的战略导向通过影响企业的学习行为，进而作用于新产品开发绩效。根据上述逻辑推导以及上文关于战略导向与组织学习以及组织学习与新产品开发绩效间关系的分析，本书认为组织学习能作为联结战略导向与新产品开发绩效的"桥梁"。

需要指出的是，本书通过对比假设认为，与知识整合相比，组织忘却对提升新产品创造性的作用更强，而对加快新产品开发速度的作用更弱。

因此，战略导向通过知识整合和组织忘却作用于企业的新产品开发绩效时会有不同的路径选择：战略导向更多的是通过知识整合影响企业的新产品开发速度，而通过组织忘却影响企业的新产品创造性。接下来，本书将具体分析两种不同的学习行为在市场导向和技术导向与新产品开发速度和新产品创造性之间的关系中的中介作用。

（一）组织学习在市场导向与新产品开发绩效关系中的中介作用

市场导向的本质是以顾客为中心，认为企业应将为顾客创造卓越的价值视为其创建和维持竞争优势的重要手段（Narver and Slater，1990；刘新梅等，2013）。在这一原则的指导下，企业会密切关注目标市场上的顾客和竞争者态势。通过对市场动态的高度关注，企业能形成良好的学习能力来整合内外部知识，并对过时的知识进行有效管理（Boso et al.，2013；Liu et al.，2011），从而促进新产品开发绩效的提升。前文已经分析了市场导向对知识整合和组织忘却的影响，以及这两种学习行为在提升新产品开发绩效过程中所扮演的差异化角色。本书认为知识整合能中介市场导向与新产品开发速度之间的关系，而组织忘却能中介市场导向与新产品创造性之间的关系。

一方面，坚持市场导向的企业对外部市场的密切关注，使得企业能及时获取市场中与顾客和竞争者相关的知识，从而能有效拓展企业原有的知识库，为企业整合外部知识提供良好的保障（蒋天颖等，2013）。Liu 等（2011）的研究也证实了市场导向能促进企业形成良好学习能力，进而有助于企业更好地积累和整合外部知识。此外，坚持市场导向的企业通常对市场信息有较为全面的把握，对顾客及竞争者的了解程度也相对较高（Noble et al.，2002）。在此基础上，企业能更为便捷地将原有知识与所掌握的最新的市场知识进行比对，从而摒弃那些过时的或与当前新产品开发项目不相匹配的知识。通过对内外部知识进行有效整合以及对过时的知识进行管理，企业能加深对新知识和新观念的理解或挖掘已有知识的新用途并降低过时知识的影响，从而能促进新产品开发速度和新产品创造性的提升。

另一方面，市场导向致力于满足目标市场上顾客的需求（Slater and Narver，1995），在该价值主张下，企业会在内部营造一种有利于创新的氛围，从而强化企业的创新能力（蒋天颖等，2013）。创新能力的增强，使得企业能更好地挖掘已有知识的新用途，提升内部知识整合的效果，进而提升新产品开发的速度和创造性。企业内各部门间的有效协调能提升员工在新产品开发过程中的凝聚力（Homburg and Pflesser，2000），促进成员间的知识共享，降低内部知识整合的难度和成本。已有相关研究也表明，内部知识的整合在提升企业新产品开发绩效中扮演着重要角色（Cui and Wu，2016；Eslami et al.，2018）。此外，为了保证在新产品开发过程中能根据市场需求及时进行资源调配，企业应保持较高的灵活性（Wang et al.，2018）。组织忘却行为的实施能抑制核心刚性对企业的负面影响，增强企业对动荡环境的适应性，提高企业的灵活性（Lyu et al.，2020），进而为新产品开发速度和创造性的提升创造良好条件。由此可见，市场导向通过组织忘却也能有效提升新产品开发速度和创造性（Akgün et al.，2007b；Huang et al.，2018）。

从形成学习能力和强化创新能力等作用出发，本书认为市场导向能促进企业对外部知识进行整合以及开展忘却行为以摒弃过时的知识，从而提升新产品的开发速度和创造性。上文已经假设了知识整合对新产品开发速度的作用更大，而组织忘却对新产品创造性的作用更大，由此可推断，市场导向更有可能通过知识整合来加快新产品开发速度，通过组织忘却来促进产品创造性的提升。基于此，本书提出如下假设。

假设 7a（H7a）：知识整合中介市场导向与新产品开发速度之间的关系。

假设 7b（H7b）：组织忘却中介市场导向与新产品创造性之间的关系。

（二）组织学习在技术导向与新产品开发绩效关系中的中介作用

不同于市场导向的"市场拉动"，技术导向主要强调"技术推动"。对研发和创新的高度重视（Zhou et al.，2005b），使得坚持技术导向的企业在新产品开发过程中有更强的动机去整合新的技术知识（Wang et al.，2018），从而促进新产品开发速度和创造性的提升。此外，技术导向型企业也会在其内部营造一种有利于创新的氛围（Sainio et al.，2012），鼓励员工实施忘却行为以打破现状，摆脱传统知识的束缚，探索新的工作思路和方法。对创新的鼓励和对风险的高容忍度，使得技术导向型企业在新产品开发过程中勇于尝试新的开发工具和流程，进而能促进新产品开发绩效的提升（Morgan et al.，2019a）。结合前文的推导，技术导向能促使企业进行知识整合和实施组织忘却行为，而知识整合和组织忘却又对新产品开发速度和创造性具有差异化的影响，因此，本书认为知识整合中介技术导向与新产品开发速度之间的关系，而组织忘却中介技术导向与新产品创造性之间的关系，具体体现在如下两方面。

一方面，技术导向型企业在新产品开发过程中致力于创造并主动整合新的技术知识（Zhou et al.，2005b），而新技术知识的运用能改进企业原有的产品开发流程，创造性地解决新产品开发过程中所面临的问题（Wu et al.，2020），从而加快新产品开发速度和增强新产品的创造性。技术导向型企业在技术上的较高的熟练度和灵活性还能增强企业的应变能力（俞明传、顾琴轩，2014），使得企业在新产品开发过程中能改进现有的技术并根据市场环境的变化及时调整已有的产品开发方式和策略，以保证所生产的产品能更快上市，进而缩短新产品开发周期。此外，技术导向型企业对研发的高度重视，要求企业对所拥有的技术知识进行及时更新。忘却那些过时的技术知识，能为新技术知识的进入创造良好的条件（Lyu et al.，2020），而具有较高新颖性的技术知识是开发具有较高创造性产品的重要保障（苏中锋、李嘉，2014）。

另一方面，技术导向型企业会向外界传递一种重视研发的积极信号，有助于增强企业的外部合法性，从而能提升与其他组织建立紧密合作关系的可能性（彭伟等，2017）。在合作过程中，企业能有更多的机会整合与合作伙伴交换和共享的知识。多样、互补的知识使得企业在新产品开发过程中能更为全面地对新产品开发的相关问题进行反思，减少错误发生的可能性，从而加快新产品开发的速度。在对外部知识进行整合的过程中，内外部知识的碰撞也能使企业新产品开发团队产生更多有创意的想法（Cui and Wu，2016）。作为新产品开发的起点，有价值的、新颖的创新想法对于提升所开发产品的创造性意义重大（Zhu et al.，2019）。此外，技术导向型企业在建立新的知识基础之前，有必要通过实施忘却行为促进内部过时或与当前发展不相适应的知识流出，从而使新技术知识在提升新产品开发速度和创造性中的作用得到最大程度的发挥；否则，陈旧的知识和观念将阻碍技术导向对企业新产品开发绩效的提升作用。技术导向型企业重视研发以及愿意为创新投入资源并承担风险（Jeong et al.，2006），能促进创新氛围在组织内形成，从而使员工发挥主观能动性，促使其对企业内不合适的知识、惯例等提出质疑，进而促进组织忘却行为在企业内实施。通过摒弃过时的产品开发观念和知识，企业能实现新产品开发与当前新知识的有效匹配，进而促进新产品开发速度和新产品创造性的提升。

上文已经假设了知识整合对新产品开发速度的作用更大，而组织忘却对新产品创造性的作用更大，由此可推断，技术导向更有可能通过知识整合来加快新产品开发速度，通过组织忘却来促进新产品创造性的提升。基于此，本书提出如下假设。

假设 8a（H8a）：知识整合中介技术导向与新产品开发速度之间的关系。

假设 8b（H8b）：组织忘却中介技术导向与新产品创造性之间的关系。

综上，战略导向、组织学习行为与新产品开发绩效间的关系如图 3-8 所示。

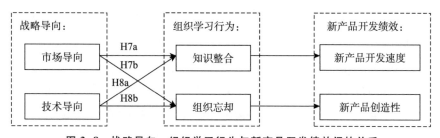

图 3-8 战略导向、组织学习行为与新产品开发绩效间的关系

五 环境动荡性的调节作用

任何企业的生产经营活动都嵌于特定的外部环境中，其决策制定及行为结果不可避免地会受到外部环境的影响。作为外部环境的主要特征之一，环境动荡性受到越来越多学者的关注（Akgün et al.，2007a；Hung and Chou，2013；Li et al.，2017）。在已有相关研究中，环境动荡性也被认为是组织与战略管理领域应用最为广泛的情境要素之一（Jaworski and Kohli，1993；Tsai and Yang，2014；Wu，2023）。目前中国正处于经济转型时期，动荡的外部环境几乎成为企业所面临的一种常态。所以，在分析战略导向影响新产品开发绩效的作用路径时，不能忽视环境动荡性可能产生的调节效应。战略匹配理论也强调，企业的战略制定应与内外部要素（如资源、能力、环境等）相匹配或协调（Daft et al.，1988；Riikkinen and Pihlajamaa，2022）。在第二章的文献综述部分，本书将环境动荡性具体划分为技术环境动荡性和市场环境动荡性两个维度，关于环境动荡性调节效应的分析也将围绕这两方面展开。

技术环境动荡性主要描述的是企业所处行业中技术变化的速度以及不可预测的程度，而市场环境动荡性更多的则是反映顾客需求及其对产品和服务偏好的不确定性程度（Jaworski and Kohli，1993；Turulja and Bajgoric，2019）。当面临重大的环境变化时，那些无法适应环境变化的战略或功能将会失去原有的价值；反之，其价值将会增加（Su et al.，2013）。组织适应性理论也强调，企业应改变或调整自身的战略或行为以更好地应对不断变化的外部环境，从而降低或消除环境动荡给自身带来的不利影响（Stieglitz et al.，2016）。基于上述观点以及技术环境动荡性和市场环境动荡性的差异化作用，本书认为二者能够调节技术导向和市场导向对新产品开发绩效的作用路径。

一方面，在动荡的技术环境下，企业应持续跟踪外部技术的变化并将吸收和利用新的技术知识作为首要任务，而不是开展营销活动（Han et al.，1998）。事实上，在动荡的技术环境下，企业通过开展营销活动的方式来追踪技术变化或吸收和利用新技术的贡献相对有限（Song et al.，2005）。此外，过于关注顾客的需求偏好还会导致企业对产品开发过程中技术和研发的短视，从而不利于新产品开发绩效的提升（Berthon et al.，1999；Frosch，1996）。在技术环境动荡性较高时，坚持市场导向的企业将顾客视为新产品开发资源的主要来源会使企业丧失其在产品市场上的领导地位，从而只能作为跟随者在其他技术领先者后面进行产品开发（Christensen and Bower，1996），最终导致企业的新产品开发速度和创造性受到影响。在高动荡性的技术环境下，前沿科技知识和先进技术不断出现、技术更迭加速，为企业进行新产品开发提供了新的技术视角和机会窗口。技术导向型企业对技术变化的敏感性能使其更好地吸收和利用新出现的技术知识（Sainio et al.，2012），从而能有效地促进新产品开发速度和创造性的提升。Su 等（2013）的研究也强调，动荡的技术环境要求企业通过获取外部技术知识或进行内部技术研发来适应变化的技术环境。在此情境下，企业新产品开发速度和创造性的提升也将更多地依赖于技术导向作用的发挥。Tsai 和 Yang（2014）的研究也强调，在高动荡性的技术环境下，企业创新绩效的提升更多的是源于研发方面的努力而非市场需求的拉动。而在技术环境相对稳定时，企业所面临的技术压力相对较小，已有的技术积累能支持企业的新产品开发。在此情况下，高水平的技术研发反而会占用企业有限的资源以及增加新产品开发成本，进而会抑制新产品开发速度和创造性的提升。基于上述分析，本书认为在技术环境动荡性高的情况下，技术导向对新产品开发速度和创造性的作用会更强，即技术环境动荡性会强化技术导向与新产品开发速度和创造性之间的关系。

另一方面，在动荡的市场环境下，客户需求及其对产品的偏好快速变化。尽管企业可以通过坚持技术导向来进行相关的研发以开发新的产品，但企业的研发并不是一蹴而就的，该过程会耗费一定的时间且伴随着失败的风险（Zhou et al.，2019）。较长的时滞可能会导致产品成功开发并投入市场时，顾客的偏好已经发生了变化（Cheng et al.，2023），由此将导致坚持技术导向的企业在市场动荡性高的环境下可能很难取得预期的新产品开发绩效。Sainio 等（2012）的研究也证实了市场环境动荡性会抑制企业技术导向作用的发挥。通过对顾客和竞争对手进行密切关注并进行跨部门协调，坚持市场导向的企业能在动荡的市场环境下更快地预测变化的顾客偏好、获取竞争对手的最近动态以及形成具有创造性的新产品开发想法（Chuang et al.，2015；Johnson et al.，2017；Su et al.，2013），进而更好地提升新产品开发的速度和创造性。相对于稳定的市场环境，在动荡的市场环境下，市场导向对企业识别和把握不断出现的市场机会更为重要，对提升新产品开发绩效的作用也更明显（郝生宾等，2018）。在动荡的市场环境下，由于顾客需求快速变化，企业更需要发挥市场导向的作用以及时获取市场信息（Manzani and Cegarra，2023），从而提升企业的新产品开发速度和创造性。由此可见，在面对动荡的市场环境时，企业的管理者应重视市场导向作用的发挥，投入更多的精力与相关利益主体进行交流，以获取丰富的市场信息，从而更好地了解不可预测的市场轨迹和快速变化的客户偏好，促进新产品开发速度和创造性的提升（Katsikeas et al.，2016）。已有研究也强调，在动荡的市场环境下开展业务，企业更需要坚持市场导向来进行创新（Acikdilli et al.，2022）。因此，本书认为市场环境动荡性会强化市场导向影响新产品开发速度和创造性的作用路径。

值得注意的是，本书是基于组织适应性理论以及相关观点提出市场环境动荡性主要调节市场导向的作用路径，而技术环境动荡性主要调节技术导向的作用路径；但并未否认技术环境动荡性也有可能会调节市场导向的作用路径，而市场环境动荡性也有可能会调节技术导向的作用路径。事实上，上文也已经从两个方面解释了为什么市场环境动荡性和技术环境动荡性能分别调节市场导向和技术导向的作用路径。外部环境动荡性除了会对战略导向影响新产品开发绩效的直接路径产生影响外，还会对战略导向通过组织学习影响新产品开发绩效的中介路径产生影响。下文将具体探讨技术环境动荡性和市场环境动荡性分别如何影响技术导向和市场导向通过组织学习影响新产品开发绩效的中介效应。

（一）技术环境动荡性的调节效应

在稳定的技术环境中，企业所处行业内的技术虽然也会发生变化，但这种变化往往是可预测和渐进的，企业运用已有的技术知识依然能维持自身的运营和发展（Wilden and Gudergan，2015）。而当技术环境动荡性较高时，由于自身所掌握的技术知识有限，企业难以有效地识别和把握动荡的技术环境所带来的机会（Su et al.，2013）。此外，动荡的技术环境也会导致企业现有的技术知识过时，使得企业需要获取新的技术知识（Hung and Chou，2013）。因此，在动荡的技术环境下，企业有更大的可能通过整合外部技术知识并将其与现有技术知识合并来拓展自身的技术知识库，从而为企业在多个领域内进行技术知识的重组创造条件。相关研究表明，动荡的技术环境要求企业结合多种发明对现有技术知识进行重组（Jin et al.，2022）。此外，通过摒弃过时的技术知识和组织惯例来为企业更好地吸收和学习新的技术知识创造条件，也被证明是企业应对动荡的技术环境的行之有效的手段之一（Zhao et al.，2013）。相反，在稳定的技术环境下，当前及未来的技术发展趋势往往能被准确预测，企业通常不太愿意花费额外的精力去整合外部技术知识或冒较大的风险摒弃内部被证明对当前发展尚且有效的技术知识。技术导向强调对研发的重视和积极开发新的技术（Zhou et al.，2005b），从而能使企业在技术上保持先进性，而动荡的技术环境会给企业原有的技术知识和能力带来一定的挑战（Hung and Chou，2013）。为了维持自身的技术优势，技术导向型企业会更加重视通过知识整合或组织忘却促进新技术的知识积累。由此可见，技术环境动荡性会强化技术导向对组织学习的作用。

一方面，较高的技术能力有助于企业更好地适应动荡的技术环境（Su et al.，2013）。为了增强自身的技术能力，技术导向型企业会投入更多的精力和资源来整合外部技术知识并将其与现有技术知识合并以拓展技术知识库（Wilden and Gudergan，2015），从而为技术能力的提升奠定坚实的基础。技术导向型企业也会通过摒弃过时的技术知识或惯例等来摆脱传统知识的束缚（Becker，2008），从而为新技术知识的进入创造良好的内部条件。在相对稳定的技术环境下，坚持技术导向的企业更多的是根据自身的战略目标进行有针对性的研发，而在响应技术变化方面所面临的压力较小，所以对通过知识整合和组织忘却来实现新技术知识的获取和积累的依赖也相对较小。在动荡性较高的技术环境下，企业要不断积累和更新自身的技术知识来提升技术能力，以更好地适应变化的技术环境和把握动荡的技术环境为企业开发新产品带来的机遇（Su et al.，2013）。受资源限制，企业需要通过获取并整合外部技术知识来进行自我更新（Zhou et al.，2005b），从而跟上外部技术变化的节奏。此外，动荡的技术环境也会导致企业原有的技术知识与当前项目不相适应，为了摆脱传统技术知识或惯例对新产品开发的束缚，企业也需要实施必要的忘却行为（Zhao et al.，2013），从而为新技术知识的进入创造条件。因此，在动荡的技术环境下，技术导向型企业会更多地通过知识整合和组织忘却来提升自身的技术能力，从而提升新产品开发速度和创造性。

另一方面，技术环境的快速变化会影响原有产品市场的格局，给企业的新产品开发带来良好的契机（Zhou et al.，2005b）。在此情境下，企业需要通过整合外部技术知识和摒弃过时的技术知识来获取和创造新的技术知识，从而实现新产品开发速度的提升和新产品创造性的增强。具体而言，在动荡的技术环境下，企业通过对外部技术知识的有效整合以及快速将其应用于新产品开发，可有效降低技术环境变化导致的原有技术过时的不利影响（Hung and Chou，2013）。对外部技术知识进行整合，也有助于企业提升新产品开发绩效，尤其是能够加快新产品的开发速度（徐国军、杨建君，2019）。瞬息万变的技术环境也会导致企业现有的技术知识过时，给企业的技术能力带来了一定的挑战（Jaworski and Kohli，1993；Zhou et al.，2019），而这客观上也为企业开展组织活动以调整和变革原有的技术知识或组织惯例等注入了外部动力。Lyu 等（2020）的研究也强调，动荡的外部环境是企业实施忘却行为的重要驱动因素之一。对与当前变化的技术环境不相适应的技术知识进行调整以减少其可能产生的束缚，能极大地激发员工的创新热情，从而能更好地促进企业的新产品开发，尤其是增强所开发产品的创造性（Cui and Wu，2016；Huang et al.，2018）。由此可见，随着外部技术环境动荡性的增强，技术导向通过知识整合和组织忘却影响新产品开发速度和创造性的作用路径也会被强化。

上文中论述了在新产品开发过程中，企业的技术导向不仅能直接影响企业的新产品开发速度和创造性，还能分别通过知识整合和组织忘却的中介机制来间接影响新产品开发速度和创造性，本书认为这些作用路径会受到外部技术环境动荡性的调节，据此提出如下假设。

假设 9a（H9a）：技术环境动荡性强化技术导向与新产品开发速度间的正向关系。

假设 9b（H9b）：技术环境动荡性强化技术导向与新产品创造性间的正向关系。

假设 9c（H9c）：技术环境动荡性正向调节知识整合在技术导向与新产品开发速度之间的中介效应；相比较低水平的技术环境动荡性，在高水平技术环境动荡性下，知识整合在技术导向与新产品开发速度之间的中介效应更强。

假设 9d（H9d）：技术环境动荡性正向调节组织忘却在技术导向与新产品创造性之间的中介效应；相比较低水平的技术环境动荡性，在高水平技术环境动荡性下，组织忘却在技术导向与新产品创造性之间的中介效应更强。

（二）市场环境动荡性的调节效应

随着经济的发展，消费者的消费观念以及消费偏好等呈现出难以预测和不稳定的特征。在动荡的市场环境下，为了更好地预测未来的市场趋势，进而充分利用市场变化所带来的机会，企业应当发挥市场导向的战略作用。具体而言，通过对顾客、竞争者以及其他市场主体的密切关注以及将所获取的信息在各部门间传递，企业能更好地形成对当前市场环境的系统认识，并在此基础上对未来市场趋势进行有效预测（Slater and Narver，1995）。因此，在动荡的市场环境下，坚持市场导向的企业通过强化与顾客、供应商、竞争者的沟通和互动来获得关于当前市场较为详细的需求信息以及关于市场需求的有效反馈等（Eslami et al.，2018），从而实现对外部市场相关知识的整合。在动荡的市场环境下，拥有丰富市场信息的企业能有效地应对顾客产品偏好的变化（Su et al.，2013）。此外，快速变化的市场环境也会使企业原有的市场信息等过时（Lyu et al.，2020），为了提升对变化的市场环境的适应性，坚持市场导向的企业需要通过开展忘却行为来摆脱过时知识对当前发展所产生的束缚（Zhao et al.，2013），从而增强对动荡市场环境的适应性（Hung and Chou，2013）。市场环境越动荡，企业越需要通过实施组织忘却行为来摒弃旧的知识和经验，从而更新已有的知识体系，摆脱核心刚性的束缚（Wang and Li，2023）。而当市场环境相对稳定时，原有的市场知识和能力基本能满足企业相关决策的需要，在此情形下，市场导向型企业通常不太愿意花费精力对内外部知识进行整合以及承担实施组织忘却行为的风险。由此可见，市场动荡性越高，企业越需要坚持市场导向，并通过密切关注市场变化及时做出反应（进行知识整合或组织忘却），以拓展自身的市场知识，进而促进新产品开发绩效的提升。

此外，在动荡的市场环境下，顾客对某一产品的偏好持续时间较短，竞争对手也更具侵略性，这些都使得产品生命周期缩短（Hung and Chou，2013）。在此情境下，企业及时开发新产品并将其快速推向市场就显得尤为重要（Wu et al.，2020）。在加快新产品开发过程中，知识整合扮演着重要角色。市场导向型企业通过对市场相关主体的密切关注以及整合与之相关的知识，有针对性地进行产品功能的设计，从而节省新产品开发的时间（孔凡柱，2014；徐国军、杨建君，2019）。由此可见，在动荡的市场环境下，知识整合对于加快新产品开发速度的作用更大。在动荡性较高的市场环境中，顾客也倾向于不断寻求更具创造性的产品（Cunha et al.，2014），此时企业需要进行产品创新以满足新的市场需求。动荡的市场环境会导致企业的相关知识过时（Zhou et al.，2019），为了降低过时知识对开发更具创造性产品的制约，同时也为了确保新知识的流入，企业会实施忘却行为，对现有的知识等进行调整和变革（Yang et al.，2014）。相反，在相对稳定的市场环境下，顾客的产品偏好变化相对较小，企业无须对其所开发的产品进行过多调整（Zhou et al.，2005b），从而使得知识整合和组织忘却对提升新产品开发速度和增强新产品创造性的作用不如在动荡的市场环境下明显。由此可见，随着外部市场环境动荡性的增强，市场导向通过知识整合和组织忘却影响新产品开发速度和创造性的作用路径也会被强化。

上文中论述了在新产品开发过程中，企业的市场导向不仅能直接影响企业的新产品开发速度和创造性，还能分别通过知识整合和组织忘却的中介机制来间接影响新产品开发速度和创造性，本书认为这些作用路径会受到外部市场环境动荡性的调节，据此提出如下假设。

假设 10a（H10a）：市场环境动荡性强化市场导向与新产品开发速度间的正向关系。

假设 10b（H10b）：市场环境动荡性强化市场导向与新产品创造性间的正向关系。

假设 10c（H10c）：市场环境动荡性正向调节知识整合在市场导向与新产品开发速度之间的中介效应；相比较低水平的市场环境动荡性，在高水平市场环境动荡性下，知识整合在市场导向与新产品开发速度之间的中介效应更强。

假设10d（H10d）：市场环境动荡性正向调节组织忘却在市场导向与新产品创造性之间的中介效应；相比较低水平的市场环境动荡性，在高水平市场环境动荡性下，组织忘却在市场导向与新产品创造性之间的中介效应更强。

环境动荡性对战略导向影响新产品开发绩效中介路径的调节效应如图3-9所示。

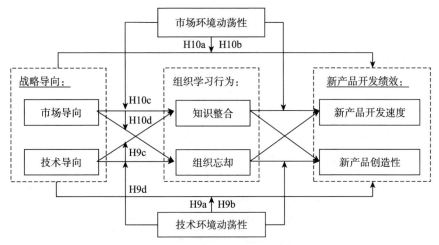

图3-9 环境动荡性的调节效应

结合上述假设推导，本书的整体假设框架如图3-10所示。

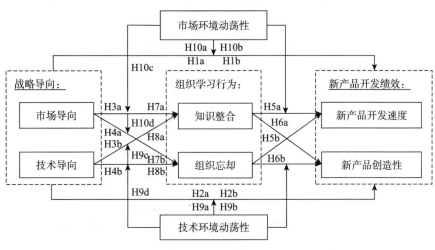

图3-10 整体假设框架

第四节　本章小结

本章首先对研究模型所涉及的核心概念进行界定，然后基于资源基础观、组织学习理论、战略匹配理论等，结合已有的相关研究，通过文献梳理推理出了本书的 24 个假设。本书全部假设及其内容如表 3-1 所示。

表 3-1　本书提出的研究假设汇总

效应	假设	假设内容
直接效应	H1a	市场导向正向影响企业的新产品开发速度
	H1b	技术导向正向影响企业的新产品开发速度，但相比市场导向的作用要弱
	H2a	市场导向正向影响企业的新产品创造性
	H2b	技术导向正向影响企业的新产品创造性，但相比市场导向的作用要强
	H3a	市场导向正向影响知识整合
	H3b	技术导向正向影响知识整合，但相比市场导向的作用要弱
	H4a	市场导向正向影响组织忘却
	H4b	技术导向正向影响组织忘却，但相比市场导向的作用要强
	H5a	知识整合正向影响新产品开发速度
	H5b	组织忘却正向影响新产品开发速度，但相比知识整合的作用要弱
	H6a	知识整合正向影响新产品创造性
	H6b	组织忘却正向影响新产品创造性，但相比知识整合的作用要强
中介效应	H7a	知识整合中介市场导向与新产品开发速度之间的关系
	H7b	组织忘却中介市场导向与新产品创造性之间的关系
	H8a	知识整合中介技术导向与新产品开发速度之间的关系
	H8b	组织忘却中介技术导向与新产品创造性之间的关系
调节效应	H9a	技术环境动荡性强化技术导向与新产品开发速度间的正向关系
	H9b	技术环境动荡性强化技术导向与新产品创造性间的正向关系
	H10a	市场环境动荡性强化市场导向与新产品开发速度间的正向关系
	H10b	市场环境动荡性强化市场导向与新产品创造性间的正向关系
被调节的中介效应	H9c	技术环境动荡性正向调节知识整合在技术导向与新产品开发速度之间的中介效应；相比较低水平的技术环境动荡性，在高水平技术环境动荡性下，知识整合在技术导向与新产品开发速度之间的中介效应更强

续表

效应	假设	假设内容
被调节的 中介效应	H9d	技术环境动荡性正向调节组织忘却在技术导向与新产品创造性之间的中介效应；相比较低水平的技术环境动荡性，在高水平技术环境动荡性下，组织忘却在技术导向与新产品创造性之间的中介效应更强
	H10c	市场环境动荡性正向调节知识整合在市场导向与新产品开发速度之间的中介效应；相比较低水平的市场环境动荡性，在高水平市场环境动荡性下，知识整合在市场导向与新产品开发速度之间的中介效应更强
	H10d	市场环境动荡性正向调节组织忘却在市场导向与新产品创造性之间的中介效应；相比较低水平的市场环境动荡性，在高水平市场环境动荡性下，组织忘却在市场导向与新产品创造性之间的中介效应更强

第四章　中国制造业企业战略导向与新产品开发绩效的研究设计

第一节　数据收集

一　调研背景

企业在创新过程中学习的作用机制是什么？不同的学习方式对企业技术突破有何影响？这两个问题是企业在开放式创新过程中亟待解决的问题。为此，本书对上述相关问题进行研究。根据实证研究的需要，对我国境内的制造业企业进行了抽样调查，了解我国企业的创新状况，从而为本书研究提供实证支撑。

本书重点关注企业在日常经营过程中所坚持的战略导向（市场导向、技术导向）如何通过组织学习（知识整合、组织忘却）影响新产品开发绩效（新产品开发速度、新产品创造性），同时还考虑外部环境动荡性（市场环境动荡性、技术环境动荡性）对上述关系的调节作用。

二　问卷设计

本书拟解决的问题主要聚焦于企业层面，由于其中所涉及的相关变量难以通过公开披露的资料获得，所以采用问卷调查的方式来获取研究所需要的样本数据。本书的问卷设计主要围绕企业在近三年的新产品开发过程中，如何根据自身的战略导向选择恰当的学习行为以实现预期的新产品开发绩效展开。根据国内外知名期刊上已使用的成熟量表，并综合相关研究领域内知名学者和专家的意见，设计调查问卷，用来收集数据以检验本书所提出的相关假设。问卷设计的具体过程及设计方法如下。

（一）通过文献检索搜寻与研究变量相关的测量题项

在确定要研究的问题后，通过文献研究的方法分析与企业战略导向、组织学习、新产品开发绩效以及环境动荡性相关的文献，归纳总结上述文献中关于这些变量的具体测量题项，重点选择那些高水平期刊上的成熟题项作为本书研究的测量题项。在中英文题项转换过程中，采用双向翻译的方法以确保题项的中文译文能准确无误地表达原题项的意思，同时在最大程度上确保题项的设计符合中文情境。

（二）根据研究内容和中国的具体情境对相关题项进行调整和修改

基于本书研究的概念模型和研究假设，对题项进行调整和修改，以确保所使用的题项能正确反映具体变量，从而最大限度地提高表述的准确性和测量的完整性。量表编制完成之后，在由导师及其邀请的该领域的知名学者组成的专题会议上就测量题项所表达的内容进行讨论。根据讨论的结果对题项的措辞和结构进行调整，对部分变量测量题项的数量也进行了增减，确保测量题项在准确反映具体变量的同时符合中国情境。

（三）通过访谈和小样本预调研，进一步完善调查问卷

为了尽可能避免由于调查问卷的语言表达模糊和专业术语难以理解，而受访者在进行问卷填答时出现理解偏差，最终影响调查问卷的效度，本书采用访谈和小样本预调研的方式，进一步对调查问卷进行完善。具体而言，邀请当地 10 家符合受访要求的企业的高管就问卷内容的合理性、语言表达的可理解性以及问卷结构的可接受性等进行评价，根据他们的反馈对调查问卷再次进行调整和完善。将完善后的调查问卷发送给当地 20 家符合受访要求且愿意接受预调研的企业，每份问卷由每个企业的两名高管进行填答。预调研完成之后，对回收的小样本数据进行探索性因子分析和效度分析，根据分析结果对调查问卷中的相关题项做进一步调整，最终确定本书收集数据的调查问卷。

（四）主要采用定量的封闭式问题和 A、B 卷的形式

问卷采用封闭式问题，后期在对回收的数据进行处理时能更方便地进行编码，同时在调查过程中也能提高受访者的填答效率。在问卷设计过程

中，为了尽可能降低由同一受访者完成所有的问题而导致的同源偏差，本书所使用的调查问卷采用了 A、B 卷的形式。每套问卷的 A、B 卷分别由同一家企业的两名高管进行填答。其中，A 卷的调研内容包括：被调研人员和企业的基本信息、企业战略导向状况、组织学习状况等。B 卷的调研内容包括：被调研人员的基本信息、新产品开发结果、企业所处行业的市场环境和技术环境的动荡性等。问卷采用国际通用的李克特 7 点量表来测度本书所涉及的变量。问卷要求被调研对象按 "1~7" 的数字来标示题项所描述的情况与本企业实际情况的契合度，其中 "1" 表示完全不同意，"7" 表示完全同意。

（五）说明调研目的并采取匿名填写方式，以降低社会称许性影响

问卷调查的基本原理在于根据企业核心成员对所属企业的整体感知形成一份完整的调查报告，这种测量方式会使得被调查对象受到社会称许性的影响，如为了维护自尊或给人留下好的印象等，被调查对象会以社会认可的方式对测量题项进行评价，最终导致受访者的填答结果与实际情况存在较大偏差。为了有效避免这种不利影响，本书的调查问卷在卷首页详细说明了调研数据用于科学研究而非商业，并郑重承诺对所调研的数据进行保密，如有必要，可将分析结果反馈给被调查企业。此外，为了降低社会称许性影响导致的偏差，在调查时采取匿名填写的方式，并承诺所填写的答案无对错之分。

三 样本选择

本次调研的企业主要有国有企业、民营企业、外资企业等。调研的行业集中在制造业，包括建筑、汽车制造、航天、能源化工、电子和电工、机械机电、医药卫生、信息技术、轻工、服装、环保等行业。选择这些行业的企业作为调研对象主要是基于如下两方面的原因：一方面，知识密集是这些行业的典型特征，这些行业的企业的日常经营活动常常伴有学习行为的发生；另一方面，在知识化浪潮席卷全球的大背景下，这些行业内的企业为了维持自身的生存与发展都开展了不同程度的创新活动。

四　数据收集过程

大规模数据调研的时间集中在 2015 年 6 月到 2016 年 2 月，调研人员为笔者及本校其他 9 位博士和硕士研究生。为了使调研数据更具有代表性，尽量使调研范围覆盖国内多数地区。被调研对象主要是企业的高层管理者，包括大股东、董事长、总经理、高层管理人员以及核心业务部门的经理。在调研过程中，要求被调研者在本单位的工作年限为 3 年以上，保证其对公司的情况有充分的了解。调研方式主要包括上门面访、寄信、发送电子邮件等。

（一）上门面访

在上门面访之前，调研人员首先会与被访企业联系，在征得对方负责人同意后，在约定的时间内携带调查问卷及其他辅助材料上门面访。在开始调研之前，调研人员会向受访者解释调研的主要目的并承诺对所调研的数据保密。同时，还会告知受访者调研的方式及相关注意事项，如果对方需要，可将最终调查研究的结果与其分享，从而鼓励受访者积极参与调查问卷的填答。调研结束后，当场收回调查问卷。需要说明的是，除了在调研前告知受访者调研的方式以及注意事项外，调研人员不再参与受访者具体的填答过程。该调研方式是此次数据收集的主要方式，初期计划通过该方式发放 300 份问卷。然而，由于部分受访者中途放弃、调研前期临时变更工作安排、约定的时间内因为其他工作未能参与调研等，最终上门面访所收集的问卷为 238 份。

（二）寄信

寄信方式主要指通过邮寄信函，将打印好的问卷寄给对方填写。寄信之前先与有关企业联系好，告知其调研的目的与方式，待对方认可后再将问卷寄出。将答题的要求及注意事项印成书面材料，也一并寄去。对方也尽可能在规定的时间内将填好的问卷寄回。此次数据收集共邮寄纸质问卷130 份，由于部分企业放弃参与、提供的邮寄地址有误以及其他原因，最终收回的邮寄问卷共 72 份。

（三）发送电子邮件

该调研方式先确定相关愿意参与调研且同意通过电子邮件进行问卷填

答的企业，与对方联系并说明调研意图和调研内容后，再将完整问卷以及填写方式和注意事项等电子版文件打包后一并发给他们，然后对方将填好的电子版问卷返还。同时，我们也会承诺与调研企业共享调研数据与结果。通过电子邮件共发放了 100 份问卷，由于受访者所提供的邮箱有误以及未能在规定的时间内回复邮件，最终收回的问卷共计 68 份。

回收完问卷后，对其进行整理，对来自同一家企业的 A、B 卷进行编号归类。接着，对问卷进行筛选，对于数据不全或者不诚实作答的问卷，予以剔除。剔除的主要标准是：剔除空白题项达到总问题 1/4 及以上的问卷；剔除"相同或连续答案题项"（例如：7、7、7、7、7……；1、2、3、4、5……）达到总问题 1/4 及以上的问卷。在对问卷进行整理编号后，按照预先设计的数据结构进行数据录入以建立研究数据库。为保证数据录入的准确性，采取分组录入的方式并交叉核对，确保数据库真实反映问卷填写内容。为了验证问卷中的问题是否具有区分度，对录入的问卷数据结果进行了分析，检验结果表明，各变量间具有较高的区分度。按照上述标准进行筛选，课题组相关的人员将合格的问卷统一录入电脑形成最终数据库。

五　样本特征

在调研人员的努力以及被访者的积极配合下，此次调研历时 8 个月，共发放问卷 530 份，其中纸质问卷 430 份，电子问卷 100 份。成功回收 378 份，其中纸质问卷 310 份，电子问卷 68 份，回收率为 71.321%。根据相关原则，剔除无效问卷后，最后得到有效问卷 254 份。有效样本企业所有制类型分布如表 4-1 所示，在本书中企业所有制类型被分为国有（国有控股）、民营（民营控股）、外资（外资控股）和其他（如合资企业等）。其中，民营企业数量最多，共计 104 家，占比 40.945%。

表 4-1 样本企业所有制类型

单位：家，%

企业所有制类型	企业数量	占企业总量的百分比
民营	104	40.945
国有	65	25.591
外资	16	6.299
其他	69	27.165
总计	254	100.000

有效样本企业的员工数量分布如表 4-2 所示，其中员工人数为 101~500 人的企业数量最多，共计 95 家，占比 37.402%。其次是员工人数少于等于 100 人的企业，共计 60 家，占比 23.622%。有效样本企业涉及大、中、小不同规模的企业，分布较为合理。

表 4-2 样本企业员工数量

员工数量（人）	企业数量（家）	占企业总量的百分比（%）
≤100	60	23.622
101~500	95	37.402
501~1500	48	18.898
1501~5000	23	9.055
≥5001	20	7.874
缺失	8	3.149
总计	254	100.000

有效样本企业所在地区分布如表 4-3 所示，其中东部地区企业数量最多，共计 130 家，占比 51.181%。其次是西部地区，共计 97 家，占比 38.189%。最少的为中部地区，共计 24 家，占比 9.449%。从具体省份来看，陕西省数量最多，共有 82 家，占比 32.283%。其次是江苏省，共计 32 家，占比 12.598%。总体来看，本次调研的样本企业分布较广，具有一定的代表性。

表 4-3　样本企业所在地区分布

单位：家，%

区域	企业数量（占比）	省份	企业数量	占企业总量的百分比
东部	130（51.181）	江苏	32	12.598
		河北	16	6.299
		广东	15	5.906
		福建	13	5.118
		山东	11	4.331
		浙江	13	5.118
		上海	10	3.937
		北京	8	3.150
		天津	6	2.362
		辽宁	6	2.362
中部	24（9.449）	安徽	14	5.512
		河南	5	1.969
		湖南	3	1.181
		江西	2	0.787
西部	97（38.189）	陕西	82	32.283
		四川	9	3.543
		新疆	2	0.787
		贵州	2	0.787
		重庆	2	0.787
缺失	3（1.181）		3	1.181
总计	254（100.000）		254	100.000

　　有效样本企业的行业分布如表 4-4 所示，其中分布在机械机电行业的企业数量最多，共计 54 家，占比 21.260%。其次为分布在能源化工行业的企业，共计 39 家，占比 15.354%。接着是分布在电子和电工行业的企业，共计 25 家，占比 9.843%。其他企业还分布在航天、信息技术、医药卫生等行业。

表 4-4　样本企业行业分布

单位：家，%

行业分布	企业数量	占企业总量的百分比
建筑行业	19	7.480
汽车制造行业	23	9.055
航天行业	12	4.724
能源化工行业	39	15.354
电子和电工行业	25	9.843
机械机电行业	54	21.260
医药卫生行业	13	5.118
信息技术行业	18	7.087
轻工行业	14	5.512
服装行业	11	4.331
环保行业	15	5.906
其他	11	4.331
总计	254	100.000

　　有效样本企业的成立年限分布如表 4-5 所示，分布相对较为均匀。其中，成立年限在 11~20 年的企业数量最多，共计 94 家，占比 37.008%。其次为成立年限在 20 年以上的企业，共计 58 家，占比 22.835%。不算统计缺失的企业数，成立年限在 4 年以内的企业数量最少，共计 20 家，占比 7.874%。

表 4-5　样本企业成立年限

成立年限（年）	企业数量（家）	占企业总量的百分比（%）
≤3	20	7.874
4~6	22	8.661
7~10	53	20.866
11~20	94	37.008
≥21	58	22.835
缺失	7	2.756
总计	254	100.000

六 样本可靠性检验

(一) 合并有效性

此次调研采取问卷调查的方式进行数据收集，主要运用了上门面访、寄信以及发送电子邮件三种方式。由于选择渠道和媒介的不同，三种方式所收集的数据在一定程度上可能存在差异。因此，为了检验数据的合并有效性，本书采取方差分析的方法来验证通过不同方式所获得的数据是否存在显著差异。具体而言，对不同途径获取的企业规模、所有制类型、企业年限等相关变量数据进行方差齐性检验，检验结果表明，各个变量的方差齐性统计值显著性概率也大于 0.05，F 统计值的显著性概率也都大于 0.05。这意味着，不同渠道或方式收集的数据无显著差异，可以将各个方式收集到的数据合并后进行相关的实证分析。

(二) 未响应偏差

未响应偏差是指，收回问卷的样本与所考察的总体在数据的统计分布上存在差异，从而实际收回问卷的样本无法代替总体样本，最终导致有偏的结果。本书采用 t 检验方法来检验本次调研的数据是否存在未响应偏差。整理样本在企业规模、企业年限、所有制类型等方面的特征信息，通过比较返回样本与未返回样本、前期样本与后期样本来进行评估。t 检验结果表明，返回样本与未返回样本、前期样本与后期样本不存在显著差异，说明本书的未响应偏差对数据结构没有影响，适合进行下一步的数据分析。

第二节 核心变量测量

本书研究的变量包括被解释变量（新产品开发速度和新产品创造性）、解释变量（市场导向和技术导向）、中介变量（知识整合和组织忘却）、调节变量（技术环境动荡性和市场环境动荡性）以及控制变量（企业年限、企业规模、所有制类型、行业类型、区位因素、绩效变化等）。为了提高变量测量的可靠性，本书采取了如下三种方式：第一，为保证测量题项的可靠性与稳定性，在广泛阅读国内外顶级期刊文献的基础上，选择那些使用频率高的题项；第二，使用回译的方法，在确保所研究变量的概念与测量方法同国外期刊相同的情况下，结合中国语境对相关表述进行适当修改和调整，从而使得测量题项能被受访者理解；第三，通过小样本预调研，获取受访者对问卷的内容、题项表述、设计形式等方面的意见，基于他们的反馈对具体的测量题项以及问题的回答方式进行适当修改，以提高变量测量的有效性和可靠性。

一　被解释变量

本书的被解释变量是新产品开发绩效，主要通过新产品开发速度和新产品创造性来反映（Fang，2011；Ganesan et al.，2005；Moorman，1995；Nakata et al.，2018；Syed et al.，2019；Wu et al.，2020）。成功开发新产品是企业在竞争激烈的市场环境中保持竞争优势并实现持续发展的有效手段（Wu，2023），也是实现长期利润的重要环节。面对当前产品生命周期的不断缩短、生产技术的迅猛发展以及顾客对新颖性产品的偏好，加快新产品开发速度和增强新产品创造性成为多数企业的选择。在本书中，新产品开发速度和新产品创造性的测量题项主要参考 Ganesan 等（2005）、Fang（2011）的研究，并根据国内企业的实际情况进行了相应的调整。其中，新产品开发速度主要通过对比新产品项目实际完成时间与预期完成时间以及行业平均完成时间来测量，典型题项包括"本公司的新产品项目提前完成"等。新产品创造性主要通过测量新产品的新颖性和有用性来反映，典型题项包括"本公司的新产品项目新颖程度很高"等。所有题项均采用李克特 7 点量表测量，具体如表 4-6 所示。

表 4-6　新产品开发速度和新产品创造性的测量题项

变量	测量题项	题项来源
新产品开发速度	本公司的新产品项目提前完成	Ganesan 等（2005）、Fang（2011）
	本公司的新产品项目所花费的时间比行业平均时间少	

续表

变量	测量题项	题项来源
新产品开发速度	本公司的新产品项目进展比我们预期要快	Ganesan 等 （2005）、Fang （2011）
	本公司的新产品比企业内一般产品开发速度快	
新产品创造性	本公司的新产品项目新颖程度很高	
	本公司的新产品项目背后的理念挑战了行业现有的产品理念	
	本公司的新产品项目为其他产品的开发提供了新的思路	
	本公司的新产品项目鼓励新的想法和思路以更好地满足市场需求	

二 解释变量

本书的解释变量为企业的战略导向，主要包括市场导向和技术导向（Adams et al. , 2019；Aloulou，2019；Gatignon and Xuereb，1997；Zhou et al. , 2005b；李巍，2015）。其中，市场导向是对企业营销观念的执行情况的反映（Narver and Slater，1990）。基于本书的具体问题以及量表的使用范围和成熟度，市场导向的测量题项主要参考了 Narver 和 Slater （1990）、Cheng 和 Krumwiede （2012） 的研究。在对语言表述和个别题项做了一定的修改后，最终采用 6 个题项来测量顾客导向，4 个题项来测量竞争者导向，4 个题项来测量跨部门协调。不同于市场导向的"市场拉动"，技术导向主要强调的是"技术推动"（Gatignon and Xuereb，1997）。在本书中，技术导向的测量题项主要参考了 Gatignon 和 Xuereb （1997）、Zhou 等 （2005b） 的研究，采用 5 个题项评估企业在新产品开发过程中使用最新技术的情况。其中，典型题项包括"本公司在产品研制上经常引入新的技术"等。所有题项均采用李克特 7 点量表测量，具体题项如表 4-7 所示。

表 4-7 市场导向与技术导向的测量题项

变量	维度	测量题项	题项来源
市场导向	顾客导向	本公司非常重视提升顾客满意度	Narver 和 Slater （1990）、Cheng 和 Krumwiede （2012）
		本公司寻找创造性的方法以满足顾客需求	

续表

变量	维度	测量题项	题项来源
市场导向	顾客导向	本公司的竞争优势是对顾客需求的了解	Narver 和 Slater（1990）、Cheng 和 Krumwiede（2012）
		本公司会持续地分析和研究顾客的满意度	
		本公司的经营策略是为增加顾客价值而制定的	
		本公司非常重视并不断提升为顾客提供的产品和服务的可靠性	
	竞争者导向	本公司的营销人员会定期在企业内分享市场竞争趋势的信息	
		本公司能对竞争对手的行为做出快速反应	
		本公司通过频繁的交互来了解竞争对手的策略	
		本公司会密切关注其他地区同行的动态	
	跨部门协调	本公司的各业务部门会定期开会商讨市场趋势和新产品开发	
		本公司的各业务部门能共享工作计划和资源	
		本公司的各业务部门能够密切合作以为顾客创造价值	
		本公司的经营策略能整合各业务部门的工作	
技术导向		本公司在产品研制上经常引入新的技术	Gatignon 和 Xuereb（1997）、Zhou 等（2005b）
		本公司致力于成为行业内开发和引用全新技术的企业	
		本公司致力于成为行业内工艺技术的领军者	
		本公司经常开发具有高技术含量的产品并在市场上销售	
		本公司的研发活动涉及多个不同的领域	

三 中介变量

本书的中介变量是组织学习。在开放式创新背景下，组织学习在增强企业竞争优势、提升企业绩效等方面扮演着越来越重要的角色（Eslami et al.，2018；Lyu et al.，2022）。作为企业获取资源、提升能力的重要手段，组织学习受到了不同领域学者的广泛关注。在对组织学习相关文献梳理的基础上（Huber，1991；Nevis et al.，1995；Prieto-Pastor et al.，2018；Slater and Narver，1995），本书综合多数学者的研究，将组织学习分为知识整合和组织忘却两种具体行为，第二章的文献回顾部分也详细介绍了将组织学习分为这两种行为的依据。其中，知识整合强调的是对知识价值的重新思考，企业只有对那些原本零散、无序、单一的知识进行重新整合和加工，才能将既有的知识转化为创新所需的资源（Prieto-Pastor et al.，2018）。在本书中，知识整合的测量题项主要参考 Caridi-Zahavi 等（2016）和 Tiwana（2008）的研究，采用 5 个题项来评估企业的知识整合情况。其中，典型的题项包括"本公司能鼓励员工进行知识共享进而有效地集中他们所掌握的知识"等。组织忘却则更多地表现为企业为了更好地实现自身的发展或提高对外部环境的适应性，摒弃那些过时的或与当前发展不匹配的知识、惯例和观念等（Klammer et al.，2019；Leal-Rodríguez et al.，2015）。本书主要参考 Akgün 等（2007a）和 Lyu 等（2020）的研究，采用 6 个题项来测量组织忘却。其中，典型的题项包括"本公司能打破常规进而对原有的工作流程进行变革"等。所有题项均采用李克特 7 点量表测量，具体题项如表 4-8 所示。

表 4-8　知识整合与组织忘却的测量题项

变量	测量题项	题项来源
知识整合	本公司能鼓励员工进行知识共享进而有效地集中他们所掌握的知识	Caridi-Zahavi 等（2016）、Tiwana（2008）
	本公司能记录和保存新获取的知识并将其运用到未来的项目中	
	本公司能安排足够的日常工作来分析从外部获得的新知识	
	本公司能较快地识别和获取外部新知识并将其与现有知识进行融合	
	本公司能顺利整合企业现有知识和从外部获取的新知识	
组织忘却	本公司能根据外部环境的变化大胆、主动地调整已有的相关知识	Akgün 等（2007a）、Lyu 等（2020）
	本公司能收集超越现有市场和技术经验的信息和知识	
	本公司能从不同途径获取新的知识，并摒弃那些过时的知识	
	本公司能打破常规进而对原有的工作流程进行变革	
	本公司能改变内部信息共享机制而不拘泥于原有的工作方法	
	本公司能改变原有的运作方式以使公司更好地发展	

四　调节变量

本书的调节变量为环境动荡性，包括技术环境动荡性和市场环境动荡性（Hung and Chou，2013；Jaworski and Kohli，1993；Li et al.，2017；Lyu et al.，2020）。其中，技术环境动荡性描述的是所处行业中技术变化或发展的速度以及不确定性程度，市场环境动荡性则是用来反映顾客需求及其对产品和服务偏好的不确定性或变化程度（Jaworski and Kohli，1993；Li et al.，2017；Turulja and Bajgoric，2019）。在本书中，技术环境动荡性和市场环境动荡性的测量题项主要是基于 Jaworski 和 Kohli（1993）、Wilden 和 Gudergan（2015）的研究，在对相关题项表述进行适当修改的基础上得到。所有题项均采用李克特 7 点量表测量，具体题项如表 4-9 所示。

表 4-9　市场环境动荡性和技术环境动荡性的测量题项

变量	测量题项	题项来源
市场环境动荡性	本公司所处行业的顾客对产品的偏好随时间变化很快	Jaworski 和 Kohli（1993）、Wilden 和 Gudergan（2015）
	本公司所处行业的顾客总是倾向于追求新产品	
	本公司所处行业的新顾客对产品的需求不同于老顾客	
	预测本公司所处行业的市场趋势是非常困难的	
技术环境动荡性	本公司所处行业的技术变化非常迅速	
	本公司所处行业的技术变化带来了重要机遇	
	本公司所处行业可通过技术突破来开发诸多新的产品	
	本公司所处行业的技术变化频率很高	

五　控制变量

根据现有文献的结论，本书控制了那些可能影响企业学习行为的选择以及新产品开发绩效的相关变量，具体包括企业年限、企业规模、所有制类型、行业类型、区位因素、绩效变化。各个控制变量的内涵及度量方式具体如下。

第一，企业年限。企业年限在一定程度上反映了企业所处的发展阶段，对新产品开发结果具有一定的影响，例如初创期的企业与成熟期的企业在新产品开发策略与目标上往往存在较大差异。本书主要采用成立年数的自然对数来进行测量。

第二，企业规模。企业规模不同，往往反映了企业在资源、能力等方面的差异（Lyu et al.，2020），进而会对企业新产品开发过程中的学习行为选择以及最终的产品开发绩效产生影响。本书主要采用企业雇佣员工数的自然对数来进行测量。

第三，所有制类型。不同所有制的企业在资源获取以及策略选择上往往具有一定的差异，例如相比民营企业，国有企业在获得银行贷款、政府支持等方面往往存在一定优势。因此，本书也将企业的所有制类型作为控制变量。前文中已对企业的所有制进行了划分。本书主要以其他所有制类型为参考，采用三个哑变量将企业的所有制类型分为国有、民营和外资。

第四，行业类型。不同行业的企业的新产品开发压力存在较大差异。为了控制行业属性对新产品开发绩效的影响，本书将对以下 11 个行业进行 0、1 编码：建筑行业、汽车制造行业、航天行业、能源化工行业、电子和电工行业、机械机电行业、医药卫生行业、信息技术行业、轻工行业、服装行业、环保行业。

第五，区位因素。不同地区之间在制度、文化和创新水平等方面具有一定的差异，这种差异会影响企业的创新过程及结果，因此本书也控制了企业间的区位差异。根据中国当前的区域经济发展状况以及调研企业的地理分布，将企业的地区分布分为东部、中部、西部三类，并以中部为参照组对东部和西部进行 0、1 编码。

第六，绩效变化。企业在日常经营过程中通常是根据上一个经营周期的绩效来制定下一个周期的经营目标，当绩效发生变化时，企业的战略制定和行为选择也会出现一定的调整，最终可能会对自身的新产品开发产生一定的影响。因此，本书也将企业的绩效变化作为控制变量，主要根据企业近 3 年的利润变化进行衡量。

第三节　统计分析方法

为保证研究结果的可靠性和准确性，笔者基于 AMOS 24.0 和 SPSS 22.0 统计软件，对所收集的数据进行了多种分析处理。在问卷设计部分已进行了详细介绍，本书所采用的量表基本来自国内外知名期刊且在已有研究中被多次验证。因此，问卷具有较高的内容效度，无须再次通过探索性因子分析来确定本书中所涉及的变量应包含的观测变量个数。综合来看，本书所运用的统计分析方法主要包括信度和效度检验、描述性统计分析、相关性分析、回归分析以及结构方程建模分析等。

一　信度和效度检验

信度和效度检验是实证检验最重要的前段，只有问卷和所收集的数据通过信度和效度检验才能进行后续的相关分析。如此，才能保证检验结果的可靠性。

（一）信度检验（Reliability Test）

信度检验主要用于检测量表测量结果的一致性、稳定性和可靠性程度，反映了变量的内部一致性。根据目前国内外的研究惯例，学者们通常采用内部一致性系数即克隆巴赫阿尔法系数（Cronbach's Alpha Value）（以下简称 Cronbach's α 值）来检验研究变量的信度。Cronbach's α 值介于 0 到 1 之间，大多数研究将 0.7 视为一个分界点，即大于或等于 0.7 说明量表具有较高的内部信度。但在相关研究中，有学者认为 Cronbach's α 值大于等于 0.6 也可视为量表的信度是可接受的。

（二）效度检验（Validity Test）

效度检验主要用于反映测量工具对测量对象测量的准确性和有效性，即测量工具的真实性、客观性和准确性，主要包括内容效度（Content Validity）和结构效度（Construct Validity）。其中，结构效度又可细分为聚合效度（Convergent Validity）和区分效度（Discriminant Validity）。内容效度也称逻辑效度，主要用于反映测量内容的恰当性和相符性。本书所采用的量表大多是来自国内外知名期刊的成熟量表，在已有的研究中已被多次验证。为了保证量表的内容能有效地反映中国企业的实际情况，在问卷设计过程中还邀请了企业家和学者就量表的内容和表述进行了讨论。此外，还进行了小范围的预调研，根据反馈结果对问卷的题项内容、结构和语句进行了反复修改和完善。基于上述努力，可认为本书所使用量表的内容效度较高。结构效度主要用来反映测量工具所能测量到理论概念特征的程度。事实上，内容效度高在某种意义上也能反映出结构效度较高。本书主要利用验证性因子分析、累计方差解释率、AVE 算数平方根与相关系数值比较、卡方差异检验等方法检验变量的结构效度。

二　描述性统计分析

描述性统计分析主要是对研究样本以及相关变量的总体情况进行初步统计和分析。在本书中，笔者主要对变量的均值、标准差、相关系数等进行描述性分析。利用该分析方法，可形成对研究样本的整体性认知。

三　相关性分析

相关性分析（Correlation Analysis）主要用于研究两个或多个处于同等地位的变量间的相关关系，描述的是变量间关系的密切程度。根据相关系数的大小，可将变量间的关系分为完全相关（相关系数为 1）、部分相关（相关系数介于 0~1）和不相关（相关系数为 0）。在实际分析过程中，变量间的关系大多为部分相关关系。在统计分析过程中，主要通过绘制相关系数图和计算相关系数的方式来确定相关关系是否存在、相关关系呈现何种形态分布、相关程度有多大等。本书主要采用计算相关系数的方式来确定被解释变量、解释变量、中介变量、调节变量和控制变量之间的相关系数。本书采用 Pearson 简单相关系数分析探讨变量之间的相关性。

四　回归分析

回归分析（Regression Analysis）主要用于确定两个或多个变量间相互依赖的定量关系。本书主要采用分层回归（Hierarchical Regression）的方法来分析各个变量间的关系。该方法需要建立多个数据模型，这些模型中的某一个将包括上一个模型所没有的预测变量。分层回归主要是通过比较不同模型所解释变异量的差异，判定模型与数据的拟合程度。同等条件下，模型解释的变异越多，则这个模型对数据的拟合效果越好。模型所解释的变异量之间的差异，可通过统计显著性来估计和检验。分层回归与标准回归的区别主要在于对共同变异的分配方法。

基于上述思想，可通过对模型进行比较来检验个体预测变量对变异的解释。具体原理是：将包含该预测变量的模型与未包含该预测变量的模型进行对比，如果该预测变量解释了显著的额外变异，那么包含预测变量的模型就比未包含预测变量的模型显著地解释了更多的变异，即个体预测变量所解释的变异。本书主要采用复相关系数的平方即 R^2 来检验测量模型所解释的变异量的大小，采用 F 值来检验模型的显著性。分层回归可帮助我们观测每一个额外变量所解释的变异量，能有效分析某一个解释变量对被解释变量的贡献度。基于此，本书通过分层回归来检验战略导向对组织学习行为和新产品开发绩效，以及组织学习行为对新产品开发绩效的解释和贡献度。

五　结构方程建模分析

结构方程模型（SEM）是基于变量的协方差矩阵来分析变量之间的关系的。与传统的统计分析方法相比，结构方程模型能同时处理潜变量及其指标。同时，结构方程模型还能同时处理多个变量间的关系。对于中介效应的检验，较为常见的是 Baron 和 Kenny（1986）提出的逐步回归"三步检验"法。如图 4-1 所示，系数 c 为自变量 X 对因变量 Y 的总效应；系数 a 为自变量 X 对中介变量 M 的效应；系数 b 是在控制了自变量 X 的影响后，中介变量 M 对因变量 Y 的效应；系数 c' 是在控制了中介变量 M 后，自变量 X 对因变量 Y 的总效应；e_1、e_2、e_3 是回归残差。逐步法检验中介效应一般分为如下两个步骤：第一步，检验系数 c（即检验 H_0：$c=0$）；第二步，依次检验系数 a（即检验 H_0：$a=0$）和系数 b（即检验 H_0：$b=0$）。如果系数 c 显著，系数 a 和 b 都显著，则中介效应显著；如果中介变量在

自变量 X 和 Y 中充当完全中介，则 c' 不显著。

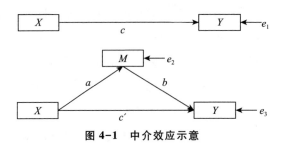

图 4-1　中介效应示意

　　尽管逐步检验法易于理解和操作，在管理学研究中被广泛使用，但该方法也存在固有的局限性。第一，逐步检验法要求每一步的检验系数都显著，否则就没有必要继续进行中介效应的检验。事实上，系数 c 显著并非中介效应存在的必要条件。因为在有些情况下，尽管 c 不显著但中介效应依然存在，其中抑制模型就是该类情况的代表（Mackinnon et al.，2000）。第二，模拟研究发现，逐步检验与其他方法相比统计功效最小（Mackinnon et al.，2004）。第三，当存在多个中介变量时，逐步检验法很难进行多重中介效应的检验。第四，逐步检验法无法获得中介效应的置信区间。针对逐步检验法存在的不足，有学者指出 Sobel 中介检验能弥补逐步回归法的部分缺陷，如计算中介效应的置信区间、直接计算中介效应等。但 Sobel 检验法的使用要建立在 $a×b$ 服从正态分布的基础之上，尤其是在样本量比较小的时候该前提条件很难满足。在很多时候，即使 a、b 分别服从正态分布，也很难保证二者的乘积就一定服从正态分布。因此，运用 Sobel 检验法来验证模型中变量的中介效应的局限性也相对较为明显。

　　有研究指出，试图用来替代 Sobel 检验法直接检验 H_0：$ab=0$ 的方法至少有两类（方杰、张敏强，2012），包括乘积分步法和 Bootstrap 法。其中，运用比较多的就是 Bootstrap 法。同逐步检验法和 Sobel 检验法相比，Bootstrap 法不仅统计效果更明显，而且不需要满足正态分布的前提条件，检验结果也更加可靠。更加重要的是，该方法还能应用到多重中介模型中。同时将多个中介变量纳入给定的模型中，能有效减小因变量的遗漏而产生的参数估计偏差。此外，通过该方法得到的结果还能用于比较不同变量中介效应的差异，进而有利于不同作用机制间的对比分析。基于 Bootstrap 法的诸多优点，Hayes（2009）建议后续相关研究均采用该方法来检验中介效应。

Bootstrap 法是一种从样本中重复取样的方法。在实际研究中，学者们运用较广泛的取样方法是从给定的样本中有放回地重复取样。基于图4-1的简单中介模型，Bootstrap 法的基本原理是：将容量为 N 的样本当作 Bootstrap 总体样本，从中有放回地重复取样，得到一个容量为 N 的新 Bootstrap 样本；基于所得到的样本计算 a 和 b 的值，得到间接效应 ab 的值；将这种抽样过程重复 H 次（$H>1000$），可以得到 H 个间接效应的值；然后按升序的方式将所得到的 H 个 ab 值进行排列，其中第 2.5 个百分位点和第 97.5 个百分位点构成了 ab 的一个 95% 的置信区间，如果置信区间不包含 0，则中介效应显著（Preacher and Hayes，2008），否则，中介效应不显著。

基于上述三种中介效应检验方法的对比，以及本书的理论模型框架，本书采用 Bootstrap 法对组织忘却和知识整合在战略导向与新产品开发绩效间的多重中介效应进行检验。为了检验结构方程的拟合效果，本书还选取了一些常用的拟合指标。相关学者也指出，为了更好地检验拟合效果，应综合选用绝对拟合指标和相对拟合指标（Hair et al.，1998）。表4-10列举了这些拟合指标及其标准。

表 4-10　结构方程模型拟合指标及其标准

指标类型	指标名称	标准
绝对拟合指标	卡方自由度比（X^2/df）	1~3，拟合良好
	拟合优度指数（GFI）	大于 0.9，拟合良好
	调整的拟合优度指数（AGFI）	大于 0.9，拟合良好
	近似误差的均方根（RMSEA）	小于 0.08，拟合良好
相对拟合指标	比较拟合指数（CFI）	大于 0.9，拟合良好
	规范拟合指数（NFI）	大于 0.9，拟合良好
	非标准规范指数（NNFI）	大于 0.9，拟合良好
	递增拟合指数（IFI）	大于 0.9，拟合良好

第四节　本章小结

　　首先，详细介绍了调研背景、问卷设计、样本选择、数据收集过程以及样本特征。需要指出的是，为了确保所设计的问卷符合中国情境，以及反映中国企业的实际经营状况，在具体的问卷设计过程中，咨询了校内外该领域的知名学者并邀请相关企业家就具体的设计细节进行了充分讨论；在完成初始问卷后，进行了小范围的预调研，根据调研反馈，对问卷进行了修改和完善。其次，在第二章文献综述的基础上，就本书所涉及变量的操作化定义和测量指标选取进行了详细介绍。最后，对本书所涉及的统计分析方法进行了简要介绍，从而为下一章的实证分析奠定基础。

第五章 研究假设的实证分析与检验结果

第一节 信度与效度检验

一 信度检验

信度检验主要用于检测量表测量结果的可靠性和稳定性，常用的检测指标为 Cronbach's α 值。Cronbach's α 值介于 0 和 1 之间，该值越大说明用于解释某一潜变量的各观测变量的相关性越高，它们的共同变异量越大，量表的信度相应的也就越高。通常而言，Cronbach's α 值大于或等于 0.7 说明量表的信度良好，大于等于 0.6 被视为可接受的信度。表 5-1 汇报了本书中所有变量的 Cronbach's α 值，可以看出所有变量的 Cronbach's α 值都在 0.7 以上，意味着本书所使用的量表具有较高的信度，满足实证分析的基本要求。此外，本书还计算了各变量的组合信度（Composite Reliability，CR）。同 Cronbach's α 值类似，CR 值越高说明变量信度越高，通常取 0.7 为临界值。如表 5-1 所示，本书中所涉及变量的 CR 值均高于 0.8，该检验结果再次验证了本书中所使用的量表有较高的信度。

表 5-1 信度与效度检验结果

变量	题项	Loading 值	Cronbach's α	AVE	CR
新产品创造性	Q1	0.881	0.895	0.760	0.927
	Q2	0.860			
	Q3	0.914			
	Q4	0.831			

续表

变量		题项	Loading 值	Cronbach's α	AVE	CR
新产品开发速度		Q1	0.833	0.865	0.713	0.909
		Q2	0.857			
		Q3	0.885			
		Q4	0.801			
市场导向	顾客导向	Q1	0.694	0.871	0.610	0.903
		Q2	0.716			
		Q3	0.813			
		Q4	0.834			
		Q5	0.774			
		Q6	0.844			
	竞争者导向	Q1	0.799	0.764	0.592	0.853
		Q2	0.758			
		Q3	0.817			
		Q4	0.698			
	跨部门协调	Q1	0.796	0.843	0.685	0.897
		Q2	0.853			
		Q3	0.821			
		Q4	0.839			
技术导向		Q1	0.741	0.849	0.627	0.893
		Q2	0.777			
		Q3	0.852			
		Q4	0.787			
		Q5	0.797			
知识整合		Q1	0.776	0.825	0.589	0.878
		Q2	0.767			
		Q3	0.771			
		Q4	0.720			
		Q5	0.802			
组织忘却		Q1	0.652	0.822	0.536	0.873
		Q2	0.738			
		Q3	0.825			

变量	题项	Loading 值	Cronbach's α	AVE	CR
组织忘却	Q4	0.769			
	Q5	0.734			
	Q6	0.661			
技术环境动荡性	Q1	0.818	0.812	0.617	0.865
	Q2	0.695			
	Q3	0.799			
	Q4	0.822			
市场环境动荡性	Q1	0.750	0.726	0.508	0.805
	Q2	0.719			
	Q3	0.686			
	Q4	0.693			

二 效度检验

在问卷研究中，通常会考虑内容效度和结构效度两种具体的效度类型。其中，内容效度又被称为逻辑效度，反映的是测量题项的内容与实际构念之间的契合程度。为了提高调查问卷的内容效度，本书采取了以下两种方法：第一，所使用的量表均来自知名期刊中被多次验证的成熟量表，而且在设计过程中还根据专家的意见进行了相应的修改以使其符合中国情境，因此，本书中的测量指标具有较高的内容效度；第二，在问卷的卷首页也详细说明了调研的目的并保证对数据内容严格保密，根据需要还会将调研结果与受访企业分享，该做法能鼓励受访者按照所在企业的实际情况进行填写，从而保证测量指标具有较高的内容效度。

结构效度又称构念效度，是指测量指标反映理论概念特征的程度，通常又包括收敛效度和区分效度。其中，收敛效度（或聚合效度）用来验证某些观测指标是否会显著地落在同一共同因素上。区分效度是指，在使用不同的题项测量不同的构念时，所观测到的数值之间能够加以区分的程度，主要用于反映各个变量的测量指标是否具有独特性。本书通过验证性因子分析来检验变量的结构效度。

（一）收敛效度

在本书中，收敛效度主要采用两种方法进行检验：一是计算所测因子的路径值（Loading 值）；二是计算变量的平均抽取方差（Average Variance Extracted，AVE）。Fornell 和 Larcker（1981）指出，通过检验某个度量指标在所测因子变量上的路径值可判断变量的收敛效度，一般将 0.7 视为具备良好的收敛阈值。但后来又有研究指出，大于 0.4 的路径值也被认为是合适的（Ford et al.，1986）。如表 5-1 所示，几乎所有测量指标在各自的测量因子变量上的路径值都在 0.7 以上，只有少数几个测量指标的路径值低于 0.7，但在 0.6 以上，大于 0.4 的可接受值。统计结果表明，各个变量的收敛效果是合适的。此外，Fornell 和 Larcker（1981）还指出，收敛效度还可以通过计算变量的平均抽取方差（AVE）来进行判断。基于他们的研究，当 AVE 大于 0.5 时，表示变量具有良好的收敛效度。也有学者指出，AVE 大于 0.4 也可以认为变量的收敛效度是可接受的（Ford et al.，1986）。表 5-1 展示了各个变量的 AVE，可以看出所有变量的 AVE 值都大于 0.5，这一结果也证明本书的量表具有良好的收敛效度。

（二）区分效度

区分效度检验用于判别该变量的测量指标有没有度量其他的变量。本书基于验证性因子分析，采用以下两种方法来检验量表的区分效度。一种方法是通过比较 AVE 的算术平方根与相关系数的大小来进行判断。如果各变量 AVE 的算术平方根都大于它与其他变量的相关系数，说明这些变量之间具有显著的区分效度（Fornell and Larcker，1981）。表 5-2 汇报了所有变量的相关系数与 AVE 的算术平方根，结果显示各变量的 AVE 的算术平方根均大于横向和纵向该变量与其他变量的相关系数，说明这些变量具有一定的区分效度。另一种方法是通过卡方差异进行比较。对所有变量进行配对，通过比较约束模型和非约束模型的卡方差异进行判断。结果表明，所有配对变量的卡方差异值（自由度为 1）均处于 89～187，远大于 6.635（p<0.01），这也再次证明各个变量之间具有较高的区分效度。

表5-2 均值、标准差、相关系数以及 AVE 的算术平方根

变量	1	2	3	4	5	6	7	8	9	10	11	12	13	14	15	16
1. 企业规模	1															
2. 企业年限	0.464**	1														
3. 国有	0.206**	0.249**	1													
4. 民营	-0.341**	-0.273**	-0.585**	1												
5. 外资	0.153**	0.041	-0.160*	-0.262**	1											
6. 东部	-0.056	-0.134*	-0.294**	0.200**	0.087	1										
7. 西部	0.075	0.156*	0.215**	-0.144*	-0.046	-0.548**	1									
8. 绩效变化	0.101	-0.163*	-0.049	-0.002	0.056	-0.011	-0.012	1								
9. 市场环境动荡性	-0.061	-0.004	-0.089	0.082	-0.092	0.144*	0.191**	0.055	0.713							
10. 技术环境动荡性	0.161**	0.045	0.015	-0.004	0.016	0.049	-0.072	0.190*	0.458**	0.785						
11. 市场导向	-0.013	-0.022	-0.137*	0.047	0.081	0.234**	-0.257**	0.077	0.384**	0.420**	0.802					
12. 技术导向	0.224**	0.123	0.030	-0.020	0.090	0.111	-0.052	0.057	0.160*	0.238**	0.315**	0.792				
13. 组织忘却	0.096	-0.005	-0.046	0.010	0.055	0.134*	-0.099	0.227**	0.429**	0.500**	0.469**	0.516**	0.732			
14. 知识整合	0.077	0.005	0.045	-0.026	0.003	0.160*	-0.171**	0.074	0.280**	0.186**	0.308**	0.243**	0.397**	0.767		
15. 新产品创造性	0.175**	0.043	-0.102	0.150*	-0.067	0.027	-0.058	0.094	0.121	0.310**	0.279**	0.363**	0.368**	0.224**	0.872	
16. 新产品开发速度	0.056	-0.040	-0.087	0.119	-0.015	0.070	-0.098	0.181**	0.272**	0.263**	0.318**	0.233**	0.458**	0.451**	0.530**	0.844

续表

变量	1	2	3	4	5	6	7	8	9	10	11	12	13	14	15	16
均值	2.539	2.633	0.260	0.490	0.070	0.543	0.378	4.739	4.486	4.692	4.818	5.364	5.088	4.978	4.820	4.667
标准差	0.798	0.754	0.442	0.501	0.250	0.499	0.486	1.400	0.859	0.979	0.621	0.772	0.628	0.804	0.980	0.894

注：**代表 p<0.01；*代表 p<0.05；企业规模和企业年限均为自然对数结果；对角线上黑体为相应变量 AVE 的算术平方根。

第二节　共同方法偏差检验

　　尽管问卷调研采用了 A/B 卷、混编题项、保密承诺等诸多方式来降低数据收集过程中可能出现的共同方法偏差，但由于问卷调研采用自我报告的形式且测量的是截面数据以及受测量环境、项目语境等的影响，仍有可能导致预测变量与效标变量之间存在人为的共变。作为一种系统性误差，共同方法偏差的存在会导致研究过程中对各个变量之间关系的误判。本书主要采用两种方法检验共同方法偏差，分别是多模型比较法和 Harman 单因素检验法。

　　通过验证性因子分析进行多模型对比，结果如表 5-3 所示，单因子模型拟合效果最差，而八因子模型拟合效果最好，数据拟合指标为 $\chi^2/df =$ 1.502，IFI = 0.932，TLI = 0.921，CFI = 0.931，RMSEA = 0.045。拟合结果良好，说明本书研究中并不存在严重的共同方法偏差。Harman 单因素检验的结果显示，特征值大于 1 的单个因子的最大方差解释为 22.783%，说明所有题项的因子并不聚集在一个因子上，证明了研究样本不存在共同方法偏差的问题。

表 5-3　验证性因子分析结果

模型	描述	χ^2/df	IFI	TLI	CFI	RMSEA
模型 1	八因子模型[a]	1.502	0.932	0.921	0.931	0.045
模型 2	七因子模型[b]	1.918	0.877	0.861	0.876	0.060
模型 3	六因子模型[c]	2.061	0.851	0.833	0.849	0.065
模型 4	五因子模型[d]	2.291	0.819	0.797	0.816	0.071
模型 5	四因子模型[e]	2.412	0.800	0.778	0.797	0.075
模型 6	三因子模型[f]	3.291	0.666	0.639	0.662	0.095
模型 7	二因子模型[g]	3.897	0.575	0.544	0.571	0.107
模型 8	单因子模型[h]	4.452	0.493	0.456	0.488	0.117

　　注：a 表示假设模型；b 表示市场导向和技术导向合并为一个因素；c 表示知识整合和组织忘却合并为一个因素；d 表示新产品开发速度和新产品创造性合并为一个因素；e 表示市场环境动荡性和技术环境动荡性合并为一个因素；f 表示 b 和 c 合并为一个因素；g 表示 d 和 e 合并为一个因素；h 表示所有变量合并为一个因素。

第三节　描述性统计分析

描述性统计分析主要对模型中的各个变量的基础指标，如均值、标准差、相关系数等进行分析，从而为后续的实证检验做铺垫。如表5-2所示，各个变量的相关系数均在可接受的范围内，表明各变量间的含义具有一定的区分度，将其置于同一模型中时不会出现共线性的问题。此外，本书还计算了变量间的方差膨胀因子（Variance Inflation Factor，VIF）以进一步检验各变量间的多重共线性问题，结果显示，最大的VIF值为3.963，远低于10，进一步排除了本书所涉及的变量之间存在共线性的可能，适合进行下一步的回归分析。

第四节　假设检验

一　直接效应检验

（一）战略导向与新产品开发绩效之间关系的检验

本书采用分层回归检验战略导向与新产品开发绩效之间的关系，主要包括假设1a、1b和假设2a、2b，分别检验市场导向和技术导向对新产品开发速度和新产品创造性的影响，并比较两种战略导向作用效果的差异。具体回归分析结果如表5-4所示。

表5-4　战略导向与新产品开发绩效之间关系的检验

变量	新产品开发速度				新产品创造性			
	模型1	模型2	模型3	模型4	模型5	模型6	模型7	模型8
控制变量								
国有	-0.004	0.019	-0.024	0.001	-0.062	-0.040	-0.096	-0.078
民营	0.123	0.133	0.103	0.117	0.171*	0.181*	0.136†	0.146†
外资	0.016	0.001	-0.002	-0.010	-0.071	-0.086	-0.104	-0.109†
东部	-0.057	-0.070	-0.098	-0.099	-0.129	-0.142	-0.203†	-0.204†

变量	新产品开发速度				新产品创造性			
	模型 1	模型 2	模型 3	模型 4	模型 5	模型 6	模型 7	模型 8
西部	-0.080	-0.050	-0.108	-0.075	-0.127	-0.097	-0.176	-0.152
企业规模	0.089	0.106	0.054	0.077	0.216^{**}	0.232^{**}	0.153^{*}	0.170^{*}
企业年限	-0.020	-0.033	-0.024	-0.034	-0.005	-0.017	-0.013	-0.021
行业类型	包括	包括	包括	包括	包括	包括	包括	包括
绩效变化	0.127^{*}	0.125^{*}	0.125^{*}	0.124^{*}	0.017	0.015	0.014	0.012
市场环境动荡性	0.174^{*}	$0.128^{\dagger}$	0.154^{*}	$0.121^{\dagger}$	-0.042	-0.085	-0.077	-0.102
技术环境动荡性	0.154^{*}	0.079	$0.127^{\dagger}$	0.071	0.288^{***}	0.216^{**}	0.241^{***}	0.199^{**}
自变量								
市场导向		0.232^{**}		0.194^{**}		0.224^{**}		0.143^{*}
技术导向			0.180^{**}	0.135^{*}			0.321^{***}	0.288^{***}
R^2	0.135	0.174	0.163	0.189	0.163	0.199	0.253	0.267
ΔR^2		0.039^{**}	0.028^{**}	0.054^{**}		0.036^{**}	0.090^{***}	0.104^{***}
F 值	3.649^{***}	4.454^{***}	4.131^{***}	4.496^{***}	4.558^{***}	5.268^{***}	7.185^{***}	7.046^{***}

注：$N = 254$，$***$ 表示 $p < 0.001$，$**$ 表示 $p < 0.01$，$*$ 表示 $p < 0.05$，$\dagger$ 表示 $p < 0.1$，标准化的回归系数。

以新产品开发速度为因变量，在依次加入控制变量和自变量后得到模型 1~4。模型 1 为基准模型，包括因变量新产品开发速度和所涉及的控制变量。由于本书研究所控制的行业类型多达 11 种，为了更加直观、清晰地呈现回归结果，在回归结果中使用"包括"来表示所有回归模型中都将行业类型作为控制变量进行了运算。在模型 1 的基础上，模型 2~4 为加入了市场导向和技术导向后的模型。模型 2 的结果显示，市场导向对新产品开发速度的回归系数为 0.232（$p < 0.01$），假设 1a 通过检验。模型 3 的回归结果表明，技术导向与新产品开发速度显著正相关（回归系数为 0.180，$p < 0.01$），假设 1b 部分通过检验。为进一步检验技术导向和市场导向对新产品开发速度作用效果的差异，本书借鉴 Liu 等（2009）的研究方法，通过比较 R^2 的变化来进行判别。$\Delta R^2_{模型4-模型2}$ 表示在市场导向的基础上增加技术导向后模型 4 对新产品开发速度解释程度的变化，$\Delta R^2_{模型4-模型2} = 0.015$；

$\Delta R^2_{模型4-模型3}$ 表示在技术导向的基础上增加市场导向后模型 4 对新产品开发速度解释程度的变化，$\Delta R^2_{模型4-模型3} = 0.026$。$\Delta R^2_{模型4-模型3}$ 明显大于 $\Delta R^2_{模型4-模型2}$，表明市场导向对新产品开发速度的作用比技术导向强。因此，假设 1b 通过检验。

模型 6 的回归结果表明，市场导向与新产品创造性显著正相关（回归系数为 0.224，$p<0.01$），假设 2a 通过检验。模型 7 的回归结果表明，技术导向与新产品创造性显著正相关（回归系数为 0.321，$p<0.001$），假设 2b 部分通过检验。模型 8 为同时加入市场导向和技术导向后的回归结果，$\Delta R^2_{模型8-模型6}$ 表示在市场导向的基础上增加技术导向后，模型 8 对新产品创造性解释程度的变化；$\Delta R^2_{模型8-模型7}$ 表示在技术导向的基础上增加市场导向后，模型 8 对新产品创造性解释程度的变化。其中 $\Delta R^2_{模型8-模型6} = 0.068$ 大于 $\Delta R^2_{模型8-模型7} = 0.014$，表明技术导向对新产品创造性的作用效果强于市场导向对新产品创造性的作用效果。因此，假设 2b 通过检验。

（二）战略导向与组织学习之间关系的检验

本书同样采用分层回归来验证战略导向与组织学习之间的关系，并比较不同战略导向作用效果的差异，包括假设 3a、3b 和假设 4a、4b，具体回归结果如表 5-5 所示。

表 5-5　战略导向与组织学习之间关系的检验

变量	知识整合				组织忘却			
	模型 9	模型 10	模型 11	模型 12	模型 13	模型 14	模型 15	模型 16
控制变量								
国有	0.124	0.148†	0.105	0.131	0.011	0.039	-0.032	-0.010
民营	0.011	0.022	-0.008	0.006	-0.011	0.002	-0.055	-0.043
外资	0.025	0.010	0.007	-0.001	0.051	0.033	0.010	0.003
东部	0.107	0.093	0.066	0.065	0.214*	0.197*	0.120	0.119
西部	-0.043	-0.011	-0.070	-0.036	0.165	0.202*	0.102	0.132
企业规模	0.095	0.113	0.060	0.085	0.049	0.070	-0.031	-0.009
企业年限	-0.057	-0.071	-0.062	-0.073	-0.034	-0.050	-0.045	-0.054
行业类型	包括	包括	包括	包括	包括	包括	包括	包括

续表

变量	知识整合				组织忘却			
	模型 9	模型 10	模型 11	模型 12	模型 13	模型 14	模型 15	模型 16
绩效变化	0.039	0.037	0.037	0.035	0.137*	0.133*	0.132**	0.130**
市场环境动荡性	0.255***	0.207**	0.235**	0.200**	0.266***	0.211**	0.221***	0.190**
技术环境动荡性	0.039	-0.039	0.013	-0.047	0.352***	0.260***	0.292***	0.240***
自变量								
市场导向		0.243**		0.206**		0.282***		0.180**
技术导向			0.178**	0.130*			0.408***	0.367***
R^2	0.120	0.163	0.148	0.176	0.343	0.400	0.488	0.510
ΔR^2		0.043**	0.028**	0.056***		0.057***	0.145***	0.167***
F 值	3.192**	4.113***	3.670***	4.142***	12.194***	14.138***	20.197***	20.126***

注：$N=254$，*** 表示 $p<0.001$，** 表示 $p<0.01$，* 表示 $p<0.05$，† 表示 $p<0.1$，标准化的回归系数。

模型 10 的回归结果显示，市场导向与知识整合显著正相关（回归系数为 0.243，$p<0.01$），假设 3a 通过检验。模型 11 的回归结果显示，技术导向与知识整合显著正相关（回归系数为 0.178，$p<0.01$），假设 3b 部分通过检验。将市场导向和技术导向同时放入得到模型 12，$\Delta R^2_{模型12-模型10}$ 表示在市场导向的基础上增加技术导向后，模型 12 对知识整合解释程度的变化；$\Delta R^2_{模型12-模型11}$ 表示在技术导向的基础上增加市场导向后，模型 12 对知识整合解释程度的变化。其中 $\Delta R^2_{模型12-模型10}=0.013$ 小于 $\Delta R^2_{模型12-模型11}=0.028$，表明市场导向对知识整合的作用效果强于技术导向对知识整合的作用效果。因此，假设 3b 通过检验。

模型 14 的回归结果显示，市场导向与组织忘却显著正相关（回归系数为 0.282，$p<0.001$），假设 4a 通过检验。模型 15 的回归结果显示，技术导向与组织忘却显著正相关（回归系数为 0.408，$p<0.001$），假设 4b 部分通过检验。将市场导向和技术导向同时放入得到模型 16，$\Delta R^2_{模型16-模型14}$ 表示在市场导向的基础上增加技术导向后，模型 16 对组织忘却解释程度的变化；$\Delta R^2_{模型16-模型15}$ 表示在技术导向的基础上增加市场导向后，模型 16 对组

织忘却解释程度的变化。其中 $\Delta R^2_{模型16-模型14} = 0.110$ 大于 $\Delta R^2_{模型16-模型15} = 0.022$，表明技术导向对组织忘却的作用效果强于市场导向对组织忘却的作用效果。因此，假设 4b 通过检验。

（三）组织学习与新产品开发绩效之间关系的检验

组织学习与新产品开发绩效间的关系包括假设 5a、5b 和假设 6a、6b，具体回归结果如表 5-6 所示。模型 18 的回归结果显示，知识整合与新产品开发速度显著正相关（回归系数为 0.409，p<0.001），假设 5a 通过检验。模型 19 的回归结果显示，组织忘却与新产品开发速度显著正相关（回归系数为 0.384，p<0.001），假设 5b 部分通过检验。将知识整合和组织忘却同时放入得到模型 20，$\Delta R^2_{模型20-模型18}$ 表示在知识整合的基础上增加组织忘却后，模型 20 对新产品开发速度解释程度的变化；$\Delta R^2_{模型20-模型19}$ 表示在组织忘却的基础上增加知识整合后，模型 20 对新产品开发速度解释程度的变化。其中 $\Delta R^2_{模型20-模型18} = 0.051$ 小于 $\Delta R^2_{模型20-模型19} = 0.088$，表明知识整合对新产品开发速度的作用更强。因此，假设 5b 通过检验。

表 5-6 组织学习与新产品开发绩效之间关系的检验

变量	新产品开发速度				新产品创造性			
	模型 17	模型 18	模型 19	模型 20	模型 21	模型 22	模型 23	模型 24
控制变量								
国有	-0.004	-0.055	-0.009	-0.049	-0.062	-0.086	-0.066	-0.080
民营	0.123	0.118	0.127	0.122	0.171*	0.169*	0.175*	0.173*
外资	0.016	0.006	-0.005	-0.007	-0.071	-0.076	-0.089	-0.090
东部	-0.057	-0.101	-0.144	-0.155	-0.129	-0.150	-0.201†	-0.205†
西部	-0.080	-0.063	-0.148	-0.114	-0.127	-0.118	-0.182	-0.170
企业规模	0.089	0.050	0.069	0.043	0.216**	0.197**	0.199**	0.190**
企业年限	-0.020	0.004	-0.006	0.009	-0.005	0.007	0.007	0.012
行业类型	包括	包括	包括	包括	包括	包括	包括	包括
绩效变化	0.127*	0.111*	0.072	0.074	0.117	0.010	-0.029	-0.028
市场环境动荡性	0.174*	0.070	0.065	0.011	-0.042	-0.092	-0.131†	-0.150*
技术环境动荡性	0.154*	0.138*	0.010	0.038	0.288***	0.280***	0.170*	0.180*

续表

变量	新产品开发速度				新产品创造性			
	模型 17	模型 18	模型 19	模型 20	模型 21	模型 22	模型 23	模型 24
自变量								
知识整合		0.409***		0.332***		0.197**		0.120*
组织忘却			0.384***	0.292***			0.337***	0.295***
R^2	0.135	0.282	0.245	0.333	0.163	0.197	0.238	0.249
ΔR^2		0.147***	0.110***	0.198***		0.034**	0.075***	0.086***
F 值	3.649***	8.338***	6.880***	9.669***	4.558***	5.206***	6.601***	6.411***

注：$N = 254$，＊＊＊表示 $p < 0.001$，＊＊表示 $p < 0.01$，＊表示 $p < 0.05$，†表示 $p < 0.1$，标准化的回归系数。

模型 21~24 以新产品创造性为因变量，其中模型 21 为基准模型。模型 22 是在模型 21 的基础上加入知识整合，模型显著且知识整合与新产品创造性显著正相关（回归系数为 0.197，$p < 0.01$）。类似地，模型 23 的回归结果表明，组织忘却与新产品创造性显著正相关（回归系数为 0.337，$p < 0.001$）。模型 24 为同时加入知识整合和组织忘却后的模型，结果显示知识整合和组织忘却对新产品创造性的回归系数分别为 0.120（$p < 0.05$）和 0.295（$p < 0.001$）。因此，假设 6a 得到支持，假设 6b 部分得到支持。$\Delta R^2_{模型24-模型22}$ 表示在知识整合的基础上增加组织忘却后，模型 24 对新产品创造性解释程度的变化；$\Delta R^2_{模型24-模型23}$ 表示在组织忘却的基础上增加知识整合后，模型 24 对新产品创造性解释程度的变化。其中 $\Delta R^2_{模型24-模型22} = 0.052$ 大于 $\Delta R^2_{模型24-模型23} = 0.011$，表明组织忘却对新产品创造性的作用要强于知识整合的作用。因此，假设 6b 通过检验。

（四）对比假设的进一步检验

为了进一步检验所提出的几组对比假设，本书还采用了 t 检验及 Liu 等（2009）的关于比较半偏相关系数的方法进行了验证。t 检验的公式如下：

$$t = \frac{\hat{\beta}_2 - \hat{\beta}_1}{\sqrt{\mathrm{Var}(\hat{\beta}_2) + \mathrm{Var}(\hat{\beta}_1) - 2\mathrm{Cov}(\hat{\beta}_2, \hat{\beta}_1)}}$$

其中，$\hat{\beta}_1$ 与 $\hat{\beta}_2$ 为不同自变量对同一因变量的非标准化的回归系数，

$SE(\hat{\beta}_2-\hat{\beta}_1)=\sqrt{Var(\hat{\beta}_2)+Var(\hat{\beta}_1)-2Cov(\hat{\beta}_2,\hat{\beta}_1)}$，为 $\hat{\beta}_2-\hat{\beta}_1$ 的标准误，$Var(\hat{\beta}_1)$ 与 $Var(\hat{\beta}_2)$ 分别是 $\hat{\beta}_1$ 与 $\hat{\beta}_2$ 的方差，$Cov(\hat{\beta}_2,\hat{\beta}_1)$ 为 $\hat{\beta}_1$ 与 $\hat{\beta}_2$ 的协方差，自由度为 $N-K-1$，其中 N 为样本量，K 为回归自变量个数。

如果 t 检验通过，说明不同自变量对同一因变量的影响存在显著差异。表 5-7 为不同自变量和控制变量对因变量非标准化的回归系数。

表 5-7 不同自变量和控制变量对因变量非标准化的回归系数

变量	新产品开发速度		新产品创造性		知识整合	组织忘却
控制变量						
国有	0.001	−0.100	−0.176	−0.180	0.243	−0.015
民营	0.210	0.220	0.287†	0.340*	0.010	−0.054
外资	−0.036	−0.026	−0.423†	−0.346	−0.004	0.007
东部	−0.179	−0.279	−0.402†	−0.404†	0.106	0.152
西部	−0.140	−0.212	−0.308	−0.345	−0.060	0.173
企业规模	0.085	0.048	0.206*	0.230**	0.085	−0.007
企业年限	−0.041	0.011	−0.027	0.016	−0.079	−0.046
行业类型	包括	包括	包括	包括	包括	包括
绩效变化	0.079*	0.048	0.009	−0.019	0.021	0.059**
市场环境动荡性	0.126†	0.012	−0.116	−0.171*	0.188**	0.140**
技术环境动荡性	0.065	0.035	0.199**	0.179*	−0.038	0.154***
自变量						
市场导向	0.277**		0.223*		0.266**	0.182**
技术导向	0.155*		0.362***		0.135*	0.297***
组织忘却		0.314***		0.456***		
知识整合		0.468***		0.145*		

注：$N=254$，$***$ 表示 $p<0.001$，$**$ 表示 $p<0.01$，$*$ 表示 $p<0.05$，$†$ 表示 $p<0.1$。

根据表 5-7 的结果，结合 t 检验公式，计算得到市场导向和技术导向对新产品开发速度回归系数差异的 t 值为 2.227，所对应的 p 值小于 0.05。说明市场导向和技术导向对新产品开发速度的作用效果存在显著差异，且市场导向的作用效果要强于技术导向的作用效果。因此，假设 1b 再次得到验证。同理，技术导向和市场导向对新产品创造性回归系数差异的 t 值为

2.538，所对应的 p 值小于 0.05。说明技术导向和市场导向对新产品创造性的作用效果存在显著差异，且技术导向的作用效果要强于市场导向的作用效果。因此，假设 2b 再次得到验证。市场导向和技术导向对知识整合回归系数差异的 t 值为 2.392，所对应的 p 值小于 0.05。说明市场导向和技术导向对知识整合的作用效果存在显著差异，且市场导向的作用效果要强于技术导向的作用效果。因此，假设 3b 再次得到验证。技术导向和市场导向对组织忘却回归系数差异的 t 值为 2.100，所对应的 p 值小于 0.05。说明技术导向和市场导向对组织忘却的作用效果存在显著差异，且技术导向的作用效果要强于市场导向的作用效果。因此，假设 4b 再次得到验证。知识整合和组织忘却对新产品开发速度回归系数差异的 t 值为 1.721，所对应的 p 值小于 0.1。说明知识整合和组织忘却对新产品开发速度的作用效果存在显著差异，且知识整合对新产品开发速度的作用效果要强于组织忘却。因此，假设 5b 再次得到验证。组织忘却和知识整合对新产品创造性回归系数差异的 t 值为 3.477，所对应的 p 值小于 0.01。说明知识整合和组织忘却对新产品创造性的作用效果存在显著差异，且组织忘却对新产品创造性的作用效果要强于知识整合。假设 6b 再次得到验证。

此外，本书还根据 Liu 等（2009）的研究，通过计算各预测变量与因变量之间的半偏相关系数进一步检验了不同自变量对同一因变量的相对作用效果。半偏相关系数的基本原理是在多要素所构成的系统中，当研究某一要素对另一个要素的影响时，将其他要素的影响视为常数，即暂时不考虑其他要素的影响，单独分析两个要素之间关系的密切程度。换言之，半偏相关系数表示在控制其他变量后，预测变量对因变量的独立影响。因此，根据半偏相关系数的大小，可判断自变量对因变量的影响程度。表 5-8 为各预测变量与因变量之间的半偏相关系数。

表 5-8　各预测变量与因变量之间的半偏相关系数

变量	新产品开发速度		新产品创造性		知识整合	组织忘却
	PC	PC	PC	PC	PC	PC
控制变量						
国有	0.004	-0.043	-0.066	-0.067	0.104	-0.010

续表

变量	新产品开发速度		新产品创造性		知识整合	组织忘却
	PC	PC	PC	PC	PC	PC
民营	0.092	0.106	0.120	0.141	0.005	−0.043
外资	−0.010	−0.008	−0.110	−0.090	−0.001	0.004
东部	−0.055	−0.095	−0.119	−0.118	0.036	0.086
西部	−0.043	−0.071	−0.090	−0.100	−0.020	0.096
企业规模	0.068	0.043	0.156	0.175	0.074	−0.010
企业年限	−0.031	0.009	−0.020	0.012	−0.065	−0.063
行业类型	包括	包括	包括	包括	包括	包括
绩效变化	0.129	0.085	0.014	−0.030	0.037	0.174
市场环境动荡性	0.111	0.011	−0.099	−0.140	0.181	0.221
技术环境动荡性	0.063	0.037	0.184	0.162	−0.041	0.266
自变量						
市场导向	0.174		0.136		0.184	0.207
技术导向	0.134		0.291		0.129	0.428
组织忘却		0.266		0.254		
知识整合		0.342		0.122		

注：PC 表示半偏相关（Semipartial Correlation）。

表 5-8 的结果表明，市场导向与新产品开发速度的半偏相关系数（0.174）明显大于技术导向与新产品开发速度的半偏相关系数（0.134），再次说明市场导向与新产品开发速度的作用要比技术导向对新产品开发速度的作用强。因此，假设 1b 进一步得到支持。技术导向和市场导向与新产品创造性的半偏相关系数分别为 0.291 和 0.136，说明技术导向对新产品创造性的作用要强于市场导向。因此，假设 2b 进一步得到支持。市场导向和技术导向与知识整合的半偏相关系数分别为 0.184 和 0.129，说明市场导向对知识整合的作用要强于技术导向。因此，假设 3b 进一步得到支持。市场导向和技术导向与组织忘却的半偏相关系数分别为 0.207 和 0.428，再次证明技术导向对组织忘却的作用要强于市场导向。因此，假设 4b 进一步得到支持。知识整合和组织忘却与新产品开发速度的半偏相关系数分别为 0.342 和 0.266，说明与组织忘却相比，知识整合对新产品开发速度的

作用更大。因此，假设 5b 进一步得到支持。知识整合和组织忘却与新产品创造性的半偏相关系数分别为 0.122 和 0.254，说明组织忘却对提升企业所开发产品创造性的作用效果要强于知识整合。因此，假设 6b 进一步得到支持。

二　中介效应检验

由于本书涉及知识整合和组织忘却的并列中介，传统的三步检验法可能会导致检验结果出现偏差。为了确保结果的准确性，本书采用 Bootstrap 多重中介分析方法来检验知识整合和组织忘却在战略导向与新产品开发绩效间所起的中介作用

按照所提出的假设，将市场导向和技术导向作为自变量，知识整合和组织忘却作为中介变量，新产品开发速度和新产品创造性作为结果变量，采用 Bootstrap 方法，将重复抽取样本数量设为 1000，置信区间设为 95%，对多重中介效应进行检验，具体结果如表 5-9 所示。结果显示，市场导向通过知识整合影响新产品开发速度的中介效应达到了显著水平，中介效应和 Bootstrap 95% 的置信区间分别为 0.112 和 [0.045, 0.198]，假设 7a 通过检验。市场导向通过组织忘却影响新产品创造性的中介效应不显著，因为 Bootstrap 95% 的置信区间为 [-0.042, 0.108]，包含 0，假设 7b 未通过检验。当自变量为技术导向时，其通过知识整合影响新产品开发速度的中介效应未通过检验，因为 Bootstrap 95% 的置信区间为 [-0.019, 0.137]，包含 0，假设 8a 未通过检验。然而，技术导向通过组织忘却影响新产品创造性的中介效应显著，中介效应和 Bootstrap 95% 的置信区间分别为 0.089 和 [0.010, 0.190]，假设 8b 通过检验。

表 5-9　战略导向与新产品开发绩效之间的中介效应检验

自变量	中介变量	结果变量	中介效应	标准误差	偏差矫正置信区间	
					下限	上限
市场导向	知识整合	新产品开发速度	0.112	0.039	0.045	0.198
	组织忘却	新产品开发速度	0.010	0.038	-0.006	0.118

续表

自变量	中介变量	结果变量	中介效应	标准误差	偏差矫正置信区间	
					下限	上限
市场导向	知识整合	新产品创造性	0.039	0.026	−0.001	0.101
	组织忘却	新产品创造性	0.015	0.045	−0.042	0.108
技术导向	知识整合	新产品开发速度	0.068	0.029	−0.019	0.137
	组织忘却	新产品开发速度	0.036	0.039	−0.007	0.125
	知识整合	新产品创造性	0.025	0.017	−0.001	0.071
	组织忘却	新产品创造性	0.089	0.047	0.010	0.190

三　调节效应检验

假设 9a、9b 和假设 10a、10b 分别是关于技术环境动荡性和市场环境动荡性对战略导向与新产品开发绩效间关系的调节效应的假设，具体检验结果如表 5-10 所示。模型 26 的数据显示，技术导向和技术环境动荡性的交互项对新产品开发速度的回归系数不显著（$p>0.1$），假设 9a 未通过检验。模型 29 的数据显示，技术导向和技术环境动荡性的交互项与新产品创造性显著正相关（回归系数为 0.182，$p<0.01$），假设 9b 通过检验。模型 25 和模型 28 的实证结果表明，市场导向和市场环境动荡性的交互项与新产品开发速度和新产品创造性均显著正相关，回归系数分别为 0.138（$p<0.05$）和 0.104（$p<0.1$）。因此，假设 10a 和 10b 通过检验。

表 5-10　环境动荡性对战略导向与新产品开发绩效之间关系的调节效应

变量	新产品开发速度			新产品创造性		
	模型 25	模型 26	模型 27	模型 28	模型 29	模型 30
控制变量						
国有	0.086	0.062	0.081	−0.018	−0.023	−0.023
民营	0.181[†]	0.144[†]	0.167[†]	0.177[*]	0.145[†]	0.154[†]
外资	0.033	0.012	0.029	−0.090	−0.083	−0.089
东部	−0.053	−0.079	−0.073	−0.024	−0.218[*]	−0.196[*]
西部	−0.068	−0.117	−0.084	−0.054	−0.085	−0.087
企业规模	0.082	0.019	0.036	0.265[***]	0.168[*]	0.165[*]

续表

变量	新产品开发速度			新产品创造性		
	模型 25	模型 26	模型 27	模型 28	模型 29	模型 30
企业年限	−0.036	−0.031	−0.028	−0.028	−0.008	−0.003
行业类型	包括	包括	包括	包括	包括	包括
绩效变化	0.127*	0.119*	0.115†	0.035	0.003	−0.001
自变量						
市场导向（MO）	0.245***		0.182*	0.263***		0.131†
技术导向（TO）		0.193**	0.116†		0.272***	0.237**
调节变量						
市场环境动荡性（MT）	0.039		0.006	−0.048		−0.115†
技术环境动荡性（TT）		0.155**	0.093		0.179**	0.194**
交互项						
MO×MT	0.138*		0.116†	0.104†		0.063
TO×TT		0.106	0.078		0.182**	0.179**
R^2	0.158	0.139	0.198	0.186	0.273	0.292
F 值	3.690***	3.243***	3.954***	5.177***	7.772***	8.417***

注：$N=254$，***表示 $p<0.001$，**表示 $p<0.01$，*表示 $p<0.05$，†表示 $p<0.1$，标准化的回归系数。

四　被调节的中介效应检验

假设 9c、9d 和假设 10c、10d 分别是关于技术环境动荡性和市场环境动荡性对知识整合和组织忘却中介效应的调节作用的假设。根据 Hayes（2009）和 Preacher 和 Hayes（2008）的建议，采用 PROCESS 程序检验被调节的中介效应，检验结果如表 5-11 所示。

表 5-11　环境动荡性对知识整合和组织忘却中介效应的调节作用

变量	知识整合			组织忘却		
	模型 31	模型 32	模型 33	模型 34	模型 35	模型 36
控制变量						
国有	0.144†	0.121	0.163*	0.069	−0.037	0.008
民营	0.040	0.019	0.057	0.026	−0.049	−0.030

续表

变量	知识整合			组织忘却		
	模型 31	模型 32	模型 33	模型 34	模型 35	模型 36
外资	0.036	−0.003	0.036	0.040	−0.008	0.004
东部	0.075	0.022	0.032	0.190†	0.090	0.112
西部	−0.030	−0.123	−0.057	0.209*	0.056	0.132
企业规模	0.097	0.014	0.070	0.122†	−0.071	−0.011
企业年限	−0.061	−0.019	−0.047	−0.062	−0.014	−0.046
行业类型	包括	包括	包括	包括	包括	包括
绩效变化	0.017	0.021	0.013	0.167**	0.122*	0.128**
自变量						
市场导向（MO）	0.227**		0.184*	0.359***		0.171**
技术导向（TO）		0.191**	0.122†		0.424***	0.368***
调节变量						
市场环境动荡性（MT）	0.168*		0.142*	0.311***		0.199***
技术环境动荡性（TT）		0.101	−0.050		0.383**	0.231***
交互项						
MO×MT	0.134*		0.127*	−0.015		−0.034
TO×TT		0.108	0.104		0.128*	0.118*
R^2	0.178	0.132	0.204	0.356	0.459	0.515
F 值	4.579***	3.235***	4.210***	11.733***	17.996***	17.426***

注：$N=254$，$***$ 表示 $p<0.001$，$**$ 表示 $p<0.01$，$*$ 表示 $p<0.05$，$\dagger$ 表示 $p<0.1$，标准化的回归系数。

模型 32 的回归结果显示，技术导向和技术环境动荡性的交互项与知识整合之间的回归系数不显著，而模型 35 的回归结果显示，技术导向和技术环境动荡性的交互项与组织忘却显著正相关（回归系数为 0.128，p<0.05），说明技术环境动荡性会强化技术导向与组织忘却之间的正向关系。模型 34 的回归结果显示，市场导向和市场环境动荡性的交互项与组织忘却间的回归系数不显著，而模型 31 的回归结果显示，市场导向和市场环境动荡性的交互项与知识整合显著正相关（回归系数为 0.134，p<0.05），说明市场环境动荡性会强化市场导向对知识整合的正向作用。

结合表 5-12 的结果可以看出，技术环境动荡性能够显著调节"技术导向—组织忘却—新产品创造性"的中介路径。当技术环境动荡程度较高时，"技术导向—组织忘却—新产品创造性"的中介效应显著，中介效应和95%的置信区间分别为0.136和［0.002，0.291］；当技术环境动荡程度较低时，"技术导向—组织忘却—新产品创造性"的中介效应显著，中介效应和95%的置信区间分别为0.052和［0.019，0.148］。虽然在高低两种不同的技术环境动荡性下，"技术导向—组织忘却—新产品创造性"的中介效应都显著，但在高技术环境动荡性下的中介效应高于在低技术环境动荡性下的中介效应。因此，假设9d通过检验。

表5-12　战略导向与新产品开发绩效间被调节的中介效应检验

调节变量	水平	中介模型	效应	标准误差	偏差矫正置信区间	
					下限	上限
技术环境动荡性	高	技术导向—知识整合—新产品开发速度	—	—	—	—
	低		—	—	—	—
	高	技术导向—组织忘却—新产品创造性	0.136	0.073	0.002	0.291
	低		0.052	0.044	0.019	0.148
市场环境动荡性	高	市场导向—知识整合—新产品开发速度	0.156	0.053	0.066	0.275
	低		0.072	0.060	-0.046	0.197
	高	市场导向—组织忘却—新产品创造性	—	—	—	—
	低		—	—	—	—

注：估算偏差矫正置信区间的Bootstrap抽样次数为1000次；调节变量的"高"或"低"是高于或低于均值的一个标准差；"—"表示中介效应未通过，无须检验有调节的中介效应。

类似地，市场环境动荡性能够正向调节"市场导向—知识整合—新产品开发速度"的中介路径。当市场环境动荡程度较高时，"市场导向—知识整合—新产品开发速度"的中介效应显著，中介效应和95%的置信区间分别为0.156和［0.066，0.275］；而当市场环境动荡程度较低时，"市场导向—知识整合—新产品开发速度"的中介效应变得不显著，中介效应和95%的置信区间分别为0.072和［-0.046，0.197］。说明随着市场动荡程度变高，知识整合在市场导向与新产品开发速度中所发挥的中介效应会被强化，因此假设10c通过检验。

第五节　本章小结

本章结合 254 家中国企业的调研数据对第三章提出的 24 个假设进行了实证分析。首先，进行信度和效度分析，实证结果显示，本书所使用的量表能满足实证分析的信度和效度要求。其次，进行共同方法偏差检验。在使用 A、B 卷的基础上对数据进行收集，然后通过多模型比较法以及 Harman 单因素检验法进行检验，证明了研究样本不存在共同方法偏差的问题。再次，对所使用的数据进行描述性统计分析和相关性分析，为下一步的假设检验奠定基础。最后，综合利用分层回归、Bootstrap 多重中介检验方法、对比检验法等对假设进行逐个检验。表 5-13 为假设验证情况，所提出的 24 个假设中有 19 个通过验证。

表 5-13　本书所提出的研究假设及实证检验结果汇总

效应	假设	假设内容	检验结果
直接效应	H1a	市场导向正向影响企业的新产品开发速度	通过
	H1b	技术导向正向影响企业的新产品开发速度，但相比市场导向的作用要弱	通过
	H2a	市场导向正向影响企业的新产品创造性	通过
	H2b	技术导向正向影响企业的新产品创造性，但相比市场导向的作用要强	通过
	H3a	市场导向正向影响知识整合	通过
	H3b	技术导向正向影响知识整合，但相比市场导向的作用要弱	通过
	H4a	市场导向正向影响组织忘却	通过
	H4b	技术导向正向影响组织忘却，但相比市场导向的作用要强	通过
	H5a	知识整合正向影响新产品开发速度	通过
	H5b	组织忘却正向影响新产品开发速度，但相比知识整合的作用要弱	通过
	H6a	知识整合正向影响新产品创造性	通过
	H6b	组织忘却正向影响新产品创造性，但相比知识整合的作用要强	通过

续表

效应	假设	假设内容	检验结果
中介效应	H7a	知识整合中介市场导向与新产品开发速度之间的关系	通过
	H7b	组织忘却中介市场导向与新产品创造性之间的关系	未通过
	H8a	知识整合中介技术导向与新产品开发速度之间的关系	未通过
	H8b	组织忘却中介技术导向与新产品创造性之间的关系	通过
调节效应	H9a	技术环境动荡性强化技术导向与新产品开发速度间的正向关系	未通过
	H9b	技术环境动荡性强化技术导向与新产品创造性间的正向关系	通过
	H10a	市场环境动荡性强化市场导向与新产品开发速度间的正向关系	通过
	H10b	市场环境动荡性强化市场导向与新产品创造性间的正向关系	通过
被调节的中介效应	H9c	技术环境动荡性正向调节知识整合在技术导向与新产品开发速度之间的中介效应；相比较低水平的技术环境动荡性，在高水平技术环境动荡性下，知识整合在技术导向与新产品开发速度之间的中介效应更强	未通过
	H9d	技术环境动荡性正向调节组织忘却在技术导向与新产品创造性之间的中介效应；相比较低水平的技术环境动荡性，在高水平技术环境动荡性下，组织忘却在技术导向与新产品创造性之间的中介效应更强	通过
	H10c	市场环境动荡性正向调节知识整合在市场导向与新产品开发速度之间的中介效应；相比较低水平的市场环境动荡性，在高水平市场环境动荡性下，知识整合在市场导向与新产品开发速度之间的中介效应更强	通过
	H10d	市场环境动荡性正向调节组织忘却在市场导向与新产品创造性之间的中介效应；相比较低水平的市场环境动荡性，在高水平市场环境动荡性下，组织忘却在市场导向与新产品创造性之间的中介效应更强	未通过

第六章 中国制造业企业战略导向与新产品 开发绩效的研究结果讨论

第一节 假设检验结果的讨论

一 战略导向对新产品开发绩效的影响

针对本书的第一个子问题，即市场导向和技术导向会对企业的新产品开发速度和创造性产生怎样的影响，假设 1a、1b 和假设 2a、2b 探讨了战略导向与新产品开发绩效之间的关系，4 个假设均得到验证。具体的实证结果讨论如下。

（一）市场导向对新产品开发绩效的作用效果

实证结果显示，市场导向对提升新产品开发速度和增强新产品创造性都具有促进作用，且比技术导向对新产品开发速度的作用更强。这一发现拓展了 Adams 等（2019）的研究，他们认为坚持顾客导向的企业专注于顾客信息的获取，能够发现顾客未被满足或潜在的需求，从而提高企业创新成功的可能。在他们的研究中，企业创新被视为一个整体性的概念，关于不同的战略导向怎样影响创新的不同方面则缺乏足够的讨论。通过将企业的新产品开发绩效具体划分为两个不同维度，本书剖析了市场导向对新产品开发速度和新产品创造性的作用，并与技术导向的作用效果进行了对比，一系列的研究结果使得市场导向与创新绩效间关系的研究变得更加具体和清晰。市场导向与新产品创造性间正向关系的实证结果，也从侧面回应了学者们对市场导向能够提升新产品创造性的质疑。例如，Berthon 等（1999）认为坚持市场导向可能会抑制创新。Christensen 和 Bower（1996）则提出坚持市场导向的企业过于重视客户意见，会导致其行业地位下降。之所以会出现这种质疑，可能的原因在于上述研究未能很好地理解市场导向作用机制的发挥。本书的实证结果表明，坚持市场导向并不会抑制企业的创新，相反，由于能及时获得市场信息和用户反馈，企业能提升所开发产品的创造性。该研究结论一方面支持了 Boso 等（2013）、Zhou 等（2005a）等的观点，即坚持市场导向能促使企业更好地挖掘市场机会并充分利用外部市场信息进行相关决策，进而实现良好的创新绩效；另一方面也为今后深入分析市场导向与企业创新绩效间的复杂关系奠定了基础。

（二）技术导向对新产品开发绩效的作用效果

实证结果表明，技术导向不仅能加快企业新产品开发的速度，而且能有效增强所开发产品的创造性，且比市场导向对新产品创造性的作用更强。具体而言，通过采用新技术，技术导向型企业能优化产品开发流程并且高效地解决新产品开发过程中出现的问题（Adams et al.，2019；Moreno et al.，2023；Wu et al.，2020；Zhu et al.，2019），进而促进新产品开发速度的提升。此外，技术导向型企业通常对一些打破常规的想法具有较强的包容性，能鼓励员工在新产品开发过程中探索新思路，开发更具创造性的产品（Gao et al.，2007）。先进的技术也为企业创造性产品的开发提供了技术支撑（Peneder，2010）。因此，技术导向型企业更有可能从客户价值和期望的角度出发，开发新颖和有用的产品。该研究结论证实了 Adams 等（2019）提出的"坚持技术导向的企业寻求获取技术知识并将其应用于新产品或新工艺的开发中"的观点，同时也支持了 Hao 和 Song（2016）关于技术驱动战略能使公司创造出优质的产品来快速满足客户需求从而提高公司的绩效的论断，对于丰富技术导向视角下企业创新的相关研究也有一定的贡献。Guo 等（2020）的研究发现，技术导向型企业可以通过采用先进的技术来获取企业租金，使得企业能以更加新颖和有效的方式实现生产要素与市场的联结，进而提升初创企业的新产品开发绩效。Haug 等（2023）的研究表明，技术导向型企业注重对技术能力的培育，这种能力提高了企业获得高水平绩效的可能性。区别于这些研究只是笼统地研究企业新产品开发绩效，本书将企业的新产品开发绩效具体化为新产品开发速度和创造性，使得技术导向与企业新产品开发绩效间的关系更加明晰。同时，通过与市场导向的作用进行对比，进一步凸显了技术导向战略在提升企业新产品创造性中所发挥的重要作用。

综合而言，作为企业创新过程中的关键要素（Adams et al.，2019），市场导向和技术导向均能提升企业的新产品开发绩效，且二者在作用效果上存在一定差异。相较于技术导向，市场导向对新产品开发速度的作用更强；而相较于市场导向，技术导向对新产品创造性的作用更强。实证研究结果，一方面为企业创新成功究竟是源于"技术推动"还是"市场拉动"的相关争论的解决提供了实证依据（Adams et al.，2019），另一方面也为坚持不同战略导向的企业如何有针对性地提升新产品开发绩效提供了理论指导。坚持"市场拉动"的学者强调了用户需求和市场反馈在新产品开发过程中作为关键要素输入的作用（Cui and Wu，2016；Narver and Slater，1990）；坚持"技术推动"的学者则强调科学技术和研发在促进企业新产品开发过程中的作用（Gatignon and Xuereb，1997；Wu et al.，2020；Zhou et al.，2005b）。本书将市场导向和技术导向置于同一研究框架下，探讨了它们在提升企业新产品开发绩效中所扮演的角色，并比较了二者在提升新产品开发速度和创造性中所发挥作用的差异。相关研究结果不仅细化了战略导向与新产品开发绩效间的关系，同时也打破了已有关于战略导向与新产品开发绩效间关系的研究中仅将新产品开发绩效作为一个整体概念的局限。

二 战略导向对组织学习的影响

假设 3a、3b 和假设 4a、4b 分析了企业的战略导向对组织学习的影响，4 个假设均通过检验。具体而言，基于"技术推动"和"市场拉动"的现实状况并结合多数学者的观点，本书将企业的战略导向分为技术导向和市场导向两种类型，分别探讨了它们对知识整合和组织忘却的影响。实证结果显示，这两种战略导向均能从不同的方面对知识整合和组织忘却产生促进作用，且市场导向比技术导向更能促进企业的知识整合，而技术导向比市场导向更能促进企业的组织忘却。这也就意味着，不同的战略导向对企业学习行为的选择（知识整合和组织忘却）存在差异化的影响，在分析战略导向的作用时有必要将其进行细分。以下将分别对这些实证结果进行讨论。

（一）市场导向对组织学习的影响效应

实证结果显示，市场导向对知识整合和组织忘却均具有正向作用。这一研究结论与 Boso 等（2013）、Morgan 等（2019a）的研究发现大体一致，市场导向通过促进企业学习能力的提升、创造良好的内部氛围以及增加企业知识获取渠道，有效促进企业的知识整合（Eslami et al., 2018；蒋天颖等，2013）。此外，通过对外部市场环境的不断扫描，企业能更快地发现自身已经过时的知识（Klammer et al., 2019），从而通过实施忘却行为降低那些过时知识对企业当前发展可能产生的不利影响。另外，为了更加有效地掌握最新的相关知识以满足顾客需求，企业也会通过实施忘却行为来突破固有知识的限制（Boso et al., 2013）。因此，市场导向不仅能促进企业进行知识整合，也能为组织忘却的实施提供契机。这一研究结果将营销领域的市场导向研究与组织学习领域的知识整合和组织忘却研究结合起来，为未来相关研究的开展提供了一定的理论基础。通过对比市场导向与技术导向对组织学习的作用效果，本书还发现市场导向对知识整合的作用效果要强于技术导向。Sainio 等（2012）和蒋天颖等（2013）认为，市场导向和技术导向均有助于提升企业对外部环境的敏感性，进而有利于企业收集外部相关的有用知识。而本书基于满足知识整合要求的视角，论证了市场导向比技术导向更有利于企业获取更加多样且互补的专业知识，进而能更好地提升知识整合的效果，深化了关于市场导向与组织学习之间关系的认识。

市场情报收集作为市场导向的起点，不仅包括对顾客产品偏好以及相关需求信息的收集与获取，还包括对对顾客偏好产生影响的外部信息，如制度、技术、产业以及其他环境信息等（Kohli and Jaworski, 1990）的收集与获取。通过对市场情报的有效收集，企业一方面能更好地掌握当前的市场信息，进而将其与自身的知识进行有效整合；另一方面也能通过与自身所掌握的知识进行对比，剔除过时知识。情报响应是市场导向的终点，企业只有对所收集的情报做出响应，市场导向的实施才算真正完成。就组织学习而言，对市场情报的响应必然涉及对所收集的知识进行筛选，选择那些与当前发展相契合的知识进行有效整合，进而将其转化为自身为顾客创造价值的生产要素。作为一个知识存量与知识流量相互作用的动态平衡过程，组织学习不仅包括知识的摄入，还包括知识的流出（Bontis et al.，2002），具体表现形式是，摒弃那些过时的或与当前项目发展不相匹配的知识。因此，企业对市场情报做出响应的另一种形式是，将所收集的最新的市场信息与企业所拥有的信息进行比对，在此基础上通过实施组织忘却行为摒弃那些过时的知识。蒋天颖等（2013）认为，坚持市场导向有助于在企业内营造一种良好的创新氛围，强化企业的创新能力。Slater 和 Narver（1995）也指出，市场导向是组织学习的重要文化基础之一。通过探究市场导向与组织学习之间的关系，本书的研究结果为上述观点提供了实证支持。

一些企业的经营实践也很好地支持了本书的研究结论。例如，A 企业是一家生产汽车车轮的企业，在平时的生产经营过程中紧跟市场步伐，针对市场的变化积极对产品进行调整。面对激烈的市场竞争和经济下行的不利态势，A 企业在市场调研的基础上主动通过创新求变。具体而言，在充分掌握市场需求的相关信息后，通过引入新的生产设备，将所识别的市场需求与自身的知识进行有效结合，加强科研攻关，成功开发出了一系列乘用车的车轮，乘用车类型包括家庭轿车、越野汽车、新能源汽车、皮卡等，并申请了专利，大大拓展了企业的销售领域，突破了以往只在单一领域进行生产销售的限制。此外，在引入新的设备和技术知识后，A 公司也通过内部集体反思的形式，对企业内传统的知识或生产惯例等进行了变革和调整，最终使得企业的经营效率大大提升。以市场为导向，加快对新工艺、知识等的整合，并摒弃那些传统的经验、惯例等，使得 A 企业的订单越来越多、市场份额越来越大。

（二）技术导向对组织学习的影响效应

实证结果显示，技术导向对知识整合和组织忘却都具有显著的促进作用，且对组织忘却的正向作用要强于市场导向。对研发以及新技术的高度重视，使得坚持技术导向的企业在相关技术上具有较高的熟练度和灵活性

（Gatignon and Xuereb，1997；Zhou et al.，2005b），有利于其更好地对现有技术知识进行有效整合。同时，坚持技术导向也使得企业能将所掌握的先进技术运用于具体的经营实践中（Sainio et al.，2012），从而能提升企业知识整合的效率。因此，坚持技术导向的企业通常能对内外部知识进行有效整合。此外，坚持技术导向的企业还能通过促进忘却行为的实施实现过时知识的流出。技术导向对研发高度重视并致力于学习和整合新的技术知识（Jeong et al.，2006；Zhou et al.，2005b），这要求企业对所拥有的知识进行不断更新并剔除那些过时的知识，因为那些无用知识的存在会阻碍企业对新知识的学习与吸收。另外，坚持技术导向的企业还倾向于建立新的技术知识体系（朱秀梅等，2012），而新的技术知识体系的建立不可避免会与传统的知识体系产生冲突。基于此，企业需通过组织忘却来摒弃那些具有干扰性的旧知识以释放企业的记忆空间，从而为新的技术知识体系建立创造条件（韵江、赵永德，2010）。

在本书中，技术导向与组织学习之间关系的实证结果响应了一些学者关于在日新月异的技术环境下要加强技术导向研究的呼吁。如 Al-Henzab 等（2018）认为，先进的技术是企业摆脱传统的"价格战"并实现持续发展的重要动力，并呼吁未来的研究应关注技术导向对企业发展的作用。本书的发现也拓展了 Hao 和 Song（2016）对技术驱动的研究，他们发现技术导向通过技术能力和信息能力间接影响企业的创新绩效。同样，关于技术导向对组织学习的正向作用的实证结果也证实了资源基础观的重要性，即技术作为企业的异质性资源的重要组成部分（Barney，1991），对于企业的行为选择以及最终的绩效有着重要作用。本书的这一发现还支持了技术导向作为一种组织文化，能提高员工的积极性、促进内部的知识共享与整合，进而促进创新想法产生的观点（Chen and Arnold，2022；Luukkonen，2002），即技术导向能促使企业向合作伙伴学习，通过与大学或研究机构保持或建立良好的合作关系来强化企业的知识基础。本书研究指出，技术导向强的企业会向外界传递出一种重视研发的信号从而能增强企业的外部合法性，这种合法性的存在能促使企业被其他市场主体认可和接受，进而与之建立良好的合作关系。因此，本书研究比 Luukkonen（2002）更为深入地解释了为什么技术导向型企业能很好地与其他组织建立良好的外部关系，进而促使相应组织学习行为的发生。此外，技术导向比市场导向更能促进组织忘却行为的实施，不仅揭示了不同的战略导向在促进企业实施忘却行为中所扮演的差异化角色，同时也为未来进一步探索组织忘却的驱动要素提供了新的理论视角。

三　组织学习对新产品开发绩效的影响

探究组织学习与新产品开发绩效之间的关系旨在回答本书提出的第二个子问题，即知识整合和组织忘却在提升企业新产品开发速度和新产品创造性中扮演着何种角色。假设 5a、5b 和假设 6a、6b 分析了知识整合和组织忘却与新产品开发速度和新产品创造性之间的关系，4 个假设均通过检验。实证结果表明，虽然知识整合和组织忘却都能提升企业的新产品开发速度，但知识整合对新产品开发速度的提升作用更大。对于新产品创造性而言，组织忘却的正向作用要强于知识整合的正向作用。这也就意味着，知识整合和组织忘却对新产品开发绩效的不同方面（新产品开发速度和新产品创造性）存在差异化的影响。因此，在分析组织行为对新产品开发绩效的作用时有必要将笼统的组织行为进行细分。

目前，关于新产品开发的相关研究大多肯定了组织学习在其中所起的积极作用（Chen et al.，2010；Tao et al.，2023；Zahoor et al.，2023）。由于学习过程的复杂性，学者们在探讨组织学习作用时基于不同的视角将其分为响应型学习与前瞻型学习、外部学习与内部学习、探索式学习与应用式学习等（Gnizy et al.，2014；Zahoor et al.，2023；刘新梅等，2013）。值得注意的是，组织学习作为一个动态过程，是知识存量与知识流量相互作用的结果（Antunes and Pinheiro，2020；Bontis et al.，2002）。现有研究在分析组织学习对新产品开发的作用时，更多的是从知识存量的视角分析通过组织学习所实现新知识的摄入在提升企业新产品开发绩效中扮演的角色（Akinci and Sadler-Smith，2019；Brix，2017；刘新梅等，2013；姚山季等，2017），而忽视了通过组织忘却实现旧知识流出在新产品开发过程中可能发挥的作用。本书同时考虑知识整合和组织忘却的作用，既强调了通过知识整合实现新知识的流入，从而增加企业的知识存量以提升新产品开发绩效，同时也分析了通过实施忘却行为促进与当前发展不相适应的知识流出对于加快新产品开发速度和增强新产品创造性的作用。因此，本书将知识整合和组织忘却纳入研究框架，并剖析它们对新产品开发速度和新产品创造性的作用，弥补了已有相关研究仅从单一的知识摄入视角来分析组织学习对新产品开发绩效影响的不足。此外，组织忘却对企业的新产品开发速度和创造性均具有促进作用的发现，也是对现有关于组织学习与新产品开发绩效间关系认识的有效补充。该研究发现说明，除了摄入新知识外，摒弃传统或过时的知识也能为提升企业的新产品开发绩效创造良好的条件，同时也为组织忘却在企业创新过程中发挥积极作用的论断提供了有效的理论和实证支撑。因此，将组织忘却纳入提升新产品开发绩效的研究框架中，也是对现有组织学习和新产品开发相关研究的有效补充和拓展。

知识整合和组织忘却对新产品开发速度和新产品创造性差异化作用效果的实证结果，也进一步支持了从知识摄入和知识流出的视角对组织学习进行划分的必要性，使得组织学习对新产品开发绩效作用的研究更具有针对性，同时也证实了 Bontis 等（2002）关于组织学习是知识存量和知识流量共同作用结论的合理性。此外，本书的发现还拓展了 Akgün 等（2007a）、Eslami 等（2018）的研究，他们证实了知识整合和组织忘却都能促进企业新产品开发绩效的提升。本书通过将新产品开发绩效具体划分为新产品开发速度和新产品创造性，发现知识整合和组织忘却对于二者的作用存在强弱之分。因此，在未来的相关研究中，有必要深入剖析不同的组织行为在提升具体创新绩效中所具有的比较优势，从而深化对二者间关系的认识。知识整合和组织忘却对新产品开发绩效差异化影响效果的解释主要体现在两个方面。一方面，新产品开发速度的提升主要在于有效减少整个生产流程所耗费的时间（Zhu et al.，2019）。虽然知识整合和组织忘却在不同的阶段都能节省时间，但组织忘却行为的实施并不会立马产生效果，需要一定的时间才能发挥作用，而且组织忘却行为的实施也会占用企业有限的资源（Huang et al.，2018）。此外，实施忘却行为意味着要抛弃一些过时的知识、惯例等，这使得企业原本熟悉的营销流程被打破，从而需要花费额外的时间和精力来建立新的生产流程。因此，从整个生产周期来看，组织忘却对加快新产品开发速度的作用并不如知识整合明显。另一方面，创造性产品的开发往往会挑战企业原有的产品开发流程，甚至使其变得不再适用（Akgün et al.，2008）。为了保证创造性产品成功开发，企业有必要通过实施忘却行为摆脱传统产品开发流程的束缚。尽管知识整合也能促进创造性产品概念的产生（Wang et al.，2018），但重复进行知识整合会增加企业陷入"熟悉陷阱"的可能性（Tsai et al.，2015），最终降低所开发产品的创造性（苏中锋、李嘉，2014）。因此，在增强产品创造性方面，组织忘却的效果要强于知识整合。表 6-1 整理了本书研究与现有关于组织学习与新产品开发绩效关系研究的异同。

表 6-1　本书研究与现有关于组织学习与新产品开发绩效关系研究的对比

	本书研究	现有相关研究
新产品划分	新产品开发速度、新产品创造性	多数研究将其视为一个整体概念
组织学习行为	同时关注知识摄入与知识流出	更多的是强调知识摄入
作用效果	对比分析，深刻揭示了二者间的关系	单纯分析二者间的（非）线性关系

资料来源：笔者根据相关文献整理得到。

四　组织学习的中介作用

针对本书提出的第三个子问题，即市场导向和技术导向实现新产品开发速度和新产品创造性提升的作用机理是什么，假设 7a、7b 和假设 8a、8b 探讨了组织学习在战略导向与新产品开发绩效间所起的中介作用。4 个假设中 2 个通过检验，实证结果表明：市场导向通过知识整合的作用路径影响新产品开发速度，而技术导向通过组织忘却的作用路径影响新产品创造性。关于组织学习中介作用的具体讨论如下。

第一，市场导向通过知识整合的作用路径影响企业的新产品开发速度。市场导向所强调的为顾客创造卓越价值的理念（Guo et al.，2020；刘新梅等，2013），促使企业密切关注目标市场上顾客和竞争者的态势。在此过程中，企业能根据自身发展或拟开展项目的需要来整合外部有用知识。通过掌握这些知识资源，企业能更好地理解当前市场的产品需求，从而能有针对性地进行产品设计和开发，最终减少新产品开发所耗费的时间（Eslami et al.，2018）。该发现为 Jeong 等（2006）关于战略导向与新产品开发的案例研究提供了实证支持。本书在一定意义上也拓展了 Aloulou（2019）、Augusto 和 Coelho（2009）的研究，解释了市场导向怎样通过促使企业进行内外部知识整合来提升新产品开发速度。市场导向通过组织忘却影响新产品创造性的中介效应不明显。可能的原因在于，市场导向更多的是强调通过对外部市场环境的持续关注来获得相应的市场情报从而为顾客创造卓越的价值，而不是通过实施组织忘却行为在内部进行自我变革。尽管市场导向客观上也会为组织忘却行为的实施创造一定的条件，但其最终目的并不是摒弃企业内过时的知识、惯例等。另外，坚持市场导向的企业对顾客偏好、竞争者动态的密切关注也有助于其获取多样且互补的外部新知识，从而能直接促进新产品创造性的提升，而不需要通过组织忘却的中介效应。因此，市场导向通过组织忘却作用于新产品创造性的效果不明显。

　　第二，技术导向通过组织忘却的作用路径影响新产品创造性。技术导向型企业对研发的高度重视，客观上也要求其对自身所拥有的知识进行更新。通过实施忘却行为，企业能有意识地摒弃那些与当前环境和自身发展不相适应的知识和观念，进而为新知识的进入创造条件（Lyu et al.，2020），而新知识是创造性产品开发的前提。在新产品开发过程中，企业所使用的新知识越多，所开发产品的创造性也就越高（Darawong，2021）。基于组织学习的视角，本书将知识整合和组织忘却纳入考虑，揭示了组织忘却在技术导向与新产品创造性间所发挥的中介作用，更为完整地阐释了技术导向的作用效果，同时也打开了技术导向与企业新产品开发绩效之间关系的"黑箱"，使得技术导向影响企业创新结果的作用路径更加清晰。此外，技术导向通过组织忘却的中介路径影响新产品创造性的结论，也在某种程度上回应了学者们对技术导向能为企业带来创新绩效的质疑（俞明传、顾琴轩，2014）。该研究结论同时也说明，坚持技术导向的企业并不是只有发挥自身在技术和研发上的优势以促进新知识和技术的纳入才能促进新产品开发绩效的提升，基于自身在技术上的较高的熟练度对企业的新产品开发流程和惯例等进行反思，摒弃那些与当前发展不匹配的知识、经验等也能有效提升新产品开发速度和创造性。技术导向通过知识整合影响新产品开发速度的中介效应不显著。可能的原因在于，坚持技术导向的企业更多的是强调对技术知识和研发的重视（Zhou et al.，2005b），并在此基础上实现知识的更新和技术的突破。因此，坚持技术导向的企业更加重视对自身的知识、惯例等进行变革和调整（Sainio et al.，2012），通过摒弃那些与当前发展不匹配的知识、惯例等更好地实现新知识的创造，而对于整合内外部已有相关知识的关注相对较少。此外，技术导向型企业通过运用先进的技术对原有的产品开发流程和工艺进行改进，客观上也能直接促进新产品开发速度的提升，从而不需要通过知识整合的中介效应来间接提升新产品开发速度。因此，技术导向通过知识整合影响新产品开发速度的中介效应不显著。

第三，本书基于组织学习理论引入了知识整合和组织忘却的中介作用，构建了"战略导向—组织学习—新产品开发绩效"的逻辑框架。在整合资源基础观和组织学习理论的基础上，本书从知识整合和组织忘却的视角更为深入地剖析了战略导向与新产品开发绩效间的复杂关系，在一定程度上揭示了战略导向作用于新产品开发绩效的"黑箱"，也深化了对企业产品创新实现路径的认识。此外，本书的这些发现也弥补了单一的资源基础观和组织学习理论在解释复杂问题上所存在的不足。具体而言，资源基础观更多的是以组织内部资源为出发点，缺乏对资源如何转化为竞争优势或组织绩效的探讨（Chirico et al.，2011；张璐等，2019）。组织学习作为企业创新资源（如知识）获取、整合并重新创造的重要途径，能有效实现资源到创新成果的转化（Chuang et al.，2015），但关于企业如何选择与自身发展相适应的学习行为则未能进行有效诠释。通过构建"战略导向—组织学习—新产品开发绩效"的框架，本书既回答了战略导向价值在新产品开发过程中是如何传递的问题，又揭示了战略导向与学习行为之间的有效匹配问题。实证结果也表明，在新产品开发过程中，知识整合和组织忘却能通过不同的中介机制连接战略导向与新产品开发绩效之间的关系——知识整合能够中介市场导向与新产品开发速度之间的关系，组织忘却能够中介技术导向与新产品创造性之间的关系。这些研究发现深化了以往文献关于组织学习在传递战略导向价值上的解释，同时也更为细致地揭示了市场导向和技术导向在提升新产品开发绩效过程中的路径选择。

五　环境动荡性的调节作用

环境动荡性的调节效应分析主要用于回答本书的第四个子问题，即市场环境动荡性和技术环境动荡性如何影响市场导向和技术导向的作用过程。假设 9a、9b、9c、9d 和假设 10a、10b、10c、10d 分析了技术环境动荡性和市场环境动荡性对战略导向影响新产品开发绩效的直接作用路径和间接作用路径的调节作用，所提出的 8 个假设中 5 个得到支持。

调节效应的结果表明，技术环境动荡性会强化技术导向与新产品创造性之间的关系，而对技术导向与新产品开发速度之间关系的调节效应不显著。说明在动荡的技术环境下，企业应当发挥技术导向的作用，通过加强技术研发获得更多更先进的技术以开发更具创造性的产品。该研究结论不仅回应了学者们关于在动荡的技术环境下加强对技术导向作用效果研究的呼吁（Al-Henzab et al.，2018），同时也为更好地揭示技术导向提升企业新产品开发绩效的作用边界提供了实证依据。这一研究发现也提示坚持技术导向的企业，在日新月异的技术环境下进行新产品开发时，应当充分发挥该战略导向的作用以提升新产品的创造性。主要原因在于，企业开发高创造性产品不仅能更好地满足用户的潜在需求，还能将自身所提供的产品与竞争对手的产品进行区分，形成差异化的竞争优势（Dean et al.，2016）。此外，坚持技术导向的企业所开发的高创造性产品由于技术复杂性高，即使在动荡的技术环境下也不易被竞争对手模仿，从而能更好地实现新产品开发价值。市场环境动荡性不仅能强化市场导向对新产品开发速度的正向作用，还能强化市场导向对新产品创造性的正向作用。该研究结论说明，在动荡的市场环境下，企业应当重视市场导向作用的发挥，通过对市场环境的密切关注及时了解变化的顾客需求以及竞争者的最新态势。将这些有效的市场信息纳入自身的新产品开发项目中，不仅能使企业加快新产品开发速度以满足快速变化的顾客需求，还能使企业根据竞争对手在产品市场上的表现开发更具创造性的产品以获得差异化的竞争优势。综合而言，无论是加快新产品开发速度还是提升新产品创造性，都是市场导向型企业对动荡的市场环境的有效应对。该研究结论与 Su 等（2013）的研究结论一致，即与市场相关的知识和能力会在动荡的市场环境下被强化。因此，本书的结论为企业的管理者在动荡的外部环境下通过发挥企业战略导向作用提升新产品开发绩效提供了理论指导。

被调节的中介效应的实证结果表明，外部环境的动荡性能够使战略导向通过不同的作用路径来影响企业的新产品开发绩效。因此，面对不同水平的外部环境动荡性时，企业可以有针对性地根据自己的战略导向选择具体的学习行为，进而实现预期的新产品开发绩效。这一研究发现在揭示战略导向作用边界的同时，也为企业在新产品开发过程中选择具体的学习行为提供了一定的参考，对于未来战略导向与学习行为选择相关的研究也具有重要的借鉴意义。

关于技术环境动荡性的调节效应，实证结果表明：技术环境动荡性正向调节组织忘却在技术导向与新产品创造性间的中介效应，即技术导向通过组织忘却影响新产品创造性的中介效应，随着技术环境动荡性的提高而被强化。为了适应动荡的技术环境，技术导向型企业需要通过实施组织忘却行为来及时进行知识更新以摆脱过时知识、经验等的束缚（Becker，2008），从而开发更具创造性的产品。在相对稳定的技术环境下，技术导向型企业在响应技术变化方面的压力相对较小，只需根据自身的发展需要进行相应的研发，对实施组织忘却行为的依赖相对较小。这也暗示了，当技术环境动荡程度高时，技术导向更能促进企业实施忘却行为，进而提升新产品创造性。这与 Wilden 和 Gudergan（2015）的研究结论类似，即在高技术环境动荡性下，企业现有的技术能力与潜在的技术能力需求之间的差距会变大，为了缩小这种差距企业会主动摒弃传统的技术能力来为新技术能力的形成或培育创造良好的条件，从而更好地进行新产品开发。由此可见，技术环境动荡性在技术导向通过组织忘却影响新产品创造性中扮演着"催化剂"的角色。

关于市场环境动荡性的调节效应，实证结果表明：市场环境动荡性正向调节知识整合在市场导向与新产品开发速度间的中介效应，即市场导向通过知识整合影响新产品开发速度的中介效应，随着市场环境动荡性的提高而被强化。在动荡的市场环境下，顾客需求和竞争者态势变化相对较为频繁（Jaworski and Kohli，1993；Tsai and Yang，2014），为了更好地预测未来市场需要，进而把握新的市场机会，坚持市场导向的企业会通过加强与顾客、竞争者等市场主体的互动来形成对未来市场趋势的预判（Eslami et al.，2018；Slater and Narver，1995）。在此过程中，企业能有针对性地对相关知识进行整合。相反，在相对稳定的市场环境下，顾客偏好变化较小，预测市场需求难度较低，市场导向型企业所具备的知识和能力基本能满足相关决策的需要，不需要花费更多的精力去整合知识。这也就意味着，当面对高动荡性的市场环境时，市场导向更能促进企业进行知识整合，从而提升新产品开发的速度。该研究结论证实了 Turulja 和 Bajgoric（2019）的发现，他们认为在面对高度不确定的市场环境时，企业需要更新自身的知识库从而更快地推出新产品和服务以消除产品和服务过时的威胁，进而增强市场竞争优势。Su 等（2013）的研究也强调，与市场相关的知识和能力在市场动荡程度高时所产生的效果更大。

第二节　中国制造业企业战略导向与新产品开发绩效研究的理论意义

通过对已有相关研究进行梳理发现，一些学者分析了市场导向对企业创新绩效的重要作用（Adams et al.，2019；Tsai and Yang，2014；郝生宾等，2018；周洋、张庆普，2019），一些学者证实了技术导向在促进企业创新绩效提升中的积极作用（Al-Ansaari et al.，2015；Liu and Su，2014；李巍，2017），一些学者探讨了知识整合对企业创新绩效的影响（Caridi-Zahavi et al.，2016；Prieto-Pastor et al.，2018；Wang et al.，2018；陈伟等，2014），一些学者发现组织忘却也有助于企业创新绩效的提升（En-berg，2012；Leal-Rodríguez et al.，2015；Lyu et al.，2020；Yang et al.，2014）。然而，很少有研究将这些影响企业创新绩效的关键要素整合在同一个理论框架中进行系统分析。

结合资源基础观、组织学习理论、战略匹配理论以及新产品开发研究等相关理论和研究，本书构建了一个旨在提升企业新产品开发绩效的新框架，即企业在对自身战略导向形成清晰认知的基础上，基于动荡的外部环境选择与之相适应的学习行为，从而促进新产品开发绩效的提升。立足于如何提升企业的新产品开发绩效，本书深入探讨了不同的战略导向以及学习行为对新产品开发速度和新产品创造性的差异化作用，同时也揭示了战略导向通过知识整合和组织忘却影响新产品开发绩效的双重路径选择，以及外部环境动荡性对战略导向作用过程的调节效应。另外，通过整合资源基础观、组织学习理论和战略匹配理论，本书研究也促进了各个理论的有效融合与发展。基于对实证研究结果的讨论，本书研究的理论意义主要体现在如下几个方面。

一　对战略导向相关理论研究的贡献

产品生命周期逐渐缩短，顾客偏好不断变化，使得企业的新产品开发变得愈加困难。单纯依靠原有的知识基础已很难满足新产品开发的要求，企业需要通过不断学习来实现新知识的获取和内部知识的更新。组织学习是一个复杂的决策和行为过程，选择何种学习行为需要结合企业的整体战略进行分析。战略管理的相关研究也强调，只有基于企业的战略导向选择与之相适应的学习行为才能实现学习效果的最大化（Mishra et al.，2022；Zhao et al.，2011）。然而，现有文献对战略导向在新产品开发过程中扮演着怎样的角色以及坚持不同战略导向的企业如何有效地进行学习行为的选择缺乏深入研究。本书通过探讨战略导向对新产品开发绩效以及学习行为的影响并比较不同战略导向的作用效果，从以下两方面对战略导向的相关研究做出了贡献。

一方面，已有研究虽然也涉及企业的战略导向对新产品开发绩效的影响（Augusto and Coelho，2009；Liu and Su，2014；李全升、苏秦，2019），但多数研究只是将新产品开发绩效作为一个整体性的概念进行分析，针对不同的战略导向（如市场导向和技术导向）影响企业新产品开发绩效不同方面的研究尚不多见。对此类问题的忽视不仅导致现有关于战略导向与新产品开发绩效间关系研究的结论不一致，使得我们难以深刻理解二者间的复杂关系，同时也阻碍了战略导向与新产品开发绩效相关研究的进展。此外，已有研究对于不同的战略导向在提升新产品开发绩效中所发挥的作用是否存在差异这一问题也缺乏相应的回答，从而使得坚持不同战略导向的企业有针对性地提升新产品开发绩效缺乏相应的理论指导。事实上，Adams 等（2019）在其研究中也证实了技术导向和市场导向所强调的重点存在差异，使得二者在影响企业绩效上各有侧重。因此，为了更为全面地揭示不同的战略导向与新产品开发绩效不同维度间的复杂关系，本书将企业的战略导向细分为市场导向和技术导向两种类型，基于资源基础观的理论视角分析了这两种战略导向对新产品开发速度和新产品创造性的影响，并比较了它们作用效果的差异。相关研究结论不仅有助于我们更为深刻地理解具体的战略导向在提升新产品开发绩效中所发挥的作用，同时也为厘清战略导向与新产品开发绩效间含混不清的关系提供了实证支持。市场导向和技术导向对提升新产品开发绩效的差异化作用，不仅暗示着未来的研究有必要区分不同的战略导向在提升组织创新绩效中所能发挥的比较优势，同时也有助于加深对资源基础观下不同战略导向作用效果的理解。通过引入外部环境动荡性作为影响战略导向作用过程的情境要素，本书还进一步拓展了对战略导向发挥作用的边界条件的认识。

另一方面，相关学者虽然已经意识到战略导向会对企业的行为产生影响，并分析了战略导向在企业学习中所发挥的作用（Balasubramanian et al.，2022；蔡莉等，2010；刘新梅等，2013），但这些研究更多的是强调战略导向如何促进组织学习以实现新知识的获取，即主要是从知识摄入的视角来分析战略导向对组织学习的作用效果。而对于战略导向怎样促使企业实施忘却行为以实现过时知识的流出，现有研究却缺乏足够的关注。事实上，组织学习作为知识存量和知识流量相互作用的结果（Antunes and Pinheiro，2020；Slater and Narver，1995），不仅包括新知识的摄入，还包括旧知识的流出（Zhao et al.，2013）。企业的战略导向如市场导向所强调的对顾客和竞争者动态的密切关注，有助于企业接触到最新的市场知识（郝生宾等，2018），这些新知识不可避免地会与已有的知识发生碰撞，甚至会挑战原有知识的有效性，从而使其不再适用和过时（Klammer et al.，2019）。为了摆脱过时知识对企业的束缚，进而更好地发挥市场导向的作用，实施组织忘却行为以实现过时知识的流出也就成为企业一个相对明智的选择。为了深入分析战略导向在组织学习中所扮演的角色，本书将组织学习分为知识整合和组织忘却两种不同的行为，分别探讨了市场导向和技术导向在促进知识整合和组织忘却中所发挥的差异化作用。所得出的研究结论一方面弥补了以往文献对于战略导向如何促进企业知识流出这一问题研究不足的缺陷，另一方面也为更好地揭示战略导向在组织学习过程中所扮演的多重角色提供了理论和实证依据，丰富了战略导向作用效果的相关研究。市场导向和技术导向对知识整合和组织忘却的作用存在主次之分，不仅使得战略导向与组织学习间的关系得到进一步细化，而且也突破了现有研究缺乏探讨坚持不同战略导向的企业应采取何种与之相适应的学习行为等问题的局限，加深了对战略导向与组织学习间关系的理解。此外，本书将技术导向和市场导向置于同一理论框架下探讨它们对组织学习和新产品开发绩效的作用效果，回应了学者们关于在未来的研究中应将其他战略导向如技术导向纳入考虑的呼吁（刘新梅等，2013）。

二　对组织学习相关理论研究的贡献

组织学习是一个复杂的构念，学者们普遍将其视为一个多维度的变量进行研究，现有研究在对组织学习进行划分时大多是基于认知、能力、文化、价值观等不同的理论视角（Baker and Sinkula，1999；Fernández-Mesa and Alegre，2015；Marsick and Watkins，2003）。尽管在视角上存在差异，但这些研究基本认可知识是组织学习的最主要客体之一，都强调通过不同学习行为的实施促进新知识的摄入，进而增加组织的知识存量。与多数研究只是从单一的知识摄入角度对组织学习进行分析不同的是，本书将组织学习划分为知识整合和组织忘却两种不同的学习行为，同时考虑新知识的摄入与旧知识的流出，并分析了它们在新产品开发过程中所扮演的差异化角色。相关研究发现在回答"企业如何根据预期的新产品开发绩效选择相应的学习行为"这一问题的同时，拓展了 Bontis 等（2002）关于组织学习是知识存量和知识流量相互作用结果的观点。此外，本书将组织学习分为知识整合和组织忘却并探讨它们在提升新产品开发绩效中所发挥的差异化作用，一方面突破了现有多数研究仅从知识摄入的视角对组织学习进行划分所存在的局限，为后续与组织学习相关研究的开展提供了有价值的思考方向；另一方面也打破了现有关于知识整合和组织忘却的研究相对孤立的局面，为今后深入分析二者在企业行为和创新绩效中的作用提供了新的视角。

通过对比分析，本书也从更细微的角度揭示了不同的组织学习行为与新产品开发绩效间的关系。具体而言，相较于组织忘却，知识整合对新产品开发速度的作用更为明显。这一结论在深化已有关于知识整合与新产品开发绩效之间关系认知的同时，也响应了 Eslami 等（2018）关于在动荡环境下要加强知识整合与新产品开发绩效之间关系研究的号召（Caridi-Zahavi et al.，2016）。相关研究结论也进一步验证了成功的产品开发所需要的知识应该是经过整合转化和重组后的知识，而不是被边界所隔离的零散知识的论断（Haug，2023；O'Sullivan，2020）。此外，将新产品开发绩效划分为新产品开发速度和新产品创造性两个维度，分别探讨了知识整合对它们的影响，所得出的研究结论解释了为何已有关于知识整合与新产品开发绩效间关系的研究的结论不同。

组织忘却对新产品开发速度和新产品创造性均具有正向影响且对新产品创造性的促进作用强于知识整合的结论，一方面回应了相关学者对于组织忘却存在价值的质疑（Howells and Scholderer，2016），另一方面也为未来深入研究组织忘却与组织创新等相关问题提供了新的思路。在已有关于组织学习的研究中，虽然少数学者已经意识到组织忘却对企业发展的重要性（Leal-Rodríguez et al.，2015；Morais-Storz and Nguyen，2017；Snihur，2018），但目前国内学术界依然缺乏组织忘却与企业具体的新产品开发结果间关系的专门探讨。对经济转型背景下的企业而言，它们成功地实现创新（如新产品开发）除了要依靠新知识等资源的获取外，还要摒弃既有过时的知识和惯例等以降低组织惰性、摆脱路径依赖（Lyu et al.，2020；

Yang et al.，2014）。为了弥补现有研究对于组织忘却关注不够的缺陷，同时也为了更为全面地揭示组织忘却在提升企业新产品开发绩效中所发挥的作用，本书从组织忘却的视角对企业新产品开发绩效进行了探讨，并与知识整合的作用效果进行了对比。实证结果表明，组织忘却对新产品开发速度和新产品创造性提升均具有正向影响，且对新产品创造性的促进作用要强于知识整合。多数研究聚焦于知识的摄入在提升新产品开发绩效中扮演的角色（Leenders and Dolfsma，2016；Wei et al.，2014；Wu et al.，2017；Yang and Li，2011），本书的发现对传统的认识形成了一定的冲击，即摒弃过时的知识也能提升企业的新产品开发绩效。相关研究结论是对现有关于组织学习与新产品开发绩效间关系认识的有效补充和拓展，同时也回应了学者们关于在动荡的环境下应加强对组织忘却的研究的呼吁（Klammer and Gueldenberg，2019；Zhao et al.，2013）。综合而言，知识整合与组织忘却对新产品开发绩效差异化影响效果的研究，既弥补了现有研究缺乏从知识流动的视角来考察不同的学习行为在提升新产品开发绩效中所发挥作用的不足，同时也进一步完善了组织学习理论对企业创新绩效解释的微观过程。

本书分析了市场导向和技术导向对知识整合和组织忘却的差异化驱动效应以及外部环境动荡性对战略导向作用于组织学习路径的权变效应。相关研究发现不仅明确了针对不同的战略导向应选择何种学习行为的问题，同时也从战略导向的视角丰富了组织学习影响要素的相关文献。综合而言，本书从一个新的视角对组织学习行为进行划分，分别探讨了战略导向对知识整合和组织忘却两种学习行为的驱动效应以及二者对新产品开发绩效的差异化影响，不仅丰富了关于组织学习前因及结果的研究，还为今后从知识流动的视角研究组织学习提供了理论基础。

三 对新产品开发相关理论研究的贡献

作为企业生存、发展和革新的重要手段（郝生宾等，2018），新产品开发受到了营销管理、战略管理、创新管理等诸多领域学者的广泛关注，现有文献基于不同的理论基础和研究视角对相关话题进行了研究（Baker and Sinkula，1999；Mu et al.，2017；Wu，2023）。在企业进行新产品开发的过程中，市场和技术是必须考虑的两个核心要素（Adams et al.，2019；Morgan et al.，2019b）。具体而言，新产品的成功开发需有一定的技术条件作为支撑，而商业化的实现则需要考虑市场需求。基于此，本书将技术导向和市场导向置于同一理论框架下，分别探讨它们对企业新产品开发绩效的影响。实证结果显示，两种不同的战略导向均能促进新产品开发绩效的提升，且市场导向和技术导向在提升新产品开发绩效上存在作用上的差异。这些研究发现在一定程度上为厘清企业创新成功究竟是源于需求要素还是技术要素的相关问题提供了实证依据，同时也从战略导向的视角丰富了新产品开发绩效前因的研究。

随着研究的不断深入，学者们已经意识到新产品开发绩效是一个复杂的构念，在具体研究中有必要将其按照不同的维度进行细分（Chuang et al.，2015；Dabrowski，2019；Ganesan et al.，2005）。基于此，学者们将新产品开发绩效进一步细分，并分析了知识特征、技术多样性、决策逻辑、战略柔性等相关要素对新产品开发速度和新产品创造性的影响（Budiati et al.，2022；Gao et al.，2015；Kim et al.，2013；Wu et al.，2020）。尽管现有关于新产品开发绩效影响要素的研究较为丰富，但少有研究从知识流动的视角探讨不同的组织学习行为对新产品开发绩效的影响。对于该研究问题的忽视，使得我们对通过组织学习实现知识流动，尤其是通过实施组织忘却行为实现知识流出，在提升新产品开发绩效中发挥的作用缺乏清晰的认识。本书将组织学习行为分为知识整合和组织忘却，探究了它们对新产品开发绩效的影响。实证结果表明，知识整合和组织忘却均能提升企业的新产品开发速度和创造性且在作用效果上存在差异。该研究发现不仅揭示了组织学习与新产品开发绩效之间关系的复杂性，同时也从组织学习的视角进一步丰富了已有关于新产品开发绩效驱动要素的研究。组织忘却对新产品开发绩效具有促进作用的结论也突破了已有关于组织学习的研究中更多的只是强调知识摄入所发挥的积极作用的局限。

此外，本书还发现了知识整合和组织忘却在市场导向和技术导向影响新产品开发速度和创造性中所扮演的中介角色以及中介效应的差异性，进一步厘清和明确了战略导向对新产品开发绩效的作用方式和路径。本书从组织学习的视角打开了企业战略导向影响新产品开发绩效过程的"黑箱"，诠释了知识整合和组织忘却在战略导向与新产品开发速度和创造性之间的中介作用，同时也进一步深化了关于企业产品创新绩效实现路径的认识。综合而言，无论是技术导向和市场导向对新产品开发绩效不同维度的影响，还是知识整合和组织忘却的作用效果以及战略导向通过组织学习的作用路径对新产品开发绩效的影响，本书都从不同的角度丰富了新产品开发相关理论的研究。

四 对整合资源基础观和组织学习相关理论研究的贡献

在战略导向与新产品开发绩效关系的基础上，本书引入组织学习理论，构建了"战略导向—组织学习—新产品开发绩效"的逻辑框架，发现战略导向通过组织学习影响企业的新产品开发绩效存在两条不同的作用路径：市场导向通过知识整合促进新产品开发速度的提升，而技术导向则通过组织忘却提升新产品创造性。相关研究结论清晰地揭示了战略导向影响新产品开发绩效的微观机理，在弥补已有文献忽略知识流动缺陷的同时，也在一定意义上回应了现有研究关于资源基础理论中所强调的组织资源是通过何种机理转化为企业的竞争优势或绩效的问题——资源虽然是企业竞争优势和绩效的主要来源（Barney，1991），但仅拥有资源是不够的，还需要通过具体的行为将资源转化为实现企业竞争优势和绩效提升的保障。

本书的发现同时也说明资源基础观能与组织学习理论形成一个互补的视角，进而能更为完整地解释战略导向如何促进企业新产品开发绩效的提升。具体而言，资源基础观认为战略导向是企业发展过程中的一种重要而复杂的资源，在创造竞争优势方面扮演着重要角色（Hunt and Morgan，1995）。相关研究也证实了，市场导向和技术导向均能从不同的方面促进企业竞争优势和创新绩效的提升（Adams et al.，2019；李全升、苏秦，2019；李巍，2015）。但值得注意的是，资源基础观在分析战略导向所能发挥的作用效果时更多的是以组织所拥有的资源为出发点，缺乏对资源如何转化为竞争优势或组织绩效的探讨（Chirico et al.，2011；张璐等，2019）。此外，相关研究也强调战略导向主要体现为企业的一种潜在资源，需要通过具体的组织行为来实现企业绩效的提升（Zhou et al.，2005a；郝生宾等，2018），这事实上也激励未来研究去进一步挖掘战略导向影响企业创新绩效的作用机理。因此，企业的战略导向如何促进新产品开发绩效的提升仍然值得深入探讨。作为一个投入知识与获得产出的过程，企业的新产品开发更多地体现为知识综合运用的结果。组织学习理论强调，组织学习是企业对创新资源（如知识）进行获取、整合并重新创造的重要途径（Akinci and Sadler-Smith，2019；Fiol and Lyles，1985）。这也就意味着，组织学习在一定意义上能实现组织资源到创新产出（如新产品开发）的转化（Chuang et al.，2015）。由此可见，组织学习理论能弥补资源基础观在解释战略导向如何提升企业新产品开发绩效上的局限，从而有助于增强资源基础观对战略导向与新产品开发绩效关系中学习层面的解释。通过融合资源基础观与组织学习理论，本书揭示了战略导向可通过促进知识整合和组织忘却这两种学习行为的开展，强化企业新产品开发能力的建设，从而提升其新产品开发绩效。根据这一理论逻辑，组织学习能够作为"桥梁"联结战略导向与新产品开发绩效，进而打开战略导向影响新产品开发绩效的"黑箱"。相关研究发现不仅能加深学者们对于战略导向如何促进企业新产品开发绩效提升的认识，也有助于资源基础观和组织学习理论的融合与发展。

第三节　中国制造业企业战略导向与新产品开发绩效研究的实践启示

本书聚焦于中国企业在新产品开发过程中所面临的相关问题，通过理论推导和实证检验，深刻地回答了企业的战略导向如何通过学习行为影响最终的新产品开发绩效，以及在动荡的外部环境下企业应当如何根据自身的战略导向选择与之相适应的学习行为以实现预期的新产品开发绩效等重要的现实问题。研究所得出的结论对国内企业基于自身的战略导向进行有效的学习行为选择，进而发挥其在新产品开发中的积极作用具有一定的指导意义。具体而言，本书的实践启示主要体现在如下四个方面。

一 为企业根据自身的战略导向选择新产品开发策略提供了参考依据

战略导向作为企业生产、经营观念的集中体现，聚焦于战略选择和环境匹配，对企业的绩效有着深远影响。作为企业创新绩效的具体体现，新产品开发绩效不可避免也会受到企业战略导向的影响。已有研究虽然也证实了战略导向在提升企业新产品开发绩效中所能发挥的作用，启发管理者应给予战略导向足够的重视，但这也给管理者带来了一定的问题，即如何根据所坚持的战略导向有针对性地进行新产品开发？如何根据自身的战略导向选择与之相适应的新产品开发策略是企业管理者在新产品开发过程中所面临的重要问题之一。本书在相关学者研究的基础之上，结合企业新产品开发过程中的两个重要驱动要素——技术和市场，将企业的战略导向细分为市场导向和技术导向这两种企业当前非常重视的战略导向类型，并分析了它们对新产品开发速度和创造性的差异化影响。结果发现，市场导向强调对顾客价值的重视以及对市场环境的密切关注，有助于企业及时获取最新的市场信息。作为有效的市场反馈，这些信息为提升企业的新产品开发速度和创造性提供了基础。技术导向强调对研发的重视以及对创新的鼓励和对失败的包容，使得坚持该战略导向的企业在新产品开发过程中能有效提升产品的开发速度和创造性。虽然市场导向和技术导向均能促进企业新产品开发速度和创造性的提升，但相比较而言，市场导向对新产品开发速度的作用要强于技术导向，而技术导向对新产品创造性的作用要强于市场导向。该研究结论为企业的管理者根据自身的战略导向选择相应的新产品开发策略提供了参考依据：坚持市场导向的企业应当发挥自身在获取市场信息上的优势，快速开发满足当前市场需求的产品以获取先行者优势；坚持技术导向的企业应当充分利用自身在技术研发上的优势，将先进的技术融于新产品开发过程以提升产品的创造性，进而形成差异化的竞争优势。综合而言，本书关于市场导向和技术导向对新产品开发绩效的差异化影响的研究结论，提示企业的管理者在开发新产品时要充分了解市场导向和技术导向这两种不同的战略导向作用的发挥，在明确具体战略导向特征的基础上有针对性地选择开发策略，进而实现新产品开发绩效的最大化。

二　为企业在新产品开发过程中选择恰当的学习行为提供了理论支持

科学技术的迅猛发展和市场环境的快速变化要求企业提升新产品开发速度和创造性。本书通过理论分析和对比分析发现，知识整合比组织忘却更能加快新产品开发速度，而组织忘却比知识整合更能增强新产品的创造性。换言之，这两种组织学习行为与企业的新产品开发绩效之间具有一定的匹配性。因此，企业的管理者需要了解知识整合和组织忘却这两种不同的学习行为给企业新产品开发速度和新产品创造性带来的不同影响。同时，该研究结论也为企业在新产品开发过程中进行组织学习行为的选择提供了理论支持：当企业期望通过加快新产品开发速度来更快满足市场需求从而获取超额利润时，通过广泛的外部搜寻或内部协调实现内外知识的有效整合，可能是更明智的选择；而当企业致力于增强所开发产品的创造性以获得差异化竞争优势时，通过创造一种鼓励变革的组织文化促进组织忘却行为的实施以摆脱过时知识的束缚以及调整和变革传统的新产品开发惯例和程序，可能是更明智的选择。就具体的企业实践而言，中石化在 2020 年疫情期间只用了 76 天就建成了世界上最大的熔喷布生产基地，实现了口罩源源不断的生产。之所以能在极短的时间内进行口罩生产线的建设和生产，主要原因在于中石化对自己生产线知识的有效归纳和整理。吉利集团在收购沃尔沃之后，对包括中型汽车平台技术、汽车内部空气质量技术以及安全领域技术等在内的技术知识进行了整合，从而快速地开发并推出了博瑞、豪越、ICON 等新车型。与上述两家企业做法不同的是，长虹电器摒弃了传统的扬声器技术，首创的激光显示光学屏幕自发声系统解决了高品质的音响系统与屏幕的一体化设计问题，能够实现全频带无指向传播，使得声音与画面融为一体。综合而言，知识整合和组织忘却在提升企业新产品开发绩效中所扮演的差异化角色，为企业的管理者通过开展组织学习来提升新产品开发绩效提供了理论指导。

三 为坚持不同战略导向的企业通过组织学习来提升新产品开发绩效提供了合理的路径选择

在新产品开发过程中，基于自身的战略导向来提升新产品开发绩效时，企业的管理者需要清晰地了解战略导向提升新产品开发绩效的作用路径是怎样的。通过组织学习中介机制的引入，本书构建了战略导向通过组织学习影响企业新产品开发绩效的作用路径。实证结果表明，企业的战略导向对新产品开发速度和新产品创造性的作用路径存在差异。具体而言，市场导向通过知识整合加快企业的新产品开发速度，而技术导向通过组织忘却促进企业新产品创造性的提升。该发现说明，在基于具体的战略导向提升新产品开发绩效的过程中，企业不同类型的战略导向与学习行为之间存在匹配关系。同时也意味着企业的战略导向在新产品开发过程中发挥作用的路径并不唯一，主要取决于所预期的新产品开发绩效。该研究结论有助于企业的管理者形成对战略导向价值实现的深刻理解。因此，企业基于自身的战略导向进行新产品开发时可考虑如下两条路径。如果企业期望在坚持市场导向的前提下提升新产品开发速度，那么它可能更多地需要通过自身的战略导向促进内外部知识的整合，进而加快新产品开发想法的产生，减少开发过程中的冲突，最终缩短新产品开发的周期。褚时健在经营企业时就十分重视市场信息的作用，认为企业的一切决策都应当从市场出发，而不是依据经营者的个人喜好进行决策。只有倾听市场声音，坚持市场导向，才能更好地整合一线的市场信息和行业动态，使这些信息成为企业的行动依据，最终加快新产品的开发。如果企业期望在坚持技术导向的前提下增强新产品的创造性，那么它可能更多地需要结合自身的战略导向促进组织忘却行为的实施，摆脱既有开发流程和思维的束缚，降低组织惰性和路径依赖，最终增强所开发产品的创造性。事实上，对变革的重视以及拥有的坚实的技术支撑使得技术导向比市场导向更能促进企业实施忘却行为。企业可通过摒弃传统的思维方式和工作流程，在新产品开发过程中摆脱传统经验的束缚，从更新的角度对新产品开发进行思考进而提升新产品的创造性。北京森迅兄弟文化传播有限公司坚持技术导向，与北京建筑大学联合进行技术攻关，在摒弃玻璃钢雕刻、泡沫雕刻以及石头雕刻等传统的复制方式后，成功推出了第一代工程应用型大型 3D 打印设备，以一种创造性的方式完成了云冈石窟第十八窟 1∶1 可拆卸移动模块化复制工程。

四　为企业在动荡的环境下结合自身的战略导向选择合适的学习行为以实现预期的新产品开发绩效提供了理论指导

环境要素是组织研究和战略管理领域最为常见的情境要素之一，关于环境要素的调节作用，不同的学者所得出的结论也不相同。本书基于战略匹配理论分析了企业所处外部环境的动荡性对战略导向作用过程的影响，实证结果显示：市场环境动荡性正向调节市场导向对新产品开发速度和创造性的影响，同时也强化市场导向通过知识整合影响新产品开发速度的中介作用路径；技术环境动荡性既正向调节技术导向影响新产品创造性的直接作用路径，又正向调节技术导向通过组织忘却间接影响新产品创造性的中介作用路径。这些研究结论为企业在动荡环境下提升新产品开发绩效提供了一定的理论指导。在动荡的市场环境下，企业需要重视市场导向的作用，根据所期望的新产品开发绩效选择与之相适应的学习行为。具体而言，在动荡的市场环境下，企业应当继续坚持市场导向战略，加大对市场动态的监测，及时获取目标市场上顾客偏好和竞争对手的信息，在此基础上进行有效的知识整合以实现新产品开发速度的提升，从而在应对市场环境动荡所带来威胁的同时，利用可能出现的市场机遇。而在动荡的技术环境下，企业应当重视技术导向的作用。在坚持技术导向的前提下，企业应努力创造一种鼓励创新、容忍失败的组织氛围以促进内部成员发挥主观能动性，通过对企业传统的知识和新产品开发程序等提出质疑，促进新产品创造性的提升。综合而言，企业在发挥战略导向对组织学习和新产品开发绩效的作用时，应当结合具体的市场因素和技术因素等进行全面分析，尽量把握动荡的外部环境所带来的机遇，以促进新产品开发绩效的提升。

第七章 结论与展望

第一节 主要研究结论

聚焦于如何实现企业新产品开发绩效的提升，本书结合资源基础观、组织学习理论、战略匹配理论等相关理论和文献，构建了"战略导向—组织学习—新产品开发绩效"的研究框架，探讨了三者之间的关系，以及外部环境动荡性对战略导向影响新产品开发绩效作用路径的调节作用。基于254家中国企业的调研数据，综合运用分层回归、对比研究等多种分析方法对研究假设进行了实证检验，主要得出如下研究结论。

第一，市场导向和技术导向均能正向影响新产品开发速度和新产品创造性且市场导向比技术导向对新产品开发速度的作用强，而技术导向比市场导向对新产品创造性的作用强。基于已有相关学者的观点以及企业新产品开发的具体实践，本书将企业的新产品开发绩效细分为新产品开发速度和新产品创造性两个不同的维度，分别探讨了市场导向和技术导向在提升企业新产品开发绩效中所扮演的角色。实证结果表明，两种不同的战略导向均能有效提升企业新产品开发的速度和创造性。其中，市场导向强调对顾客价值的重视，在此前提下企业会密切关注目标市场的相关情况。通过顾客导向、竞争者导向以及跨部门协调的相互作用，企业能将所获取的市场信息快速转化为新产品开发所需要的资源，从而缩短产品开发周期。与坚持市场导向不同的是，坚持技术导向使得企业能对原有的产品开发流程进行改进或建立新的技术解决方案，并在新产品开发过程中使用更加先进的技术，从而能有效地促进企业新产品开发速度的提升。尽管两种战略导向均能提升企业的新产品开发速度，但相比较而言，市场导向比技术导向更能加快新产品开发的速度。另外，对市场信息的重视也有助于坚持市场导向的企业充分了解顾客的产品偏好并产生创造性的想法，从而提升所开发产品的有用性和新颖性。而以创造性和发明作为组织的日常惯例，使得坚持技术导向的企业在产品开发过程中致力于开发更具创造性和技术更优的产品。因此，无论是市场导向还是技术导向，均能增强新产品的创造性。但相比较而言，技术导向增强新产品创造性的作用要强于市场导向。由此可见，企业应当在充分了解不同战略导向的侧重点的基础上，有针对性地促进新产品开发绩效的提升。

第二，市场导向和技术导向均能正向影响知识整合和组织忘却，但市场导向对知识整合的作用效果强于技术导向，而技术导向对组织忘却的作用效果强于市场导向。本书发现，市场导向和技术导向均能正向影响企业的知识整合和组织忘却，但由于两种战略导向聚焦于企业发展过程中的不同方面，所关注的重点也具有一定的差异，二者在对组织学习的作用效果上存在一定的强弱之分。具体而言，市场导向更多的是强调为顾客创造卓越的价值，通过对目标市场上顾客、竞争者和其他市场主体动态的密切关注，及时获取与之相关的信息和知识，从而为企业进行知识整合提供动力源泉。而技术导向则聚焦于研发，旨在通过吸收、整合更先进的技术知识实现新产品开发。强大的技术背景使得技术导向型企业能更加高效地整合领域内的技术知识，多样性的技术知识也为企业的知识整合提供了保障。因此，市场导向和技术导向均能促进企业的知识整合。但从满足知识整合要求的视角来看，市场导向对知识整合的作用效果要强于技术导向。另外，坚持市场导向的企业在获得最新的市场信息后，能对自身已有的知识进行更新，并且通过组织忘却摒弃那些过时的知识。此外，市场导向战略的有效实施也要求企业开展组织忘却活动。坚持技术导向的企业所引入的新技术知识也会对原有的知识基础产生冲击，使得企业能更好地识别内部过时的知识，从而促进忘却行为的实施。因此，无论是市场导向还是技术导向，均能促进组织忘却行为的实施。但相比较而言，技术导向对组织忘却的作用效果要强于市场导向。由此可见，企业在新产品开发或者其他创新活动中应根据自身所坚持的战略导向有选择性地开展相应的学习。

第三，知识整合和组织忘却均能正向影响新产品开发速度和新产品创造性，但知识整合对新产品开发速度的作用效果要强于组织忘却，而组织忘却对新产品创造性的作用效果要强于知识整合。基于知识流动的视角以及组织学习理论的相关研究，本书将组织学习行为分为知识整合和组织忘却两种类型，并将其置于同一理论框架下探讨了它们在提升新产品开发速度和创造性中所发挥的作用。具体而言，通过知识整合，企业能准确了解市场趋势、快速识别和把握市场上的机会、协调内部各部门对新产品开发的认知和态度，从而能减少从新产品创意产生到新产品上市所耗费的时间。组织忘却通过提升企业的战略灵活性，实现新产品开发想法与当前知识的有效匹配以及增强企业内各部门间的沟通等，也能有效提升企业的新产品开发速度。值得注意的是，尽管两种学习均能提升新产品开发速度，但知识整合的作用效果却比组织忘却的作用效果强。另外，知识整合和组织忘却也能增强企业新产品的创造性，但组织忘却的作用效果要强于知识整合。由此可见，企业在进行新产品开发之前有必要了解预期的新产品开发绩效，并在此基础上选择与之相适应的学习行为，进而促进新产品开发绩效的提升。

第四，知识整合中介了市场导向与新产品开发速度间的关系，组织忘却中介了技术导向与新产品创造性间的关系。本书在对相关理论进行梳理之后，通过构建"战略导向—组织学习—新产品开发绩效"的逻辑框架，发现企业战略导向可通过组织学习（包括知识整合和组织忘却）的参与和支持间接促进新产品开发绩效的提升。具体而言，知识整合中介市场导向与新产品开发速度之间的关系，而组织忘却中介技术导向与新产品创造性之间的关系。这一研究发现证明了企业的战略导向影响新产品开发绩效的作用路径并不是唯一的，而是取决于所期望实现的新产品开发绩效。因此，为了提升新产品开发的速度，企业应充分发挥市场导向的作用促进其对内外部知识的整合；为了增强所开发产品的创造性，企业则应当通过技术导向的作用促进忘却行为的实施。这也就意味着，市场导向和技术导向与知识整合和组织忘却之间存在匹配关系，通过匹配路径的建立，可形成对战略导向如何提升新产品开发绩效的更为深入的理解。

第五，市场环境动荡性正向调节市场导向对新产品开发速度和新产品创造性的正向影响，同时也强化市场导向通过知识整合影响新产品开发速度的中介作用路径；技术环境动荡性既正向调节技术导向影响新产品创造性的直接作用路径，又正向调节通过组织忘却间接影响新产品创造性的中介作用路径。为了更好地揭示企业战略导向价值实现的作用边界，本书基于战略匹配理论引入环境动荡性这一情境要素。研究结果显示，市场环境动荡性强化市场导向通过知识整合影响新产品开发速度的作用路径，而技术环境动荡性强化技术导向通过组织忘却影响新产品创造性的作用路径。这一研究结论为企业在应对动荡的外部环境时根据自身的战略导向选择恰当的学习行为以提升新产品开发绩效提供了思路。在动荡的市场环境下，企业应该更多地发挥市场导向的作用并强化知识整合在加快新产品开发速度中的作用；在动荡的技术环境下，企业应当更多地发挥技术导向的作用并强化组织忘却在促进新产品创造性提升中的作用。除了探讨外部环境动荡性对组织学习在战略导向与新产品开发绩效之间中介效应的调节作用外，本书还分析了它们对战略导向与新产品开发绩效之间关系的调节效应。研究结果显示，市场环境动荡性正向调节市场导向对新产品开发速度和创造性的正向影响，而技术环境动荡性会强化技术导向与新产品创造性之间的正向关系。

第二节　研究的主要创新之处

通过与现有相关文献进行对比，本书的创新点主要体现在如下四个方面。

第一，揭示了市场导向和技术导向在提升新产品开发速度和创造性中所扮演的差异化角色，加深了对战略导向与新产品开发绩效间复杂关系的理解。结合当前企业新产品开发过程中所面临的"市场拉动"和"技术推动"的现实问题以及已有相关文献，本书将企业的战略导向细分为市场导向和技术导向两种类型。基于资源基础观，构建了"战略导向—新产品开发绩效"的逻辑框架，探讨了市场导向和技术导向在提升新产品开发绩效中所扮演的角色。利用分层回归法验证了两种不同的战略导向对新产品开发速度和创造性均具有正向作用。进一步地，通过对比检验，发现市场导向对加快新产品开发速度的作用效果要强于技术导向，而技术导向对提升新产品创造性的作用效果要强于市场导向。该研究发现不仅揭示了不同的战略导向对新产品开发绩效的具体维度的差异化影响，而且拓展了现有文献对战略导向与新产品开发绩效间复杂关系的解释。此外，本书通过将新产品开发绩效划分为新产品开发速度和新产品创造性两个不同的维度并进行深入分析，打破了已有关于战略导向与新产品开发研究中仅将新产品开发绩效作为一个整体构念进行分析的局限，为未来更为深入地挖掘战略导向与企业创新绩效间的关系提供了良好的分析框架。实践上，研究结论为企业依据不同的战略导向来有效进行新产品开发提供了理论指导。

第二，将组织学习细分为知识整合和组织忘却两种行为，辨析了它们对新产品开发速度和新产品创造性的差异化影响，不仅深化了对组织学习理论视角下不同学习行为给企业带来异质性新产品开发绩效的认识，而且还突破了原有研究仅从知识摄入的角度对组织学习进行划分的局限。基于组织学习理论的相关文献，本书将组织学习细分为知识整合和组织忘却两种学习行为，它们在企业中能分别促进知识的摄入和流出。其中，知识整合涵盖知识的获取、共享与运用，主要通过对内外部知识进行集成产生新的知识从而实现知识的摄入以增加知识存量；组织忘却主要是通过摒弃那些过时的或与当前发展不匹配的知识实现知识的流出。为了揭示知识整合和组织忘却在提升新产品开发绩效中所扮演的角色，本书通过构建"组织学习—新产品开发绩效"的逻辑框架，研究了知识整合和组织忘却在提升新产品开发速度和创造性中所扮演的角色。实证结果显示，虽然两种学习行为都能正向影响企业的新产品开发绩效，但作用效果却存在差异。相较组织忘却而言，知识整合对新产品开发速度的正向作用更强；而相较知识整合而言，组织忘却对新产品创造性的作用更强。这一研究不仅弥补了以往研究缺乏从知识流动的角度分析组织学习对新产品开发绩效影响的不足，而且丰富了对组织学习理论视角下不同学习行为能给企业带来异质性新产品开发绩效的认识。此外，关于知识整合和组织忘却两种学习行为的划分也突破了原有研究仅从单一的知识摄入视角对组织学习进行划分的局限，相关研究发现在加深对组织学习的理解的同时，为未来继续深入研究组织学习提供了新的方向。实践上，相关研究结论为管理者通过选择恰当的学习策略来提升新产品开发绩效提供了具体的理论指导：企业若想通过加快新产品开发速度来获取竞争优势，对内外部知识进行整合是个明智的选择；而若想通过提升新产品的创造性来获取竞争优势，实施组织忘却行为能取得更好的效果。

　　第三，融合资源基础观和组织学习理论，发现和阐明了战略导向提升新产品开发绩效的路径选择：市场导向通过促进知识整合提升新产品开发速度，技术导向通过促进组织忘却增强新产品的创造性。在分别探讨战略导向与组织学习、组织学习与新产品开发绩效以及战略导向与新产品开发绩效间相关关系的基础上，本书结合资源基础观和组织学习理论，构建了"战略导向—组织学习—新产品开发绩效"的逻辑框架。通过辨析新产品开发速度和新产品创造性各自的内涵特征以及影响因素的差异，本书分别探讨了知识整合和组织忘却在战略导向与新产品开发绩效间所起的中介效应。Bootstrap多重中介检验方法证实了知识整合中介市场导向与新产品开发速度间的关系，而组织忘却中介技术导向与新产品创造性间的关系。双重路径模型检验的结果，一方面剖析了不同的战略导向在促进组织学习上的功能差异，弥补了已有研究在解释企业如何基于自身的战略导向选择与之相适应的学习行为上的不足；另一方面也揭示了战略导向在提升新产品开发速度和创造性过程中存在不同作用路径的选择，有助于加深对战略导向影响新产品开发绩效作用机理的理解。此外，双重路径模型所得出的结论实现了资源基础观和组织学习理论之间的有效融合，不仅促进了两个不同理论的共同发展，还能弥补单个理论在解释如何提升企业新产品开发绩效这一复杂问题上的不足，有利于从一个更为完整的视角揭示不同的战略导向对新产品开发速度和创造性产生差异化影响的作用机理。实践上，相关研究发现能启发企业管理者针对预期的新产品开发绩效，结合自身的战略导向选择与之相适应的学习行为。

第四，结合战略匹配理论，引入外部环境动荡性作为情境要素，明确了技术环境动荡性和市场环境动荡性对战略导向影响新产品开发绩效的直接路径和中介路径的正向调节效应，进一步深化了对战略导向影响新产品开发绩效作用边界的认识。战略导向作为企业战略形成的关键要素，其作用的发挥不可避免地会受到外部环境的影响。基于此，本书在战略导向影响新产品开发绩效的直接路径和中介路径效应模型的基础之上，结合战略匹配理论将外部环境动荡性作为情境要素纳入。通过将外部环境动荡性细分为技术环境动荡性和市场环境动荡性，本书探究了它们对战略导向影响新产品开发速度和新产品创造性作用路径的调节效应，发现技术环境动荡性不仅能强化技术导向通过组织忘却影响新产品创造性的中介效应，还能强化技术导向影响新产品创造性的直接效应；而市场环境动荡性既能强化市场导向影响新产品开发速度和新产品创造性的直接效应，又能强化市场导向通过知识整合影响新产品开发速度的中介效应。通过揭示技术环境动荡性和市场环境动荡性在企业战略导向影响新产品开发绩效的作用过程中所发挥的权变效应，对"环境动荡性如何影响战略导向对新产品开发绩效的作用过程"的问题给予了合理的解释，有助于从外部环境的视角剖析不同战略导向产生差异化的创新结果的深层次原因，同时也明确了战略导向在新产品开发过程中的作用边界。实践上，本书的结论也为企业根据外部环境特征确定自身的战略导向，从而选择与之相适应的学习行为来实现预期的新产品开发目标提供了理论依据。

第三节　研究局限与未来研究展望

总体而言，本书研究达到了预期的目标，解决了所提出的研究问题，即"市场导向和技术导向会对企业的新产品开发速度和新产品创造性产生怎样的影响""知识整合和组织忘却在提升企业新产品开发速度和新产品创造性中扮演着何种角色""市场导向和技术导向实现新产品开发速度和新产品创造性提升的作用机理是什么""外部环境动荡性如何影响市场导向和技术导向提升新产品开发绩效的作用过程"，并且取得了一些有建设性的结论，如"企业可通过选择恰当的学习行为实现预期的新产品开发绩效"等。然而，本书尚存在一定的局限，需要在未来的研究中进行深入探讨。

第一，本书基于已有相关文献，并结合当前中国企业在新产品开发过程中面临的"市场拉动"和"技术推动"的现实问题，分析了市场导向和技术导向如何通过影响企业的学习行为进而作用于新产品开发绩效。在已有研究中，其他战略导向如创业导向、学习导向、产品导向等对企业的行为选择和组织绩效产生的影响也得到了证实（Hakala，2011）。企业在具体的经营过程中选择的战略导向可能并不仅限于市场导向和技术导向两种类型，其他战略导向如何通过影响企业的具体行为作用于新产品开发绩效在未来的研究中值得进一步探讨。此外，也有学者将组织双元性理论运用于战略导向的相关研究中，以分析不同战略导向之间的均衡对企业绩效的影响（彭伟等，2017）。有学者甚至提出，单一的战略导向对于有效地指导企业行为远远不够（Baker and Sinkula，1999；孙永磊等，2018），并认为成功的企业是由单向思维向双元平衡转换的典范。因此，他们提出多个战略导向之间的平衡会产生更高级的企业文化，从而提升企业的经营绩效。然而，也有学者认为，由于各个具体的战略导向背后的哲学逻辑存在差异有时甚至完全不同，加上企业的资源总量是有限的，不同战略导向之间会出现资源争夺的现象，同时采取两种战略可能不如采取单一战略的效果好（Guo et al.，2020）。那么不同战略导向之间到底存在何种关系？在今后的相关研究中，有必要结合不同的理论视角深入挖掘多种战略导向，并分析不同战略导向之间的组合在企业新产品开发或其他组织创新活动中究竟发挥怎样的作用。

第二，为了更好地解释战略导向与企业新产品开发绩效间的关系，本书基于组织学习的视角分别考虑了知识整合和组织忘却的中介效应。相关研究结论有助于揭示战略导向如何促进新产品开发绩效的提升，同时也为更好地联结战略导向与企业创新提供了一定的依据。然而，已有关于组织学习的研究也从其他视角考虑了其他类型的学习行为，如探索式学习与应用式学习、内部学习与外部学习、前瞻型学习与响应型学习等。本书从知识流动的视角考虑了知识整合和组织忘却的作用，而对于企业的战略导向能否通过影响上述学习行为进而作用于新产品开发绩效却不得而知。因此，未来的研究可从不同的视角，分析其他的学习行为在战略导向与新产品开发绩效关系中发挥的作用，以拓展战略导向与企业创新绩效的相关研究。更进一步地，战略导向作为企业战略的重要组成部分，对于企业的战略制定和行为选择有着不可忽视的影响。除了组织学习因素外，其他如知识吸收、外部搜寻、知识共享等行为或许也能充当联结战略导向与企业创新绩效的"桥梁"。因此，今后的研究可从不同的理论视角分析更多的中介要素以打开战略导向与企业创新绩效间的"黑箱"，同时丰富战略导向的中介机制或作用路径的研究。

第三，基于战略匹配理论，本书将企业所处的外部环境纳入考虑，分别探讨了技术环境动荡性和市场环境动荡性对战略导向通过组织学习影响新产品开发绩效的中介路径的调节效应，相关研究结论厘清了在不同的环境动荡下，企业应该坚持何种战略导向，以选择相应的学习行为，实现预期的新产品开发绩效。已有研究表明，外部环境是一个复杂的系统，除了技术环境和市场环境，还包括竞争环境、制度环境、法律环境、经济环境等（Chan et al.，2022；Wilden and Gudergan，2015）。本书基于相关学者的研究，仅从市场环境和技术环境的角度考虑外部环境的调节作用，可能并不能全面反映外部环境所产生的影响。基于此，为了更加系统地分析外部环境的调节效应，未来的研究应将其他类型的环境要素纳入研究模型。此外，除了所处的外部环境会对企业的战略导向与行为选择以及最终的创新绩效产生影响外，企业自身的特性如所拥有的资源状况、对风险的态度、战略的灵活性等都可能会影响战略导向作用的发挥。因此，为了揭示企业战略导向的作用边界，下一步的研究可综合考虑其他能反映组织特性的权变要素。

第四，研究结论的普适性受到样本特征的影响。本书主要通过问卷调查的方法来获取研究数据，虽然已通过多种不同的手段来降低或消除如共同方法偏差等的影响，提高所收集样本的质量，但是，不可否认的是问卷调查本身有着不可避免的局限性，如所获取的企业样本描述信息会受到受

访者主观认知的影响，从而造成主观或客观上的认知偏差等，这些难免会
对数据的质量造成影响。此外，本书虽然从全国不同的省份收集样本，但
从样本的分布来看，来自陕西省的样本量最多，加之战略管理研究数据收
集的困难以及研究者时间和精力等的限制，所收集的样本数据只是某个时
间段的截面数据。虽然此类数据能证明不同变量之间的相关关系，但却无
法说明彼此间存在何种因果关系，从而导致对于相关变量间的关系缺乏更
加清晰的认知。基于此，在未来的研究中需要通过设计更加细致的调研过
程确保区域之间样本量的相对平衡。未来探索具体变量间的因果关系时，
还应当分时段进行调研以获取时间序列数据。在数据收集上可综合利用多
种渠道的数据，如企业年报等对外公开披露的数据，通过实现调研数据与
二手数据的有效结合，提高研究数据的可靠性。此外，通过不同形式如面
访、邮寄、电邮等进行数据收集时，受访者所面对的调研方式不同以及在
填答问卷时的主观感受存在差异，也有可能导致所得到的数据有一定的偏
差。因此，未来的研究也可以探索不同的数据收集方式对研究结果可能产
生的差异化影响。

参考文献

白景坤、王健，2019，《创业导向能有效克服组织惰性吗?》，《科学学研究》第 3 期。

蔡莉、单标安、周立媛，2010，《新创企业市场导向对绩效的影响——资源整合的中介作用》，《中国工业经济》第 11 期。

陈国权、马萌，2000，《组织学习的过程模型研究》，《管理科学学报》第 3 期。

陈伟、杨早立、张永超，2014，《网络结构与企业核心能力关系实证研究：基于知识共享与知识整合中介效应视角》，《管理评论》第 6 期。

戴万稳，2014，《基于组织学习过程视角的市场导向理论及其系统整合》，《管理学报》第 3 期。

董维维、庄贵军，2019，《先动性市场导向、资源拼凑对新产品开发绩效的影响机制研究》，《预测》第 4 期。

方杰、张敏强，2012，《中介效应的点估计和区间估计：乘积分布法、非参数 Bootstrap 和 MCMC 法》，《心理学报》第 10 期。

高山行、肖振鑫、高宇，2018，《企业制度资本对新产品开发的影响研究——市场化程度与竞争强度的调节作用》，《管理评论》第 9 期。

郭润萍、蔡莉、王玲，2019，《战略知识整合模式与竞争优势：高技术创业企业多案例研究》，《科研管理》第 2 期。

郝生宾、于渤、王瑜，2018，《新创企业市场导向对产品创新绩效的影响机制》，《管理科学》第 5 期。

蒋天颖、孙伟、白志欣，2013，《基于市场导向的中小微企业竞争优势形成机理——以知识整合和组织创新为中介》，《科研管理》第 6 期。

孔凡柱，2014，《企业家内部社会网络与技术创新绩效：跨功能知识整合的中介效应》，《华东经济管理》第 8 期。

孔婷、冯泰文、李刚，2017，《营销-制造整合与新产品市场成功：产品创新程度的调节效应》，《中国管理科学》第 6 期。

孔婷、孙林岩、冯泰文，2015，《营销-制造整合对新产品开发绩效的影响研究》，《科研管理》第 9 期。

李全升、苏秦，2019，《市场导向、迭代式创新与新产品开发》，《管理学报》第 12 期。

李巍，2017，《战略导向、商业模式创新与经营绩效——基于我国制造型中小企业数据的实证分析》，《商业研究》第 1 期。

李巍，2015，《战略导向均衡对产品创新与经营绩效影响研究》，《科研管理》第 1 期。

李雪灵、姚一玮、王利军，2010，《新企业创业导向与创新绩效关系研究：积极型市场导向的中介作用》，《中国工业经济》第 6 期。

刘新梅、耿紫珍、朱睿等，2013，《战略导向与组织创造力——三种类型组织学习的中介效应》，《研究与发展管理》第 4 期。

刘岩芳、于婷，2015，《组织内部个体知识整合行为的影响因素研究》，《情报科学》第 8 期。

马永远、孙卫、朱协童，2014，《新产品开发团队的创新速度研究》，《科学学与科学技术管理》第 6 期。

潘宏亮，2013，《知识共享、战略匹配与新产品开发绩效的关系》，《图书馆理论与实践》第 8 期。

彭伟、唐康丹、符正平，2017，《组织双元性视角下海归创业企业战略导向与双重网络嵌入关系研究》，《管理学报》第 11 期。

秦剑、徐子彬，2011，《跨国公司在华新产品开发的绩效提升机制研究》，《中国软科学》第 3 期。

邱国栋、董姝妍，2016，《从组织记忆到组织遗忘：基于"抛弃政策"的战略变革研究——以长春一汽发展历程为案例》，《中国软科学》第 9 期。

宋洋，2017，《创新资源、研发投入与产品创新程度——资源的互斥效应和研发的中介效应》，《中国软科学》第 12 期。

苏靖，2014，《技术导向对创业企业绩效的影响及作用机制研究》，《重庆大学学报》（社会科学版）第 2 期。

苏中锋、李嘉，2014，《吸收能力对产品创新性的影响研究》，《科研管理》第 5 期。

孙永磊、陈劲、宋晶，2018，《双元战略导向对企业资源拼凑的影响研究》，《科学学研究》第 4 期。

孙永磊、宋晶、谢永平，2015，《企业战略导向对创新活动的影响——来自苹果公司的案例分析》，《科学学与科学技术管理》第 2 期。

王娟茹、杨苗苗、李正锋，2020，《跨界搜索、知识整合与突破性创新》，《研究与发展管理》第 3 期。

王永贵、邢金刚、史有春等，2008，《对市场导向、顾客资产导向与新产品开发绩效之间关系的探索性研究——基于中国背景的调节效应模型》，《南开管理评论》第 3 期。

魏谷、孙启新，2014，《组织资源、战略先动性与中小企业绩效关系研究——基于资源基础观的视角》，《中国软科学》第 9 期。

吴隆增、简兆权，2008，《组织学习、知识创造与新产品开发绩效的关系研究》，《科技进步与对策》第 1 期。

徐国军、杨建君，2019，《技术转移、新产品开发与企业绩效》，《科研管理》第 11 期。

姚山季、来尧静、金晔等，2017，《客户协同产品创新、转化式学习和新产品开发绩效：一项实证研究》，《管理工程学报》第 4 期。

于晓宇、陶向明，2015，《创业失败经验与新产品开发绩效的倒 U 形关系：创业导向的多重中介作用》，《管理科学》第 5 期。

俞明传、顾琴轩，2014，《技术导向一定会带来创新绩效吗？——合作网络的调节作用》，《工业工程与管理》第 4 期。

韵江、赵永德，2010，《组织遗忘研究的进展及其未来》，《经济管理》第 4 期。

张璐、周琪、苏敬勤等，2019，《新创企业如何实现商业模式创新？——基于资源行动视角的纵向案例研究》，《管理评论》第 9 期。

周飞、沙振权、孙锐，2019，《市场导向、资源拼凑与商业模式创新的关系研究》，《科研管理》第 1 期。

周健明、陈明、刘云枫，2014，《知识惯性、知识整合与新产品开发绩效研究》，《科学学研究》第 10 期。

周洋、张庆普，2019，《市场导向对跨界整合式颠覆性创新的影响——基于战略选择的调节作用》，《科学学与科学技术管理》第 2 期。

朱秀梅、韩蓉、陈海涛，2012，《战略导向的构成及相互作用关系实证研究》，《科学学研究》第 8 期。

Acharya, C., Ojha, D., Gokhale, R., et al., 2022, "Managing information for innovation using knowledge integration capability: The role of boundary spanning objects", *International Journal of Information Management*, 62: 102438.

Acikdilli, G., Mintu-Wimsatt, A., Kara, A., et al., 2022, "Export market orientation, marketing capabilities and export performance of SMEs in an emerging market: A resource-based approach", *Journal of Marketing Theory and Practice*, 30 (4): 526-541.

Adams, P., Freitas, I., Fontana, R., 2019, "Strategic orientation, innovation performance and the moderating influence of marketing management", *Journal of Business Research*, 97: 129-140.

Akgün, A., Byrne, J., Lynn, G., et al., 2007a, "New product development in turbulent environments: Impact of improvisation and unlearning on new product performance", *Journal of Engineering and Technology Management*, 24 (3): 203-230.

Akgün, A., Byrne, J., Lynn, G., et al., 2007b, "Organizational unlearning as changes in beliefs and routines in organizations", *Journal of Organizational Change Management*, 20 (6): 794-812.

Akgün, A., Dayan, M., Di, B., 2008, "New product development team intelligence: Antecedents and consequences", *Information & Management*, 45 (4): 221-226.

Akgün, A., Lynn, G., Byrne, J., 2003, "Organizational learning: A socio-cognitive framework", *Human Relations*, 56 (7): 839-868.

Akinci, C., Sadler-Smith, E., 2019, "Collective intuition: Implications for improved decision making and organizational learning", *British Journal of Management*, 30 (3): 558-577.

Al-Ansaari, Y., Bederr, H., Chen, C., 2015, "Strategic orientation and business performance", *Management Decision*, 53 (10): 2287-2302.

Al-Henzab, J., Tarhini, A., Obeidat, B., 2018, "The associations among market orientation, technology orientation, entrepreneurial orientation and organizational performance", *Benchmarking: An International Journal*, 25 (8): 3117-3142.

Aloulou, W., 2019, "Impacts of strategic orientations on new product development and firm performances", *European Journal of Innovation Management*, 22 (2): 257-280.

An, W., Zhao, X., Cao, Z., et al., 2018, "How bricolage drives corporate entrepreneurship: The roles of opportunity identification and learning orientation", *Journal of Product Innovation Management*, 35 (1): 49-65.

Antunes, H., Pinheiro, P., 2020, "Linking knowledge management, organizational learning and memory", *Journal of Innovation & Knowledge*, 5 (2): 140-149.

Aranda, C., Arellano, J., Davila, A., 2017, "Organizational learning in target setting", *Academy of Management Journal*, 60 (3): 1189-1211.

Argote, L., Miron-Spektor, E., 2011, "Organizational learning: From experience to knowledge", *Organization Science*, 22 (5): 1123-1137.

Argyris, C., Schön, D., 1978, "Organizational learning: A theory of action perspective", *Reading, MA: Addison-Westley*.

Atuahene-Gima, K., Wei, Y., 2011, "The vital role of problem-solving competence in new product success", *Journal of Product Innovation Management*, 28 (1): 81-98.

Augusto, M., Coelho, F., 2009, "Market orientation and new-to-the-world products: Exploring the moderating effects of innovativeness, competitive strength, and environmental forces", *Industrial Marketing Management*, 38 (1): 94-108.

Baker, W., Sinkula, J., 1999, "The synergistic effect of market orientation and learning orientation on organizational performance", *Journal of the Academy of Marketing Science*, 27 (4): 411-427.

Balasubramanian, N., Ye, Y., Xu, M., 2022, "Substituting human decision-making with machine learning: Implications for organizational learning", *Academy of Management Review*, 47 (3): 448-465.

Barney, J., 1991, "Firm resources and sustained competitive advantage", *Journal of Management*, 17 (1): 99-120.

Baron, R., Kenny, D., 1986, "The moderator-mediator variable distinction in social psychological research: Conceptual, strategic, and statistical considerations", *Journal of Personality and Social Psychology*, 51 (6): 1173.

Becker, K., 2010, "Facilitating unlearning during implementation of new technology", *Journal of Organizational Change Management*, 23 (3): 251-268.

Becker, K., 2008, "Unlearning as a driver of sustainable change and innovation: Three Australian case studies", *International Journal of Technology Management*, 42 (1-2): 89-106.

Bendig, D., Enke, S., Thieme, N., et al., 2018, "Performance implications of cross-functional coopetition in new product development: The mediating role of organizational learning", *Industrial Marketing Management*, 73: 137-153.

Benitez, J., Braojos, J., Pavlou, P., et al., 2023, "Impact of social media technologies on new product development performance: Theory and empirical evidence", *European Journal of Information Systems*, 1–26.

Berthon, P., Hulbert, J., Pitt, L., 1999, "To serve or create? Strategic orientations toward customers and innovation", *California Management Review*, 42 (1): 37–58.

Bontis, N., Crossan, M., Hulland, J., 2002, "Managing an organizational learning system by aligning stocks and flows", *Journal of Management Studies*, 39 (4): 437–469.

Borodako, K., Berbeka, J., Rudnicki, M., et al., 2022, "Market orientation and technological orientation in business services: The moderating role of organizational culture and human resources on performance", *Plos one*, 17 (6): e0270737.

Boso, N., Story, V., Cadogan, J., 2013, "Entrepreneurial orientation, market orientation, network ties, and performance: Study of entrepreneurial firms in a developing economy", *Journal of Business Venturing*, 28 (6): 708–727.

Boso, N., Story, V., Cadogan, J., et al., 2016, "Enhancing the sales benefits of radical product innovativeness in internationalizing small and medium-sized enterprises", *Journal of Business Research*, 69 (11): 5040–5045.

Brix, J., 2017, "Exploring knowledge creation processes as a source of organizational learning: A longitudinal case study of a public innovation project", *Scandinavian Journal of Management*, 33 (2): 113–127.

Budiati, Y., Untoro, W., Wahyudi, L., et al., 2022, "The role of strategic flexibility on the influence of entrepreneurial orientation on new product development", *International Journal of Business and Systems Research*, 16 (5–6): 533–551.

Caccamo, M., Pittino, D., Tell, F., 2023, "Boundary objects, knowledge integration, and innovation management: A systematic review of the literature", *Technovation*, 122: 102645.

Cankurtaran, P., Langerak, F., Griffin, A., 2013, "Consequences of new product development speed: A meta-analysis", *Journal of Product Innovation Management*, 30 (3): 465–486.

Caridi-Zahavi, O., Carmeli, A., Arazy, O., 2016, "The influence of CEOs' visionary innovation leadership on the performance of high-technology ventures: The mediating roles of connectivity and knowledge integration", *Journal of Product Innovation Management*, 33 (3): 356–376.

Cegarra-Navarro, J., Martinez-Martinez, A., Gutiérrez, J., et al., 2013, "Environmental knowledge, unlearning, and performance in hospitality companies", *Management Decision*, 51 (2): 341–360.

Chan, R., Lai, J., Kim, N., 2022, "Strategic motives and performance implications of proactive versus reactive environmental strategies in corporate sustainable development", *Business Strategy and the Environment*, 31 (5): 2127–2142.

Chatterji, A., Fabrizio, K., 2014, "Using users: When does external knowledge enhance corporate product innovation?", *Strategic Management Journal*, 35 (10): 1427–1445.

Chaudhary, S., Sangroya, D., Arrigo, E., et al., 2023, "The impact of market orientation on small firm performance: A configurational approach", *International Journal of Emerging Markets*, 18 (10): 4154–4169.

Chavez, R., Malik, M., Ghaderi, H., et al., 2023, "Environmental collaboration with suppliers and cost performance: Exploring the contingency role of digital orientation from a circular economy perspective", *International Journal of Operations & Production Management*, 43 (4): 651–675.

Chen, J., Damanpour, F., Reilly, R., 2010, "Understanding antecedents of new product development speed: A meta-analysis", *Journal of Operations Management*, 28 (1): 17–33.

Chen, J., Reilly, R., Lynn, G., 2012, "New product development speed: Too much of a good thing?", *Journal of Product Innovation Management*, 29 (2): 288–303.

Chen, K., Wang, C., Huang, S., et al., 2016, "Service innovation and new product performance: The influence of market-linking capabilities and market turbulence", *International Journal of Production Economics*, 172: 54-64.

Chen, Y., Arnold, T., 2022, "Does alliance orientation matter for new product success? An empirical study of Taiwanese electronics firms", *European Journal of Marketing*, 56 (12): 3347-3380.

Cheng, C., Krumwiede, D., 2012, "The role of service innovation in the market orientation—New service performance linkage", *Technovation*, 32 (7-8): 487-497.

Cheng, C., Yang, M., 2019, "Creative process engagement and new product performance: The role of new product development speed and leadership encouragement of creativity", *Journal of Business Research*, 99: 215-225.

Cheng, L., Wang, Y., Zhang, X., et al., 2023, "Double-edged sword of global demand heterogeneity: How service multinationals capture the benefits and mitigate the costs of managing customer knowledge", *Journal of Business Research*, 154: 113308.

Chirico, F., Sirmon, D., Sciascia, S., et al., 2011, "Resource orchestration in family firms: Investigating how entrepreneurial orientation, generational involvement, and participative strategy affect performance", *Strategic Entrepreneurship Journal*, 5 (4): 307-326.

Christensen, C., Bower, J., 1996, "Customer power, strategic investment, and the failure of leading firms", *Strategic Management Journal*, 17 (3): 197-218.

Chuang, F., Morgan, R., Robson, M., 2015, "Customer and competitor insights, new product development competence, and new product creativity: Differential, integrative, and substitution effects", *Journal of Product Innovation Management*, 32 (2): 175-182.

Connell, J., Voola, R., 2013, "Knowledge integration and competitiveness:

A longitudinal study ofan industry cluster", *Journal of Knowledge Management*, 17 (2): 208-225.

Crossan, M. , Lane, H. , White, R. , 1999, "An organizational learning framework: From intuition to institution", *Academy of Management Review*, 24 (3): 522-537.

Cui, A. , Wu, F. , 2016, "Utilizing customer knowledge in innovation: Antecedents and impact of customer involvement on new product performance", *Journal of the Academy of Marketing Science*, 44 (4): 516-538.

Cunha, M. , Rego, A. , Oliveira, P. , et al. , 2014, "Product innovation in resource-poor environments: Three research streams", *Journal of Product Innovation Management*, 31 (2): 202-210.

Dabrowski, D. , 2019, "Market knowledge and new product performance: The mediating effects of new product creativity", *Journal of Business Economics and Management*, 20 (6): 1168-1188.

Daft, R. , 1978, "A dual-core model of organizational innovation", *Academy of Management Journal*, 21 (2): 193-210.

Daft, R. , Sormunen, J. , Parks, D. , 1988, "Chief executive scanning, environmental characteristics, and company performance: An empirical study", *Strategic Management Journal*, 9 (2): 123-139.

Damanpour, F. , 1991, "Organizational innovation: A meta-analysis of effects of determinants and moderators", *Academy of Management Journal*, 34 (3): 555-590.

Danneels, E. , 2007, "The process of technological competence leveraging", *Strategic Management Journal*, 28 (5): 511-533.

Darawong, C. , 2021, "The influence of leadership styles on new product development performance: The moderating effect of product innovativeness", *Asia Pacific Journal of Marketing and Logistics*, 33 (5): 1105-1122.

Day, G. , 1994, "The capabilities of market-driven organizations", *Journal of Marketing*, 58 (4): 37-52.

Dean, T., Griffith, D., Calantone, R., 2016, "New product creativity: Understanding contract specificity in new product introductions", *Journal of Marketing*, 80 (2): 39-58.

Dean, T., Griffith, D., Yalcinkaya, G., 2023, "The roles of shadow of the past and future in driving new product novelty and meaningfulness within coopetitive collaborations", *Industrial Marketing Management*, 109: 174-187.

Delshab, V., Boroujerdi, S., 2018, "Investigating the influence of unlearning on knowledge management in sport organizations", *Kybernetes*, 47 (10): 2025-2040.

Deng, S., Dart, J., 1994, ".Measuring market orientation: A multi-factor, multi-item approach", *Journal of Marketing Management*, 10 (8): 725-742.

Deshpandé, R., Farley, J., Webster, Jr., 1993, "Corporate culture, customer orientation, and innovativeness in Japanese firms: A quadrad analysis", *Journal of Marketing*, 57 (1): 23-37.

Deutscher, F., Zapkau, F., Schwens, C., et al., 2016, "Strategic orientations and performance: A configurational perspective", *Journal of Business Research*, 69 (2): 849-861.

Dhir, S., Ongsakul, V., Ahmed, Z., et al., 2020, "Integration of knowledge and enhancing competitiveness: A case of acquisition of Zain by Bharti Airtel", *Journal of Business Research*, 119, 674-684.

Dodgson, M., 1993, "Organizational learning: A review of some literatures", *Organization Studies*, 14 (3): 375-394.

Duan, Y., Liu, Y., Sunguo, T., et al., 2023, "Organizational unlearning and service innovation of Chinese service-oriented firms: The moderating role of knowledge integration", *Asia Pacific Business Review*, 1-22.

Duncan, R., 1972, "Characteristics of organizational environments and perceived environmental uncertainty", *Administrative Science Quarterly*, 313-327.

Easterby-Smith, M., Crossan, M., Nicolini, D., 2000, "Organizational learning: Debates past, present and future", *Journal of Management Studies*, 37 (6): 783-796.

Enberg, C., 2012, "Enabling knowledge integration in coopetitive R&D projects—The management of conflicting logics", *International Journal of Project Management*, 30 (7): 771-780.

Eshima, Y., Anderson, B., 2017, "Firm growth, adaptive capability, and entrepreneurial orientation", *Strategic Management Journal*, 38 (3): 770-779.

Eslami, M., Lakemond, N., Brusoni, S., 2018, "The dynamics of knowledge integration in collaborative product development: Evidence from the capital goods industry", *Industrial Marketing Management*, 75: 146-159.

Ettlie, J., Bridges, P., O'keefe, R., 1984, "Organization strategy and structural differences for radical versus incremental innovation", *Management Science*, 30 (6): 682-695.

Fang, E., 2011, "The effect of strategic alliance knowledge complementarity on new product innovativeness in China", *Organization Science*, 22 (1): 158-172.

Fernandez, V., Sune, A., 2009, "Organizational forgetting and its causes: An empirical research", *Journal of Organizational Change Management*, 22 (6): 620-634.

Fernández-Mesa, A., Alegre, J., 2015, "Entrepreneurial orientation and export intensity: Examining the interplay of organizational learning and innovation", *International Business Review*, 24 (1): 148-156.

Fiol, C., Lyles, M., 1985, "Organizational learning", *Academy of Management Review*, 10 (4): 803-813.

Flor, M., Cooper, S., Oltra, M., 2018, "External knowledge search, absorptive capacity and radical innovation in high-technology firms", *European Management Journal*, 36 (2): 183-194.

Ford, J. , Maccallum, R. , Tait, M. , 1986, "The application of exploratory factor analysis in applied psychology: A critical review and analysis", *Personnel Psychology*, 39 (2): 291-314.

Fornell, C. , Larcker, D. , 1981, "Evaluating structural equation models with unobservable variables and measurement error", *Journal of Marketing Research*, 18 (1): 39-50.

Frosch, R. , 1996, "The customer for R&D is always wrong!", *Research Technology Management*, 22-27.

Ganesan, S. , Malter, A. , Rindfleisch, A. , 2005, "Does distance still matter? Geographic proximity and new product development", *Journal of Marketing*, 69 (4): 44-60.

Gao, G. , Xie, E. , Zhou, K. , 2015, "How does technological diversity in supplier network drive buyer innovation? Relational process and contingencies", *Journal of Operations Management*, 36: 165-177.

Gao, G. , Zhou, K. , Yim, C. , 2007, "On what should firms focus in transitional economies? A study of the contingent value of strategic orientations in China", *International Journal of Research in Marketing*, 24 (1): 3-15.

Gatignon, H. , Xuereb, J. , 1997, "Strategic orientation of the firm and new product performance", *Journal of Marketing Research*, 34 (1): 77-90.

Gnizy, I. , Baker, W. , Grinstein, A. , 2014, "Proactive learning culture", *International Marketing Review*, 31 (9): 477-505.

González-Zapatero, C. , González-Benito, J. , Lannelongue, G. , 2019, "Effect of purchasing and marketing integration on new product development speed: The moderating role of environmental dynamism", *Advances in Production Engineering & Management*, 7 (2): 213-224.

Grant, R. , 1996, "Prospering in dynamically-competitive environments: Organizational capability as knowledge integration", *Organization Science*, 7 (4): 375-387.

Gromark, J. , 2019, "Brand orientation in action-A transformational learning intervention", *Journal of Business Research*, 119, 412-422.

Guo, C., Kulviwat, S., Zhu, J., et al., 2019, "Competing in an emerging market: Antecedents and consequences of market orientation and the role of environmental factors", *Journal of Strategic Marketing*, 27 (3): 248-267.

Guo, H., Wang, C., Su, Z., et al., 2020, "Technology push or market pull? Strategic orientation in business model design and digital startup performance", *Journal of Product Innovation Management*, 37 (4): 352-372.

Hair, J., Black, W., Babin, B., et al., 1998, "Multivariate data analysis", *Prentice Hall Upper Saddle River, NJ*.

Hakala, H., 2011, "Strategic orientations in management literature: Three approaches to understanding the interaction between market, technology, entrepreneurial and learning orientations", *International Journal of Management Reviews*, 13 (2): 199-217.

Hambrick, D., Lei, D., 1985, "Toward an empirical prioritization of contingency variables for business strategy", *Academy of Management Journal*, 28 (4): 763-788.

Han, J., Kim, N., Srivastava, R., 1998, "Market orientation and organizational performance: Is innovation a missing link?", *Journal of Marketing*, 62 (4): 30-45.

Hao, S., Song, M., 2016, "Technology-driven strategy and firm performance: Are strategic capabilities missing links?", *Journal of Business Research*, 69 (2): 751-759.

Haug, A., 2023, "Factors influencing knowledge sharing in new product development in high-tech manufacturing firms", *International Journal of Production Research*, 61 (19): 6418-6433.

Haug, A., Adsbøll, W., Stentoft, J., et al., 2023, "The impact of information technology on product innovation in SMEs: The role of technological orientation", *Journal of Small Business Management*, 2023, 61 (2):

384-410.

Hayes, A., 2009, "Beyond Baron and Kenny: Statistical mediation analysis in the new millennium", *Communication Monographs*, 76 (4): 408-420.

Herzog, P., 2011, "Open and closed innovation: Different cultures for different strategies", *Springer Science & Business Media*.

Heshmati, M., Csaszar, F., 2023, "Learning strategic representations: Exploring the effects of taking a strategy course", *Organization Science*.

Homburg, C., Pflesser, C., 2000, "A multiple-layer model of market-oriented organizational culture: Measurement issues and performance outcomes", *Journal of Marketing Research*, 37 (4): 449-462.

Howells, J., Scholderer, J., 2016, "Forget unlearning? How an empirically unwarranted concept from psychology was imported to flourish in management and organisation studies", *Management Learning*, 47 (4): 443-463.

Huang, D., Chen, S., Zhang, G., et al., 2018, "Organizational forgetting, absorptive capacity, and innovation performance", *Management Decision*, 56 (1): 87-104.

Huber, G., 1991, "Organizational learning: The contributing processes and the literatures", *Organization Science*, 2 (1): 88-115.

Hult, G., Ketchen, D., J., 2001, "Does market orientationmatter? A test of the relationship between positional advantage and performance", *Strategic Management Journal*, 22 (9): 899-906.

Hung, K., Chou, C., 2013, "The impact of open innovation on firm performance: The moderating effects of internal R&D and environmental turbulence", *Technovation*, 33 (10-11): 368-380.

Hunt, S., Morgan, R., 1995, "The comparative advantage theory of competition", *Journal of Marketing*, 59 (2): 1-15.

Iansiti, M., Clark, K., 1994, "Integration and dynamic capability: Evidence from product development in automobiles and mainframe computers",

Industrial and Corporate Change, 3 (3): 557-605.

Idrees, H., Xu, J., Haider, S., et al., 2023, "A systematic review of knowledge management and new product development projects: Trends, issues, and challenges", *Journal of Innovation & Knowledge*, 8 (2): 100350.

Jang, S., von, Zedtwitz, M., 2023, "Opening up early or late? The effect of open innovation before and after product launch on new product market performance", *Industrial Marketing Management*, 112: 113-127.

Jaworski, B., Kohli, A., 1993, "Market orientation: Antecedents and consequences", *Journal of Marketing*, 57 (3): 53-70.

Jaworski, B., Kohli, A., 1996, "Market orientation: Review, refinement, and roadmap", *Journal of Market-Focused Management*, 1 (2): 119-135.

Jeong, I., Pae, J., Zhou, D., 2006, "Antecedents and consequences of the strategic orientations in new product development: The case of Chinese manufacturers", *Industrial Marketing Management*, 35 (3): 348-358.

Jin, C., Liu, A., Liu, H., et al., 2022, "How business model design drives innovation performance: The roles of product innovation capabilities and technological turbulence", *Technological Forecasting and Social Change*, 178: 121591.

Johnson, J., Friend, S., Lee, H., 2017, "Big data facilitation, utilization, and monetization: Exploring the 3Vs in a new product development process", *Journal of Product Innovation Management*, 34 (5): 640-658.

Kasim, A., Ekinci, Y., Altinay, L., et al., 2018, "Impact of market orientation, organizational learning and market conditions on small and medium-size hospitality enterprises", *Journal of Hospitality Marketing & Management*, 27 (7): 855-875.

Katsikeas, C., Leonidou, C., Zeriti, A., 2016, "Eco-friendly product development strategy: Antecedents, outcomes, and contingent effects", *Journal of the Academy of Marketing Science*, 44 (6): 660-684.

Kazemi, A., Ghasempour, G., Johnson, L., 2023, "How external network and innovation affect the link between export orientations and export performance?", *Review of International Business and Strategy*, 33 (5): 786 – 809.

Kessler, E., Chakrabarti, A., 1996, "Innovation speed: A conceptual model of context, antecedents, and outcomes", *Academy of Management Review*, 21 (4): 1143–1191.

Khizar, H., Iqbal, M., Khalid, J., et al., 2022, "Addressing the conceptualization and measurement challenges of sustainability orientation: A systematic review and research agenda", *Journal of Business Research*, 142: 718–743.

Kim, N., Im, S., Slater, S., 2013, "Impact of knowledge type and strategic orientation on new product creativity and advantage in high-technology firms", *Journal of Product Innovation Management*, 30 (1): 136–153.

Klammer, A., Grisold, T., Gueldenberg, S., 2019, "Introducing a 'stop-doing' culture: How to free your organization from rigidity", *Business Horizons*, 62 (4): 451–458.

Klammer, A., Gueldenberg, S., 2019, "Unlearning and forgetting in organizations: A systematic review of literature", *Journal of Knowledge Management*, 23 (5): 860–888.

Klammer, A., Hora, W., Kailer, N., 2023, "Opposites attract: How incumbents learn and unlearn in coopetitive relationships with start-ups", *Industrial Marketing Management*, 112: 85–97.

Kline, S., 1985, "Innovation is not a linear process", *Research Management*, 28 (4): 36–45.

Kline, S., Rosenberg, N., 2010, "An overview of innovation", *Studies on Science and the Innovation Process: Selected Works of Nathan Rosenberg*, 173–203.

Kohli, A., Jaworski, B., 1990, "Market orientation: The construct, research propositions, and managerial implications", *Journal of Marketing*, 54 (2): 1-18.

Kohli, A., Jaworski, B., Kumar, A., 1993, "MARKOR: A measure of market orientation", *Journal of Marketing Research*, 30 (4): 467-477.

Kramer, V., Krafft, M., 2023, "When and how information and communication technology orientation affects salespeople's role stress: The interplay of salesperson characteristics and environmental complexity", *European Journal of Marketing*, 57 (3): 659-682.

Leal-Rodríguez, A., Eldridge, S., Roldán, J., et al., 2015, "Organizational unlearning, innovation outcomes, and performance: The moderating effect of firm size", *Journal of Business Research*, 68 (4): 803-809.

Leenders, R., Dolfsma, W., 2016, "Social networks for innovation and new product development", *Journal of Product Innovation Management*, 33 (2): 123-131.

Li, C., Yeh, C., 2017, "Leveraging the benefits of exploratory learning and exploitative learning in NPD: The role of innovation field orientation", *R&D Management*, 47 (3): 484-497.

Li, L., Zhou, L., Wu, A., 2017, "The supply-side of environmental sustainability and export performance: The role of knowledge integration and international buyer involvement", *International Business Review*, 26 (4): 724-735.

Li, Y., Wei, Z., Zhao, J., et al., 2013, "Ambidextrous organizational learning, environmental munificence and new product performance: Moderating effect of managerial ties in China", *International Journal of Production Economics*, 146 (1): 95-105.

Lichtenthaler, U., 2016, "Determinants of absorptive capacity: The value of technology and market orientation for external knowledge acquisition", *Journal of Business & Industrial Marketing*, 31 (5): 600-610.

Liu, J., Su, J., 2014, "Market orientation, technology orientation and product innovation success: Insights from CoPS", *International Journal of Innovation Management*, 18 (4): 1–25.

Liu, Y., Li, Y., Xue, J., 2011, "Ownership, strategic orientation and internationalization in emerging markets", *Journal of World Business*, 46 (3): 381–393.

Liu, Y., Luo, Y., Liu, T., 2009, "Governing buyer-supplier relationships through transactional and relational mechanisms: Evidence from China", *Journal of Operations Management*, 27 (4): 294–309.

Lukas, B., Tan, J., Hult, G., 2001, "Strategic fit in transitional economies: The case of China's electronics industry", *Journal of Management*, 27 (4): 409–429.

Luukkonen, T., 2002, "Technology and market orientation in company participation in the EU framework programme", *Research Policy*, 31 (3): 437–455.

Lyu, C., Yang, J., Zhang, F., et al., 2020, "Antecedents and consequence of organizational unlearning: Evidence from China", *Industrial Marketing Management*, 84: 261–270.

Lyu, C., Zhang, F., Ji, J., et al., 2022, "Competitive intensity and new product development outcomes: The roles of knowledge integration and organizational unlearning", *Journal of Business Research*, 139: 121–133.

Mackinnon, D., Krull, J., Lockwood, C., 2000, "Equivalence of the mediation, confounding and suppression effect", *Prevention Science*, 1 (4): 173–181.

Mackinnon, D., Lockwood, C., Williams, J., 2004, "Confidence limits for the indirect effect: Distribution of the product and resampling methods", *Multivariate Behavioral Research*, 39 (1): 99–128.

Malik, A., Nilakant, V., 2016, "Knowledge integration mechanisms in high-technologybusiness-to-business services vendors", *Knowledge Management Research & Practice*, 14 (4): 565–574.

Manzani, Y. , Cegarra, J. , 2023, "The complementary effect of quality management and proactive market orientation on radical product innovation under environmental uncertainty", *International Journal of Technology Management*, 93 (1-2): 1-35.

Marsick, V. , Watkins, K. , 2003, "Demonstrating the value of an organization′s learning culture: The dimensions of the learning organization questionnaire", *Advances in Developing Human Resources*, 5 (2): 132-151.

McNally, R. , Akdeniz, M. , Calantone, R. , 2011, "New product development processes and new product profitability: Exploring the mediating role of speed to market and product quality", *Journal of Product Innovation Management*, 28: 63-77.

Mell, J. , van, K. , van, G. , et al., 2022, "From boundary spanning to intergroup knowledge integration: The role of boundary Spanners' meta-knowledge and proactivity", *Journal of Management Studies*, 59 (7): 1723-1755.

Miles, R. , Snow, C. , 1984, "Fit, failure and the hall of fame", *California Management Review*, 26 (3): 10-28.

Miles, R. , Snow, C. , Meyer, A. , et al. , 1978, "Organizational strategy, structure, and process", *Academy of Management Review*, 3 (3): 546-562.

Mishra, R. , Singh, R. , Papadopoulos, T. , 2022, "Linking digital orientation and data-driven innovations: A SAP-LAP linkage framework and research propositions", *IEEE Transactions on Engineering Management*.

Mohrw-Jackson, I. , 1991, "Broadening the market orientation: An added focus on internal customers", *Human Resource Management*, 30 (4): 455-467.

Moorman, C. , 1995, "Organizational market information processes: Cultural antecedents and new product outcomes", *Journal of Marketing Research*, 32 (3): 318-335.

Morais-Storz, M., Nguyen, N., 2017, "The role of unlearning in metamorphosis and strategic resilience", *The Learning Organization*, 24 (2): 93-106.

Moreira, S., Markus, A., Laursen, K., 2018, "Knowledge diversity and coordination: The effect of intrafirm inventor task networks on absorption speed", *Strategic Management Journal*, 39 (9): 2517-2546.

Moreno, E., Sparano, M., Gomes, P., 2023, "The relationship between learning orientation and new product development capability", *Knowledge and Process Management*, 30 (1): 3-13.

Morgan, T., Anokhin, S., Song, C., et al., 2019a, "The role of customer participation in building new product development speed capabilities in turbulent environments", *International Entrepreneurship and Management Journal*, 15 (1): 119-133.

Morgan, T., Anokhin, S., Wincent, J., 2019b, "Influence of market orientation on performance: The moderating roles of customer participation breadth and depth in new product development", *Industry and Innovation*, 26 (9): 1103-1120.

Mu, J., Thomas, E., Peng, G., et al., 2017, "Strategic orientation and new product development performance: The role of networking capability and networking ability", *Industrial Marketing Management*, 64: 187-201.

Myers, S., Marquis, D., 1969, "Successful industrial innovations: A study of factors underlying innovation in selected firms", *National Science Foundation*.

Nakata, C., Rubera, G., Im, S., et al., 2018, "New product creativity antecedents and consequences: Evidence from South Korea, Japan, and China", *Journal of Product Innovation Management*, 35 (6): 939-959.

Narver, J., Slater, S., 1990, "The effect of a market orientation on business profitability", *Journal of Marketing*, 54 (4): 20-35.

Narver, J., Slater, S., Maclachlan, D., 2004, "Responsive and proactive market orientation and new-product success", *Journal of Product Innovation*

Management, 21 (5): 334-347.

Nassani, A., Grigorescu, A., Yousaf, Z., et al., 2023, "Does technology orientation determine innovation performance through digital innovation? A glimpse of the electronic industry in the digital economy", *Electronics*, 12 (8): 1854.

Nevis, E., Dibella, A., Gould, J., 1995, "Understanding organizations as learning systems", *Sloan Management Review*, 36 (2): 73-86.

Noble, C., Sinha, R., Kumar, A., 2002, "Market orientation and alternative strategic orientations: A longitudinal assessment of performance implications", *Journal of Marketing*, 66 (4): 25-39.

Nonaka, I., Takeuchi, H., 1995, "The knowledge-creating company: How Japanese companies create the dynamics of innovation", *Oxford University Press*.

Oo, P., Allison, T., Sahaym, A., et al., 2019, "User entrepreneurs' multiple identities and crowdfunding performance: Effects through product innovativeness, perceived passion, and need similarity", *Journal of Business Venturing*, 34 (5): 105895.

O'Sullivan, A., 2020, "Interpersonal boundary spanning for supplier integration in complex NPD", *IEEE Transactions on Engineering Management*, 69 (5): 2117-2128.

Paladino, A., 2007, "Investigating the drivers of innovation and new product success: A comparison of strategic orientations", *Journal of Product Innovation Management*, 24 (6): 534-553.

Park, S., Kim, E., 2018, "Fostering organizational learning through leadership and knowledge sharing", *Journal of Knowledge Management*, 22 (6): 1408-1423.

Peneder, M., 2010, "Technological regimes and the variety of innovation behaviour: Creating integrated taxonomies of firms and sectors", *Research Policy*, 39 (3): 323-334.

Penrose, E., 1959, "The theory of the growth of the firm", *Oxford University Press*, *USA*.

Peteraf, M., 1993, "The cornerstones of competitive advantage: A resource-based view", *Strategic Management Journal*, 14 (3): 179-191.

Porter, M., 1980, "Competitive strategy: Techniques for analyzing industries and competitors", *New York: The Free Press*.

Preacher, K., Hayes, A., "2008, Asymptotic and resampling strategies for assessing and comparingindirect effects in multiple mediator models", *Behavior Research Methods*, 40 (3): 879-891.

Prieto-Pastor, I., Martín-Pérez, V., Martín-Cruz, N., 2018, "Social capital, knowledge integration and learning in project-based organizations: A CEO-based study", *Journal of Knowledge Management*, 22 (8): 1803-1825.

Rauniar, R., Rawski, G., Morgan, S., et al., 2019, "Knowledge integration in IPPD project: Role of shared project mission, mutual trust, and mutual influence", *International Journal of Project Management*, 37 (2): 239-258.

Reinhardt, R., Gurtner, S., 2015, "Differences between early adopters of disruptive and sustaining innovations", *Journal of Business Research*, 68 (1): 137-145.

Riikkinen, M., Pihlajamaa, M., 2022, "Achieving a strategic fit in fintech collaboration—A case study of Nordea Bank", *Journal of Business Research*, 152: 461-472.

Rogers, E., 1962, "Diffusion of innovations", *New York*.

Rostow, W., 1959, "The stages of economic growth", *The Economic History Review*, 12 (1): 1-16.

Ruekert, R., 1992, "Developing a market orientation: An organizational strategy perspective", *International Journal of Research in Marketing*, 9 (3): 225-245.

Sainio, L. , Ritala, P. , Hurmelinna-Laukkanen, P. , 2012, "Constituents of radical innovation—Exploring the role of strategic orientations and market uncertainty", *Technovation*, 32 (11): 591-599.

Salavou, H. , 2005, "Do customer and technology orientations influence product innovativeness in SMEs? Some new evidence from Greece", *Journal of Marketing Management*, 21 (3-4): 307-338.

Salge, T. , Farchi, T. , Barrett, M. , et al. , 2013, "When does search openness really matter? A contingency study of health-care innovation projects", *Journal of Product Innovation Management*, 30 (4): 659-676.

Schoenherr, T. , Wagner, S. , 2016, "Supplier involvement in the fuzzy front end of new product development: An investigation of homophily, benevolence and market turbulence", *International Journal of Production Economics*, 180: 101-113.

Schweisfurth, T. , 2017, "Comparing internal and external lead users as sources of innovation", *Research Policy*, 46 (1): 238-248.

Segerstrom, P. , 1991, "Innovation, imitation, and economic growth", *Journal of Political Economy*, 99 (4): 807-827.

Senge, P. , 2014, "The fifth discipline fieldbook: Strategies and tools for building a learning organization", *Crown Business*.

Shan, P. , Song, M. , Ju, X. , 2016, "Entrepreneurial orientation and performance: Is innovation speed a missing link?", *Journal of Business Research*, 69 (2): 683-690.

Shaner, M. , Fenik, A. , Noble, C. , et al. , 2020, "Exploring the need for (extreme) speed: Motivations for and outcomes of discontinuous NPD acceleration", *Journal of Marketing Management*, 36 (7-8): 727-761.

Siguaw, J. , Simpson, P. , Enz, C. , 2006, "Conceptualizing innovation orientation: A framework for study and integration of innovation research", *Journal of Product Innovation Management*, 23 (6): 556-574.

Sinkula, J. , 1994, "Market information processing and organizational learning", *Journal of Marketing*, 58 (1): 35-45.

Slater, S., Narver, J., 1995, "Market orientation and the learning organiza-
tion", *Journal of Marketing*, 59 (3): 63-74.

Snihur, Y., 2018, "Responding to business model innovation: Organizational
unlearning and firm failure", *The Learning Organization*, 25 (3): 190-
198.

Song, M., Droge, C., Hanvanich, S., et al., 2005, "Marketing and tech-
nology resource complementarity: An analysis of their interaction effect in two
environmental contexts", *Strategic Management Journal*, 26 (3): 259-
276.

Sørensen, H., 2009, "Why competitors matter for market orientation", *Euro-
pean Journal of Marketing*, 43 (5): 735-761.

Sørensen, J., Stuart, T., 2000, "Aging, obsolescence, and organizational in-
novation", *Administrative Science Quarterly*, 45 (1): 81-112.

Spanjol, J., Mühlmeier, S., Tomczak, T., 2012, "Strategic orientation
and product innovation: Exploring a decompositional approach", *Journal
of Product Innovation Management*, 29 (6): 967-985.

Stieglitz, N., Knudsen, T., Becker, M., 2016, "Adaptation and inertia in
dynamic environments", *Strategic Management Journal*, 37 (9): 1854-
1864.

Story, V., Boso, N., Cadogan, J., 2015, "The form of relationship be-
tween firm-level product innovativeness and new product performance in de-
veloped and emerging markets", *Journal of Product Innovation Manage-
ment*, 32 (1): 45-64.

Su, Z., Peng, J., Shen, H., et al., 2013, "Technological capability,
marketing capability, and firm performance in turbulent conditions", *Man-
agement and Organization Review*, 9 (1): 115-137.

Syed, T., Blome, C., Papadopoulos, T., 2019, "Impact of IT ambidexter-
ity on new product development speed: Theory and empirical evidence",

Decision Sciences, 1-30.

Taghvaee, S. , Talebi, K. , 2023, "Market orientation in uncertain environments: The enabling role of effectuation orientation in new product development", *European Management Journal*, 41 (2): 323-335.

Tao, X. , Wang, C. , Robson, P. , 2023, "Regulatory focus, ambidextrous learning, and opportunity recognition in new product development", *IEEE Transactions on Engineering Management*.

Terjesen, S. , Patel, P. , 2017, "In search of process innovations: The role of search depth, search breadth, and the industry environment", *Journal of Management*, 43 (5): 1421-1446.

Tiwana, A. , 2008, "Do bridging ties complement strong ties? An empirical examination of alliance ambidexterity", *Strategic Management Journal*, 29 (3): 251-272.

Truong, Y. , Klink, R. , Simmons, G. , et al. , 2017, "Branding strategies for high-technology products: The effects of consumer and product innovativeness", *Journal of Business Research*, 70: 85-91.

Tsai, H. , Yang, S. , 2014, "The contingent value of firm innovativeness for business performance under environmental turbulence", *International Entrepreneurship and Management Journal*, 10 (2): 343-366.

Tsai, K. , Hsieh, M. , Hultink, E. , 2011, "External technology acquisition and product innovativeness: The moderating roles of R&D investment and configurational context", *Journal of Engineering and Technology Management*, 28 (3): 184-200.

Tsai, K. , Hsu, T. , 2014, "Cross-functional collaboration, competitive intensity, knowledge integration mechanisms, and new product performance: A mediated moderation model", *Industrial Marketing Management*, 43 (2): 293-303.

Tsai, K. , Liao, Y. , Hsu, T. , 2015, "Does the use of knowledge integration mechanisms enhance product innovativeness?", *Industrial Marketing*

Management, 46: 214-223.

Tsang, E., 2017, "How the concept of organizational unlearning contributes to studies of learning organizations", *The Learning Organization*, 24 (1): 39-48.

Tsang, E., Zahra, S., 2008, "Organizational unlearning", *Human Relations*, 61 (10): 1435-1462.

Turulja, L., Bajgoric, N., 2019, "Innovation, firms' performance and environmental turbulence: Is there a moderator or mediator?", *European Journal of Innovation Management*, 22 (1): 213-232.

Tzokas, N., Kim, Y., Akbar, H., et al., 2015, "Absorptive capacity and performance: The role of customer relationship and technological capabilities in high-tech SMEs", *Industrial Marketing Management*, 47: 134-142.

Udriyah, U., Tham, J., Azam, S., 2019, "The effects of market orientation and innovation on competitive advantage and business performance of textile SMEs", *Management Science Letters*, 9 (9): 1419-1428.

Urban, B., Barreria, J., 2010, "Empirical investigations into firm technology orientation and entrepreneurial orientation", *International Journal of Innovation and Technology Management*, 7 (4): 329-351.

Urrestarazu, J., Kägi, C., Bühlmann, A., et al., 2019, "Integration of expert knowledge in the definition of Swiss pear core collection", *Scientific Reports*, 9 (1): 1-10.

Usman, M., Hameed, A., Manzoor, S., 2018, "Exploring the links between ethical leadership and organizational unlearning: A case study of a European multinational company", *Business and Economic Review*, 10 (2): 29-54.

Van, D., Astley, W., 1981, "Mapping the field to create a dynamic perspective on organization design and behavior", *University of Pennsylvania, Center for the Study of Organizational Innovation*.

Venkatraman, N., 1989a, "Strategic orientation of business enterprises: The construct, dimensionality, and measurement", *Management Science*, 35

(8): 942-962.

Venkatraman, N., 1989b, "The concept of fit in strategy research: Toward verbal and statistical correspondence", *Academy of Management Review*, 14 (3): 423-444.

Vlasic, G., 2022, "Comparative analysis of the role of strategic orientation, strategic performance metric focus and strategic audacity in driving firm performance: Family businesses vs nonfamily businesses", *Journal of Family Business Management*, 13 (1): 7-25.

Wang, C., Li, X., 2023, "Knowledge integration and entrepreneurial firms' frugal innovation in the service industry", *Journal of Business & Industrial Marketing*, 38 (3): 429-443.

Wang, D., Su, Z., Guo, H., 2019a, "Top management team conflict and exploratory innovation: The mediating impact of market orientation", *Industrial Marketing Management*, 82: 87-95.

Wang, M., Chen, P., Fang, S., 2018, "A critical view of knowledge networks and innovation performance: The mediation role of firms' knowledge integration capability", *Journal of Business Research*, 88: 222-233.

Wang, X., Liu, Z., Li, J., et al., 2023, "How organizational unlearning leverages digital process innovation to improve performance: The moderating effects of smart technologies and environmental turbulence", *Technology in Society*, 75: 102395.

Wang, X., Qi, Y., Zhao, Y., 2019b, "Individual unlearning, organizational unlearning and strategic flexibility", *Baltic Journal of Management*, 14 (1): 2-18.

Wang, X., Xi, Y., Xie, J., et al., 2017, "Organizational unlearning and knowledge transfer in cross-border M&A: The roles of routine and knowledge compatibility", *Journal of Knowledge Management*, 21 (6): 1580-1595.

Wei, S., Wang, L., Jiang, W., et al., 2023, "How eco-control systems enhance carbon performance via low-carbon supply chain collaboration? The moderating role of organizational unlearning", *Corporate Social Responsibility and Environmental Management*.

Wei, Z., Yi, Y., Guo, H., 2014, "Organizational learning ambidexterity, strategic flexibility, and new product development", *Journal of Product Innovation Management*, 31 (4): 832-847.

Wernerfelt, B., 1984, "A resource-based view of the firm", *Strategic Management Journal*, 5 (2): 171-180.

Wilden, R., Gudergan, S., 2015, "The impact of dynamic capabilities on operational marketing and technological capabilities: Investigating the role of environmental turbulence", *Journal of the Academy of Marketing Science*, 43 (2): 181-199.

Wilson, G., Liguori, E., 2022, "Market orientation, failure learning orientation, and financial performance", *Journal of Small Business Management*, 1-19.

Wu, A., 2023, "How specific investments influence NPD performance: Exploring the roles of supplier involvement and IT implementation", *European Journal of Innovation Management*, 26 (4): 954-981.

Wu, J., Ma, Z., Liu, Z., 2019, "The moderated mediating effect of international diversification, technological capability, and market orientation on emerging market firms' new product performance", *Journal of Business Research*, 99: 524-533.

Wu, L., Liu, H., Su, K., 2020, "Exploring the dual effect of effectuation on new product development speed and quality", *Journal of Business Research*, 106: 82-93.

Wu, L., Liu, H., Zhang, J., 2017, "Bricolage effects on new-product development speed and creativity: The moderating role of technological turbulence", *Journal of Business Research*, 70: 127-135.

Xiao, Y., Bharadwaj, N., 2023, "The 2022 PDMA Doctoral Consortium:

Emerging research priorities in new product development and innovation and insights into community building", *Journal of Product Innovation Management*.

Yang, J., 2008, "Unravelling the link between knowledge integration and new product timeliness", *Technology Analysis & Strategic Management*, 20 (2): 231-243.

Yang, K., Chou, C., Chiu, Y., 2014, "How unlearning affects radical innovation: The dynamics of social capital and slack resources", *Technological Forecasting and Social Change*, 87: 152-163.

Yang, T., Li, C., 2011, "Competence exploration and exploitation in new product development", *Management Decision*, 49 (4): 1444-1470.

Yannopoulos, P., Auh, S., Menguc, B., 2012, "Achieving fit between learning and market orientation: Implications for new product performance", *Journal of Product Innovation Management*, 29 (4): 531-545.

Yeniaras, V., Di, B., Kaya, I., et al., 2021, "Relational governance, organizational unlearning and learning: Implications for performance", *Journal of Business & Industrial Marketing*, 36 (3): 469-492.

Yi, Y., Chen, Y., Li, D., 2022, "Stakeholder ties, organizational learning, and business model innovation: A business ecosystem perspective", *Technovation*, 114: 102445.

Yin, S., Li, B., Zhang, X., et al., 2019, "How to improve the quality and speed of green new product development?", *Processes*, 7 (7): 443.

Zahoor, N., Tarba, S., Arslan, A., et al., 2023, "The impact of entrepreneurial leadership and international explorative-exploitative learning on the performance of international new ventures", *Asia Pacific Journal of Management*, 1-35.

Zahra, S., Abdelgawad, S., Tsang, E., 2011, "Emerging multinationals venturing into developed economies: Implications for learning, unlearning, and entrepreneurial capability", *Journal of Management Inquiry*, 20 (3):

323-330.

Zahra, S., Neubaum, D., Hayton, J., 2020, "What do we know about knowledge integration: Fusing micro-and macro-organizational perspectives", *Academy of Management Annals*, 14 (1): 160-194.

Zhang, F., Zhu, L., Lyu, C., 2022, "Does geographic distance benefit or harm cooperative NPD creativity? A contingency model", *R&d Management*, 52 (5): 877-892.

Zhang, X., 2023, "Knowledge integration in interdisciplinary research teams: Role of social networks", *Journal of Engineering and Technology Management*, 67: 101733.

Zhang, Y., Wang, L., Gao, J., 2017, "Supplier collaboration and speed-to-market of new products: The mediating and moderating effects", *Journal of Intelligent Manufacturing*, 28 (3): 805-818.

Zhao, Y., Cavusgil, E., Cavusgil, S., 2014, "An investigation of the black-box supplier integration in new product development", *Journal of Business Research*, 67 (6): 1058-1064.

Zhao, Y., Li, Y., Lee, H., et al., 2011, "Entrepreneurial orientation, organizational learning, and performance: Evidence from China", *Entrepreneurship Theory and Practice*, 35 (2): 293-317.

Zhao, Y., Lu, Y., Wang, X., 2013, "Organizational unlearning and organizational relearning: A dynamic process of knowledge management", *Journal of Knowledge Management*, 17 (6): 902-912.

Zhao, Y., Peng, B., Iqbal, K., et al., 2023, "Does market orientation promote enterprise digital innovation? Based on the survey data of China's digital core industries", *Industrial Marketing Management*, 109: 135-145.

Zhao, Y., Wang, X., 2020, "Organisational unlearning, relearning and strategic flexibility: From the perspective of updating routines and knowledge", *Technology Analysis & Strategic Management*, 1-13.

Zhou, K., Gao, G., Yang, Z., et al., 2005a, "Developing strategic orientation in China: Antecedents and consequences of market and innovation orientations", *Journal of Business Research*, 58 (8): 1049-1058.

Zhou, K., Li, C., 2012, "How knowledge affects radical innovation: Knowledge base, market knowledge acquisition, and internal knowledge sharing", *Strategic Management Journal*, 33 (9): 1090-1102.

Zhou, K., Yim, C., Tse, D., 2005b, "The effects of strategic orientations on technology-and market-based breakthrough innovations", *Journal of Marketing*, 69 (2): 42-60.

Zhou, Y., Shu, C., Jiang, W., et al., 2019, "Green management, firm innovations, and environmental turbulence", *Business Strategy and the Environment*, 28 (4): 567-581.

Zhu, X., Xiao, Z., Dong, M., et al., 2019, "The fit between firms' open innovation and business model for new product development speed: A contingent perspective", *Technovation*, 86: 75-85.

图书在版编目（CIP）数据

中国制造业企业的战略导向与新产品开发绩效 / 吕
冲冲著. -- 北京：社会科学文献出版社，2024.4
ISBN 978-7-5228-3465-8

Ⅰ.①中… Ⅱ.①吕… Ⅲ.①制造工业-工业企业-
企业战略-产品开发-企业绩效-研究-中国 Ⅳ.
①F426.4

中国国家版本馆 CIP 数据核字（2024）第 068614 号

中国制造业企业的战略导向与新产品开发绩效

著　　者 / 吕冲冲

出 版 人 / 冀祥德
组稿编辑 / 高　雁
责任编辑 / 颜林柯
文稿编辑 / 赵亚汝
责任印制 / 王京美

出　　版 / 社会科学文献出版社·经济与管理分社 （010）59367226
　　　　　地址：北京市北三环中路甲 29 号院华龙大厦　邮编：100029
　　　　　网址：www. ssap. com. cn
发　　行 / 社会科学文献出版社 （010）59367028
印　　装 / 三河市龙林印务有限公司

规　　格 / 开　本：787mm×1092mm　1/16
　　　　　印　张：15　字　数：230 千字
版　　次 / 2024 年 4 月第 1 版　2024 年 4 月第 1 次印刷
书　　号 / ISBN 978-7-5228-3465-8
定　　价 / 128.00 元

读者服务电话：4008918866